U0749569

大学校园生活与消费安全法律常识读本

黄　彤　黄裕安　主编

浙江工商大学出版社
ZHEJIANG GONGSHANG UNIVERSITY PRESS
·杭州·

图书在版编目(CIP)数据

大学校园生活与消费安全法律常识读本 / 黄彤，黄裕安主编. — 杭州 ：浙江工商大学出版社，2019.12
ISBN 978-7-5178-3498-4

Ⅰ. ①大… Ⅱ. ①黄… ②黄… Ⅲ. ①法律—基本知识—中国 Ⅳ. ①D920.5

中国版本图书馆 CIP 数据核字(2019)第 222182 号

大学校园生活与消费安全法律常识读本

DAXUE XIAOYUAN SHENGHUO YU XIAOFEI ANQUAN FALV CHANGSHI DUBEN

黄 彤 黄裕安 主编

责任编辑 沈敏丽 吴岳婷
封面设计 林朦朦
责任印制 包建辉
出版发行 浙江工商大学出版社
(杭州市教工路 198 号 邮政编码 310012)
(E-mail:zjgsupress@163.com)
(网址:http://www.zjgsupress.com)
电话:0571—88904980,88831806(传真)
排 版 杭州朝曦图文设计有限公司
印 刷 虎彩印艺股份有限公司
开 本 710mm×1000mm 1/16
印 张 20.5
字 数 325 千
版 印 次 2019 年 12 月第 1 版 2019 年 12 月第 1 次印刷
书 号 ISBN 978-7-5178-3498-4
定 价 49.00 元

浙江工商大学出版社营销部邮购电话 0571-88904970

目　录

生活与学习篇

恋爱与婚姻篇

消费与交通篇

创业与就业篇

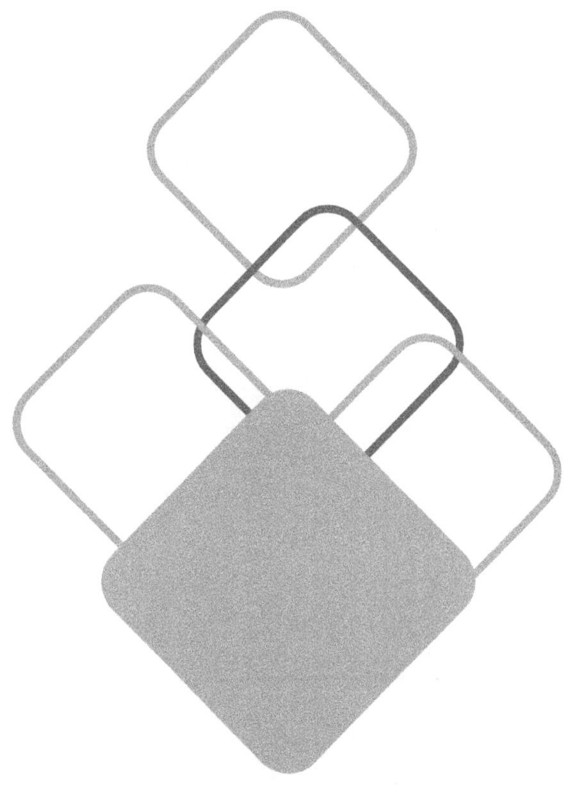

生活与学习篇

第一章 自然人

第一节 自然人的民事权利能力与民事行为能力

一、自然人的民事权利能力

自然人不同于公民。公民指的是具有某国国籍的人，而自然人是生物学意义上的人，其可以是本国公民，也可以是外国公民与无国籍人。在日常民商事交易中，均使用“自然人”这一称谓。自然人经历怀孕、分娩、成长与死亡的过程，在不同阶段，因其自身辨识能力的差异，其相应的行为活动范围及其行为后果也受到影响。为此，我国的《民法总则》（全称为《中华人民共和国民法总则》，以下均为简称）规定了自然人的两个能力，分别是自然人的民事权利能力和自然人的民事行为能力。

自然人的民事权利能力是自然人参加民商事交易，取得民事权利、承担民事义务的法律依据，同时也是自然人享有民事主体资格的标志。自然人的民事权利能力是法律赋予的，具体内涵则由法律直接规定。自然人民事权利能力的有无直接关涉其自身享有的民事权利。

生活实例

甲在一起交通事故中身亡,其怀孕的妻子以遗腹子的名义诉至法院,要求交通肇事者赔偿遗腹子因交通事故造成其父死亡而产生的18年的抚养费之损失。

▲实例分析

遗腹子尚未出生,是否享有民事权利?

▲法律规定

1.《中华人民共和国民法总则》

第十三条规定:自然人从出生时起到死亡时止,具有民事权利能力,依法享有民事权利,承担民事义务。

第十五条规定:自然人的出生时间和死亡时间,以出生证明、死亡证明记载的时间为准;没有出生证明、死亡证明的,以户籍登记或者其他有效身份登记记载的时间为准。有其他证据足以推翻以上记载时间的,以该证据证明的时间为准。

第十六条规定:涉及遗产继承、接受赠与等胎儿利益保护的,胎儿视为具有民事权利能力。但是胎儿娩出时为死体的,其民事权利能力自始不存在。

▲法律讲解

根据《民法总则》的规定,自然人民事权利能力的取得是从出生时才具有,死亡时才消失的。何时为出生、何时为死亡的具体判定,基本以出生证明、死亡证明记载的时间为准。因一些特殊原因未能有出生证明、死亡证明的,可以户籍登记或者其他有效身份登记记载的时间为准。如果前述两项证明记载的时间有误,须得有明确而具体的证据,才能推翻。

遗腹子尚未出生,一般情况下不具有民事权利能力。不具备民事权利能力,就无法享有民事权利,承担民事义务。但是法律考虑到遗腹子出生后面临抚养等问题,因此规定特殊情况下可予以特殊的法律保护。该特殊情况指的是遗产继承、接受赠与等。除此之外,遗腹子不享有其他例外的法律保护。实例中的遗腹子,其母亲主张交通肇事的赔偿,因不属于法律规定的特殊情形,所以不能得到法律的支持。

▲注意事项

遗腹子这类胎儿的利益只有在符合涉及遗产继承、接受赠与等法律规定的特殊情形时才能得到法律的保护。但是胎儿娩出时是死体的,其民事权利能力自始不存在,遗产继承、赠与随之不存在。

二、自然人的民事行为能力

自然人的民事行为能力,在于通过自身的独立意思表示进行民商事交易。因此,自然人要有民事行为能力,在年龄上要有限制,以确保具备民商事交易所需要的社会活动经验;同时在精神状态方面要求是正常的,能够理智地进行民商事交易。为此,我国现行民事立法以年龄与精神健康状态作为确定自然人民事行为能力状况的依据,将自然人的民事行为能力划分为完全民事行为能力人、限制民事行为能力人和无民事行为能力人。

(一)完全民事行为能力

在一般情况下,自然人成年后,能够理智地判断和理解某个具体的民商事交易行为,能够认识到行为的性质,能够预估到实施这一行为可能发生的后果,并为承担这一后果做了接受的准备。因此,已达成年的自然人一般被认为具有完全民事行为能力的人。我国民事立法将成年年龄规定为18周岁以上,包括18周岁本数。鉴于我国劳动立法明确公民可以缔结劳动合同的最低年龄为16周岁,为了能使民事立法与劳动立法相衔接,民事立法特殊规定,年满16周岁未满18周岁,以自己的劳动收入为主要来源的未成年人,视为完全民事行为能力人。

生活实例

张军2002年2月9日出生,身高体壮。2018年10月18日经人介绍在越秀汽车维修店内打工,双方约定:张军是学徒工,包吃住,月工资3000元。

2019年1月20日，李耀个体经营的手机店开展十周年店庆活动，张军来店购买价值8500元的苹果手机一部。李耀问张军年龄，张向李出示了汽车维修店的工作证，上面显示年龄为21周岁，李耀对张军的购买能力深信不疑，遂将手机卖给了张军。不久，张军的母亲知道此事，要求李耀退货被拒。为此，张军的母亲将李耀诉至法院，请求判决确认张军与李耀之间的手机买卖合同无效。

▲实例分析

张军与李耀发生手机买卖交易时虽然未满17周岁，但是张军已经开始工作，并且通过工作证欺骗李耀自己已经成年，此种状况下买卖合同的效力应如何判定？

▲法律规定

1.《中华人民共和国民法总则》

第十七条规定：十八周岁以上的自然人为成年人。不满十八周岁的自然人为未成年人。

第十八条规定：成年人为完全民事行为能力人，可以独立实施民事法律行为。十六周岁以上的未成年人，以自己的劳动收入为主要生活来源的，视为完全民事行为能力人。

2.最高人民法院《关于贯彻执行〈中华人民共和国民法通则〉若干问题的意见（试行）》

第二条规定：十六周岁以上不满十八周岁的公民，能够以自己的劳动取得收入，并能维持当地群众一般生活水平的，可以认定为以自己的劳动收入为主要生活来源的完全民事行为能力人。

▲法律讲解

完全民事行为能力人可以独立实施民商事交易活动，能对自己的活动后果承担责任。16周岁以上的未成年人，虽然年龄上存有不足，但是一旦投身到劳动生产的社会实践活动中，日益积累的社会活动经验能够弥补其年龄上的不足。但考虑到民商事交易活动的后果一般会与财产责任相联系，因此，现行民事立法对经济收入做了要求限制，也就是要求能达到当地群众的一般生活水平。实例中张军是以自己的劳动取得收入，收入所得可以达到当地群众一般生活水平，因此张军属于完全民事行为能力人。作为完全民事行为能力人，张军可以独立进行民商事交易活动。所以哪怕在交易过程中，张军谎报了自己的年龄，也不影响其与李耀之间的手机买卖合同的效力，买卖合同有效。同时，张军是完全民事行为能力人，如果要主张与李耀之间手机买卖合同无效，理应由张军本人实施，张军母亲无权代为诉讼。

▲注意事项

民事立法规定的完全民事行为能力人除了年满 18 周岁，精神健康状况正常的自然人外，还包括以自己劳动收入为主要生活来源的 16 周岁以上的未成年人。

(二)限制民事行为能力

限制民事行为能力，是指自然人独立通过意思表示进行民事法律行为的能力受到一定的限制。限制民事行为能力人与完全民事行为能力人相比，主要是在意思表示的独立程度上存有限制。

生活实例

张某和战某系实验小学三年级的学生。2017 年 3 月，战某在课间休息玩耍过程中，不慎将张某眼部碰伤，此后经鉴定，张某左眼的伤残等级构成十级。因眼部受伤，张某住院治疗十三日，支付医药费 3583.95 元。医院建议张某休治三个月，且住院期间由一人护理。之后，张某提起诉讼，请求战某的监护人和实验小学承担赔偿责任，其中包括医药费、护理费、伙食补助费、伤残赔偿金及精神损害赔偿金共计 7.6 万元。

▲实例分析

限制民事行为能力人在学校期间受到侵害致伤，侵权人同为限制民事行为能力人，受害人主张由侵权人承担损害赔偿责任，该责任应由谁来承担？学校对因在校学习期间学生导致的侵权后果是否需要承担责任？

▲法律规定

1.《中华人民共和国民法总则》

第十九条规定:八周岁以上的未成年人为限制民事行为能力人,实施民事法律行为由其法定代理人代理或者经其法定代理人同意、追认,但是可以独立实施纯获利益的民事法律行为或者与其年龄、智力相适应的民事法律行为。

第二十二条规定:不能完全辨认自己行为的成年人为限制民事行为能力人,实施民事法律行为由其法定代理人代理或者经其法定代理人同意、追认,但是可以独立实施纯获利益的民事法律行为或者与其智力、精神健康状况相适应的民事法律行为。

第二十三条规定:无民事行为能力人、限制民事行为能力人的监护人是其法定代理人。

2.《中华人民共和国侵权责任法》

第三十二条规定:无民事行为能力人、限制民事行为能力人造成他人损害的,由监护人承担侵权责任。

第三十九条规定:限制民事行为能力人在学校或者其他教育机构学习、生活期间受到人身损害,学校或者其他教育机构未尽到教育、管理职责的,应当承担责任。

▲法律讲解

侵权行为受害人张某在学校期间受到损害致伤,由于受害人的年龄达到限制民事行为能力人的责任年龄,受害人主张侵权人承担损害赔偿责任;侵权人战某同为限制民事行为能力人,依法战某实施侵权行为所产生的责任由战某的监护人来替代承担。而受害人张某主张学校承担损害赔偿责任的请求,张某的监护人应对学校未尽教育管理职责的过错承担举证责任,如果未能举证证明学校未尽到教育管理职责,则要求学校承担赔偿责任的主张不能得到支持;反之学校则需要承担赔偿责任。

▲注意事项

限制民事行为能力人自己本人不能承担民事责任,须由其法定代理人来替代承担。小学与在校就读的学生之间属于教育管理法律关系,只有证明小学在教育管理实施过程中存有过错,学校才能承担损害赔偿责任。

（三）无民事行为能力

无民事行为能力，是指自然人不具有以自己独立的意思表示进行民事法律行为的能力。无民事行为能力人基本不存在独立实施民事法律行为的可能。

生活实例

5周岁的小易在2019年春节见到了素未谋面的舅舅。舅舅因为长居国外，第一次见小易，便直接给了小易一个大大的红包。

▲实例分析

小易作为无民事行为能力人，能否自己单独接受他人的馈赠？

▲法律规定

1.《中华人民共和国民法总则》

第十九条规定：八周岁以上的未成年人为限制民事行为能力人，实施民事法律行为由其法定代理人代理或者经其法定代理人同意、追认，但是可以独立实施纯获利益的民事法律行为或者与其年龄、智力相适应的民事法律行为。

第二十条规定：不满八周岁的未成年人为无民事行为能力人，由其法定代理人代理实施民事法律行为。

第二十一条规定：不能辨认自己行为的成年人为无民事行为能力人，由其法定代理人代理实施民事法律行为。八周岁以上的未成年人不能辨认自己行为的，适用前款规定。

第二十四条规定：不能辨认或者不能完全辨认自己行为的成年人，其利害关系人或者有关组织，可以向人民法院申请认定该成年人为无民事行为能力人或者限制民事行为能力人。

被人民法院认定为无民事行为能力人或者限制民事行为能力人的，经本人、利害关系人或者有关组织申请，人民法院可以根据其智力、精神健康恢复的状况，认定该成年人恢复为限制民事行为能力人或者完全民事行为能力人。

本条规定的有关组织包括：居民委员会、村民委员会、学校、医疗机构、妇女联合会、残疾人联合会、依法设立的老年人组织、民政部门等。

▲法律讲解

根据法律的规定，限制民事行为能力人虽然其民事行为能力受到一定程度的限制，但是对于赠与、奖励等民事法律行为，因其是纯获利益一方，不存在民事行为能力方面的限制，可以由自己通过独立的意思表示来表明接受或不接受。但是无民事行为能力人，法律明确规定没有丝毫的通过自己独立的意思表示为一定民事法律行为的可能。因此尽管无民事行为能力人作为受赠人，接受赠与是纯获利益的行为，但不能由无民事行为能力人自己单独实施，只能由其法定代理人代为接受。所以小易自己单方接受舅舅赠与的行为属于无效。

▲注意事项

对于无民事行为能力人而言，其本身不存在任何可以独立实施民事法律行为的可能，其民事法律行为的实施只能通过其法定代理人。

第二节　监护

一、监护人的设定

为了保护无民事行为能力人、限制民事行为能力人的人身权利、财产权利及其他合法权益，民事法律为其专门设置了履行监督和保护职责的人，称为监护人。监护人可以是一人，也可以是数人，但应当具有监护能力，也就是应当具备履行监督和保护职责的能力，可以从监护人的身体健康状况、经济条件，以及与被监护人在生活上的联系状况等方面来确定。具体监护人的设定方式有：

（一）法定监护

法定监护，顾名思义，是由法律直接规定的监护人进行监护。法律规定对未成年人的监护，父母是未成年子女的监护人。未成年人的父母死亡或者没有监护能力的，由下列有监护能力的人按顺序担任监护人：(1)祖父母、外祖父母；(2)兄、姐；(3)其他愿意担任监护人的个人或组织，但是须经未成年人住所地的居委会、村委会或者民政部门同意。在没有依法具有监护资格的自然人担任监护人时，监护人由民政部门担任，也可以由具备履行监护职责条件的被监护人住所地的居委会或村委会担任。

法律规定对无民事行为能力或限制民事行为能力的成年人的监护，由下列有监护能力的人按照顺序担任监护人：(1)配偶；(2)父母、子女；(3)其他近亲属；(4)其他愿意担任监护人的个人或者组织，但是须经被监护人住所地的居委会、村委会或者民政部门的同意。在没有依法具有监护资格的自然人担任监护人时，监护人由民政部门担任，也可以由具备履行监护职责条件的被监护人住所地的居委会或村委会担任。

生活实例

2010 年秋季小初的父母协议离婚，按照父母离婚协议，小初跟随其母亲一起生活。这年小初刚满 7 周岁。2018 年 6 月，小初在放学骑车回家的路上不慎将行人赵某撞伤，共花费治疗费近 6 万元。小初的母亲离婚后一直未婚，在 2018 年初刚刚通过首付和银行按揭购买了一套 80 平方米的自住房。对赵某提出的损害赔偿数目，小初的母亲表示无法全部承担，为此要求小初的父亲承担其中一半的赔偿费用。小初的父亲离婚后，以自己对小初不享有抚养权，不是小初的监护人为由拒绝了小初母亲的要求。

▲实例分析

夫妻离婚后，不与子女共同生活的一方是否丧失了对该子女的监护权?

▲法律规定

1.最高人民法院《关于贯彻执行〈中华人民共和国民法通则〉若干问题的意见(试行)》

第二十一条规定：夫妻离婚后，与子女共同生活的一方无权取消对方对该子女的监护权。

第一百五十八条规定：夫妻离婚后，未成年子女侵害他人权益的，同该子女共同生活的一方应当承担民事责任;如果独立承担民事责任确有困难的,可以责令未与该子女共同生活的一方共同承担民事责任。

▲法律讲解

法律规定夫妻离婚后,不与子女共同生活的一方仍然享有对该子女的监护权。原因在于父母对子女具有监护权是因为彼此间紧密的血缘关系,只要血缘关系存在,父母子女关系就在,不因父母婚姻状况发生变化而变化。因此,只要子女尚未成年,即便父母离婚,父母双方仍然对该子女享有监护权,除非出现法定监护资格撤销的情形。据此,小初的父母虽然离婚了,但是小初的父母均享有对小初的监护权。现在小初因自身的过错导致他人权益受损,与小初共同生活一方的人——小初母亲在对损害赔偿责任独自承担确有困难的情况下,可以责令小初的父亲一起承担赔偿责任。

▲注意事项

离婚后的父母对子女均享有监护权。子女侵害他人权益所造成的责任承担,一般由与该子女共同生活的一方承担,独立承担有困难时,可要求不与子女共同生活的另一方共同承担。

(二)遗嘱监护

父母子女之间血缘关系最近,父母关心子女的健康成长与权益保护,因此法律允许父母通过遗嘱选择自己信任的、对保护子女有利的人担任监护人。通过此种方式设定监护人的情况便属于遗嘱监护。但是父母通过遗嘱指定监护人时,需要征得对方的同意。

(三)委托监护

我国当前人口老龄化趋势明显,为利于成年人基于自己的意愿选任监护人,具有完全民事行为能力的成年人可以与其近亲属、其他愿意担任监护人的个人或者组织事先协商,以书面形式确定自己的监护人。此种监护为委托监护。协商确定的监护人在该成年人成为无民事行为能力人或限制民事行为能力人时,履行监护职责。

(四)指定监护

当出现对监护人的确定存有争议的情况时,法律规定由被监护人住所地的居委会、村委会或者民政部门指定监护人，有关当事人对该指定不服的，可以向人民法院申请指定监护人；有关当事人也可以直接向人民法院申请监护人的指定。在监护人被指定前，暂由被监护人住所地的居委会、村委会、法律规定的有关组织或民政部门担任临时监护人。监护人一旦被指定，不允许擅自变更；擅自变更的，由原被指定的监护人和变更后的监护人承担监护责任。

（五）协议确定监护人

为了确保监护人的设定可以实现被监护人的利益最大化，也为了尊重被监护人的真实意愿，法律允许依法具有监护资格的人之间协商确定监护人。通过协商方式确定的监护人，只能在具有监护资格的人之间产生。但是未成年人的父母具有监护能力的，不得与其他人签订监护协议。如果通过协商方式确定的监护人是不具有法律规定的监护资格的，协议无效。

二、监护职责与监护资格的撤销

（一）监护职责

监护人的职责是代理被监护人实施民事法律行为，保护被监护人的人身权利、财产权利及其他合法权益等。法律规定，监护人依法履行监护职责产生的权利，受法律保护。监护人不履行监护职责，侵害被监护人的合法权益的，应当承担法律责任；给被监护人造成财产损失的，应当赔偿损失。

因监护人管教不严，致使被监护人实施不法行为造成他人损失的，由监护人承担民事责任。监护人尽了监护职责的，可以适当减轻其民事责任。监护人为成年的被监护人承担赔偿责任时，应首先从被监护人的财产中支付赔偿费用，不足部分由监护人以自己的财产适当承担。监护人可以将监护职责部分或全部委托给他人。因被监护人的侵权行为需要承担民事责任的，应当由监护人承担，但另有约定的除外；被委托人确有过错的，负连带责任。

生活实例

高女士与周先生离婚已有 2 年之久，离婚时他们的孩子小涛只有 9 周岁。由于是协议离婚，考虑到小涛日后的生活，高女士忍痛将儿子让给周先生抚养，并将自己手中仅有的 2 万元存款转到小涛名下，同时，每月还会给小涛一定的生活费。近日，周先生做生意入不敷出，深感无力的他此刻想到了小涛名下的 2 万元钱，便擅自取出用于资金的周转。高女士在事后得知此事，立即找前夫要求其归还儿子存款。但周先生认为，他是小涛的监护人，有权对小涛的财产进行处分。故此二人发生争执。为此，小涛将父亲诉上法院，要求退还存款。

▲实例分析

监护人是否有权处分被监护人的财产？

▲法律规定

1.《中华人民共和国民法总则》

第三十五条规定：监护人应当按照最有利于被监护人的原则履行监护职责。监护人除为维护被监护人利益外，不得处分被监护人的财产。

未成年人的监护人履行监护职责，在作出与被监护人利益有关的决定时，应当根据被监护人的年龄和智力状况，尊重被监护人的真实意愿。

成年人的监护人履行监护职责，应当最大程度地尊重被监护人的真实意愿，保障并协助被监护人实施与其智力、精神健康状况相适应的民事法律行为。对被监护人有能力独立处理的事务，监护人不得干涉。

▲法律讲解

监护人应当按照最有利于被监护人的原则履行监护职责。保护被监护人的财产权利是监护人职责所在。监护人就被监护人的财产负有不受第三人侵犯的职责，与此同时还负有妥善保管被监护人财产的职责。监护人若能保证被监护人的财产一定实现增值，自然是可以处分被监护人的财产的。反之便是法律所禁止的。实例中小涛的父亲作为监护人处分被监护人小涛的 2 万元用于自身生意资金的周转，显然有导致小涛财产减损的可能，并且这一处分行为是为了小涛父亲这个监护人的利益，而不是为了小涛这个被监护人的利益。因此小涛父亲理应将 2 万元归还给小涛。

▲注意事项

被监护人对监护人的财产不能轻易做处分行为，除非是为了被监护人的财产利益。

(二)监护人资格的撤销

监护人一旦设定,并非意味着其资格取得是一成不变的。监护人的设定秉承最有利于被监护人的原则。监护人在行使权利,履行监护人职责时,若对被监护人有不法行为,经利害关系人申请,可撤销该监护人的资格。

生活实例

2018 年小元刚满 15 周岁。小元父母于 2015 年离婚,约定小元由母亲张某抚养并随其生活。不久,张某与他人再婚不再照管小元。2016 年至 2018 年小元跟随父亲袁某生活,其间多次遭到他人侵害,并被武汉市、上海市、恩施市等多地救助站多次救助。2018 年 9 月,恩施市检察院向恩施市民政局出具《检察建议书》,建议恩施市民政局依法申请撤销张某和袁某对小元的监护人资格,并另行指定监护人履行对小元的监护职责。对此,恩施市民政局做出回复,称可由该局儿童福利院对小元进行事实监护。2018 年 11 月,小元户籍住所地的村委会作为申请人,以张某、袁某和恩施市民政局为被申请人诉至恩施市法院,请求法院撤销张某和袁某的监护资格,并指定恩施市民政局为小元的监护人。恩施市法院受理后,依照程序向各当事人送达开庭传票。但开庭当日,张某和袁某未到庭。庭审中,恩施市民政局明确表示可由其担任小元的监护人。法院还查明,小元的其他近亲属因年龄和身体原因均无能力照顾小元。

▲实例分析

小元的法定监护人张某和袁某离婚后本应由张某履行对小元的监护职责,但张某不履行抚养义务。在小元跟随袁某生活期间,其多次受到他人侵害,并多次被救助站救助。张某和袁某懈怠履行监护职责,使被监护人小元身心受到严重伤害,而小元其他近亲属无监护能力,此种情况下小元的监护问题该如何解决?

▲法律规定

1.《中华人民共和国民法总则》

第三十六条规定：监护人有下列情形之一的，人民法院根据有关个人或者组织的申请，撤销其监护人资格，安排必要的临时监护措施，并按照最有利于被监护人的原则依法指定监护人：

(1)实施严重损害被监护人身心健康行为的；

(2)怠于履行监护职责，或者无法履行监护职责并且拒绝将监护职责部分或者全部委托给他人，导致被监护人处于危困状态的；

(3)实施严重侵害被监护人合法权益的其他行为的。

本条规定的有关个人和组织包括：其他依法具有监护资格的人，居民委员会、村民委员会、学校、医疗机构、妇女联合会、残疾人联合会、未成年人保护组织、依法设立的老年人组织、民政部门等。

前款规定的个人和民政部门以外的组织未及时向人民法院申请撤销监护人资格的，民政部门应当向人民法院申请。

第三十七条规定：依法负担被监护人抚养费、赡养费、扶养费的父母、子女、配偶等，被人民法院撤销监护人资格后，应当继续履行负担的义务。

第三十八条规定：被监护人的父母或者子女被人民法院撤销监护人资格后，除对被监护人实施故意犯罪的外，确有悔改表现的，经其申请，人民法院可以在尊重被监护人真实意愿的前提下，视情况恢复其监护人资格，人民法院指定的监护人与被监护人的监护关系同时终止。

▲法律讲解

根据我国民事法律的规定，当监护人具有法定情形时，例如实施严重损害被监护人身心健康行为的、怠于履行监护职责，或者无法履行监护职责并且拒绝将监护职责部分或者全部委托给他人，导致被监护人处于危困状态等，人民法院可根据有关个人或者组织的申请，撤销其监护人资格，安排必要的临时监护措施，并按照最有利于被监护人的原则依法指定监护人。小元实例中，在作为小元的亲生父母张某与袁某，怠于履行监护职责导致被监护人处于危困状态，而小元的其他近亲属又不具备监护能力的情况下，可由恩施市民政局担任小元的监护人。

▲注意事项

监护人只要存有法定情形，其监护人资格可经有关组织或个人申请，由法院予以撤销。

(三)监护关系的终止

在监护关系存续期间,如出现被监护人取得或者恢复完全民事行为能力、监护人丧失监护能力、被监护人或者监护人死亡等情形,监护关系终止。监护关系终止后,被监护人仍然需要监护的,应当依法另行确定监护人。

第三节　宣告失踪和宣告死亡

一、宣告失踪

(一)宣告失踪的条件

当自然人离开自己的住所,下落不明达到法定期限,经利害关系人申请,人民法院可将其宣告为失踪人。这是以推定的方式确认自然人失踪的状态,结束失踪人财产无人管理、所负担的义务得不到履行的不正常状态。为维护自然人的合法权益和社会经济秩序的稳定,根据我国《民法总则》第四十条的规定,自然人宣告失踪须具备的条件:(1)自然人下落不明满二年的;(2)须经利害关系人申请;(3)须由人民法院依照法定程序宣告。

自然人离开最后居住地后没有音讯的状况属于下落不明。下落不明的计算时间从其失去音讯之日起计算。战争期间下落不明的,下落不明的时间自战争结束之日或者有关机关确定的下落不明之日起计算。

可以申请宣告失踪的利害关系人可以是被申请宣告失踪人的配偶、父母、子女、兄弟姐妹、祖父母、外祖父母、孙子女、外孙子女及其他与被申请人有民事权利义务关系的人,例如被申请人的债权人和债务人、合伙人等。

(二)宣告失踪的法律后果

失踪人的财产由其配偶、成年子女、父母或者其他愿意担任财产代管人的人代管。代管有争议可由人民法院指定的人代管。财产代管人应当妥善管理失踪人的财产,维护其财产权益。失踪人所欠税款、债务和应付的其他费用，由财产代管人从失踪人的财产中支付。

财产代管人因故意或者重大过失造成失踪人财产损失的，应当承担赔偿责任。财产代管人不履行代管职责、侵害失踪人财产权益或者丧失代管能力的，失踪人的利害关系人可以向人民法院申请变更财产代管人。财产代管人有正当理由的，可以向人民法院申请变更财产代管人。人民法院变更财产代管人的，变更后的财产代管人有权要求原财产代管人及时移交有关财产并报告财产代管情况。

（三）失踪宣告的撤销

失踪人重新出现，经本人或者利害关系人申请，人民法院应当撤销失踪宣告。失踪人重新出现，有权要求财产代管人及时移交有关财产并报告财产代管情况。

二、宣告死亡

（一）宣告死亡的条件

宣告死亡是指自然人离开自己的住所，下落不明达到法定期限，经利害关系人的申请，由人民法院宣告其死亡的法律制度。该项制度是人民法院通过判决来推定自然人死亡，目的是结束下落不明的自然人与其他民事主体之间的人身关系和财产关系的不稳定状态，稳定社会经济生活。

依法宣告自然人死亡必须具备的条件是：(1)下落不明达到法定期限；(2)须有利害关系人的申请；(3)须由人民法院进行宣告。其中下落不明期限的具体要求一般是满四年；因意外事件下落不明的满二年；因意外事件下落不明，经有关机关证明该自然人不可能生存的，申请宣告死亡不受二年时间的限制。

被宣告死亡的人，人民法院宣告死亡的判决做出之日视为其死亡的日期；因意外事件下落不明宣告死亡的，意外事件发生之日视为其死亡的日期。

（二）申请宣告死亡的利害关系人的顺序

依法属于可申请宣告死亡的利害关系人有配偶、父母、子女、兄弟姐妹、祖父母、外祖父母、孙子女、外孙子女及其他有民事权利义务关系的人。

对同一自然人，有的利害关系人申请宣告死亡，有的利害关系人申请宣告失踪，符合法律规定的宣告死亡条件的，人民法院应当宣告死亡。

生活实例

李某与王某系夫妻关系。王某外出十余年至今未归，下落不明。王某父母俱在。王某与李某共生育一子一女。现王某的儿子王小军要到法院申请宣告其父王某死亡，但王某的妻子李某不同意。而王某所在的单位同样想申请宣告王某死亡，以便结束彼此间的劳动合同关系。为此三方产生了争执。

▲实例分析

王某所在的用人单位是否属于可申请宣告死亡的利害关系人？当申请宣告死亡的利害关系人之间意见不一致时该如何决定？

▲法律规定

1.《最高人民法院关于贯彻执行〈中华人民共和国民法通则〉若干问题的意见》

第二十五规定：申请宣告死亡的利害关系人的顺序是：(1)配偶；(2)父母、子女；(3)兄弟姐妹、祖父母、外祖父母、孙子女、外孙子女；(4)其他有民事权利义务关系的人。申请撤销死亡宣告不受上列顺序限制。

第二十九规定：宣告失踪不是宣告死亡的必经程序。公民下落不明，符合申请宣告死亡的条件，利害关系人可以不经申请宣告失踪而直接申请宣告死亡。但利害关系人只申请宣告失踪的，应当宣告失踪；同一顺序的利害关系，有的申请宣告死亡，有的不同意宣告死亡，则应当宣告死亡。

▲法律讲解

可申请宣告死亡的利害关系人应该与被申请人之间具有民事权利义务关系，作为被申请人王某的用人单位，其与王某之间存有劳动合同关系，该关系不属于民事权利义务关系，因此被申请人王某的用人单位不是利害关系人，无权申请宣告本单位员工死亡。

依照法律规定，可申请宣告死亡的利害关系人是分先后顺序的，当利害关系人意见不一致时，应该以顺序在先的利害关系人意见为准；利害关系人顺序相同时,依法应该宣告死亡。

根据上述的分析,王某所在的用人单位无权申请王某宣告死亡。王某的利害关系人妻子李某、儿子王小军对宣告王某死亡意见不一致,因妻子作为配偶顺序是第一位,所以以妻子李某的意见为准,不得宣告王某死亡。

▲注意事项

宣告失踪不是宣告死亡的必经程序,在符合法律规定的情况下,取决于申请人。申请自然人死亡的利害关系人有先后顺序的划分,当利害关系人态度不一致时,以顺序在先的利害关系人的意见为准,在顺序相同的情况下,则应宣告死亡。

(三)宣告死亡的法律后果

宣告死亡仅仅是对自然人下落不明状态的一种推定,可能被宣告死亡的自然人实际还活着,为此法律规定自然人被宣告死亡但是并未死亡的,不影响该自然人在被宣告死亡期间实施的民事法律行为的效力。也就是自然人在宣告死亡期间,其所实施的民事法律行为根据其本人的民事行为能力状况来相应判断所实施民事法律行为的法律效力。

如宣告死亡人确实已经死亡的,被宣告死亡的人的婚姻关系,自死亡宣告之日起消灭。死者的遗产按照法定继承或遗嘱继承处理。

被宣告死亡的人重新出现,经本人或者利害关系人申请,人民法院应当撤销死亡宣告。死亡宣告被撤销的,婚姻关系自撤销死亡宣告之日起自行恢复,但是其配偶再婚或者向婚姻登记机关书面声明不愿意恢复的除外。被宣告死亡的人在被宣告死亡期间,其子女被他人依法收养的,在死亡宣告被撤销后,不得以未经本人同意为由主张收养关系无效。

生活实例

钱某于2013年10月被当地人民法院依法宣告死亡。2018年12月在老家重新出现。家人欣喜若狂,依法到当地法院申请撤销对钱某的死亡宣告。但因之前钱某的死亡宣告,几位继承人分割了他的遗产。刘华分得30

万元的存款，钱小贝分得50平方米房屋一套，钱大贝分得红木家具一套。现如今刘华的30万元存款尚在，钱小贝继承的房屋处于出租状态，钱大贝继承的红木家具已经以15万元卖给了章立。

▲实例分析

当被宣告死亡人的死亡判决被撤销后，已被继承分割的遗产该如何处理？

▲法律规定

1.《中华人民共和国民法总则》

第五十三条规定：被撤销死亡宣告的人有权请求依照继承法取得其财产的民事主体返还财产。无法返还的，应当给予适当补偿。

利害关系人隐瞒真实情况，致使他人被宣告死亡取得其财产的，除应当返还财产外，还应当对由此造成的损失承担赔偿责任。

▲法律讲解

依照法律规定，30万元存款、50平方米的房屋都可返还，因此刘华应将30万元返还给钱某，钱小贝应将房屋返还给钱某并转移房屋的所有权，之前设立的房屋租赁合同继续有效，直至合同期限届满。钱大贝已将红木家具出售且被第三人章立合法取得，返还不能，钱大贝对因此而给钱某带来的损失应予以适当补偿。

▲注意事项

被撤销死亡宣告的人有权请求依照继承法取得其财产的民事主体返还财产。无法返还的，不承担赔偿责任，仅为适当补偿。这是因为依照继承法取得财产的民事主体自身并无过错，让其承担因过错而导致的赔偿责任有悖公平原则。在无过错的情况下，采用补偿规则。如果宣告自然人死亡是恶意而为之，由此给自然人带来的损失，申请人应该承担损害赔偿责任。

第二章 民事法律行为

第一节 民事法律行为的生效

一、民事法律行为概述

民事法律行为是民事主体通过意思表示设立、变更、终止民事法律关系的行为。民事法律行为以意思表示为核心要素，是民事主体为了谋取自身利益最大化的工具。通过民事法律行为，民事主体可以自主地塑造自己与他人之间的法律关系，民事法律行为所产生的法律效果，通常就是实施民事法律行为的民事主体追求的目的所在。

民事法律行为具备了民事主体与意思表示两个要素便可成立。民事法律行为的成立仅仅是说明这个行为客观存在，并不能说明民事法律行为已经产生法律效力。法律对民事法律行为的成立基本不做什么要求，但是对民事法律行为的生效却有明确的规定。

二、民事法律行为生效要件

（一）民事法律行为的一般生效要件

根据《民法总则》第一百四十三条的规定，民事法律行为生效的一般条件是：

第一，行为人具有相应的民事行为能力。

行为人具有相应的民事行为能力主要是针对自然人提出的要求，其他民事主体，比如法人、非法人组织，不存在不具备相应民事行为能力的问题。由于法律将自然人分成完全民事行为能力人、限制民事行为能力人与无民事行为能力人，因此行为人所实施的民事法律行为只要与其年龄、智力相适应均符合法律的规定。

第二，当事人的意思表示真实。

意思表示真实，一方面是要求行为人的内心所想与外部的表示行为应该一致，另一方面是要求表意出自行为人自身的意愿，符合自愿原则的要求。如果行为人的意思表示与行为不一致或者行为人意思表示不自由，均属于意思表示不真实的具体表现。法律要求行为人意思表示真实，是为了保证行为人自由权的实现。

第三，不违反法律或行政法规的强制性规定，不违背公序良俗。

法律是全国人民代表大会及其常务委员会通过的由国家主席签发的立法文件；行政法规是以国务院令的形式颁布，由国务院总理签发的立法文件。行为人实施的民事法律行为不应该违反与其效力相关的法律或行政法规的规定，以免损害国家利益和社会公共利益。但社会生活类型多样，民商事交易方式多元，法律和行政法规不可能将所有一切均一一罗列并加以规定，因此再有其他有损国家利益和社会公共利益的行为，便纳入公序良俗的原则中加以禁止与规范。

（二）民事法律行为的特殊生效要件

通常情况下，民事法律行为具备一般生效条件就会产生法律效力。但是在一些特殊情况下基于当事人的特别约定或是法律、行政法规的特别规定，还需要具备一些特殊条件，行为人实施的民事法律行为才能生效。比如当法律规定应当办理批准、登记等手续才能生效的，其中批准、登记等手续就属于民事法律行为生效的特殊条件。再比如当事人约定某一事项完成，二人之间的民事法律行为方能生效的，约定完成某一事项就成为法律行为生效的特殊条件。

第二节　无效民事法律行为

无效民事法律行为指的是已经成立的民事法律行为，由于欠缺民事法律行为生效条件严重，从而自始、绝对、确定地不能按照行为人的意思设立、变更和终止民事法律关系。无效民事法律行为的法定情形：

一、无民事行为能力人实施的民事法律行为无效

无民事行为能力人，包括不满8周岁的未成年人和不能辨认自己行为的成年精神病人。无民事行为能力人由其法定代理人依法代理实施民事法律行为。无民事行为能力人由于不具备独立意思表示的能力，根本不知道其所实施的民事法律行为将会产生怎样的法律后果，因此法律规定由无民事行为能力人的法定代理人代理实施民事法律行为，无民事行为能力人自身实施的民事法律行为一律无效。即便无民事行为能力人所参与实施的民事法律行为对其而言是纯获利益的民事法律行为，比如6周岁的孩子接受自己长辈的赠与，该类行为只要不是无民事行为能力人的法定代理人实施的，仍为无效民事法律行为。法律这样规定的目的是最大限度地保护无民事行为能力人的利益，将对该利益的保护优于对交易安全的考量。

二、虚假表示的民事法律行为无效

民事法律行为的实施者通谋做出虚假的意思表示实施的民事法律行为无效。

生活实例

儿子和媳妇因生意周转，向儿子的母亲求助，三方经商议，通过婆婆与媳妇虚构房屋交易的方式，从银行套取贷款。于是，婆婆与媳妇签订《房屋买卖合同》，约定婆婆将房屋售予媳妇，通过按揭方式付款。同时，婆婆与儿子、媳妇三人签订《协议》，载明因生意周转，儿子、媳妇借婆婆的房屋做贷款

之用，双方无实际买卖关系，房屋属于婆婆所有。双方进行了房屋网签，婆婆将房屋过户至媳妇名下，银行办理完毕抵押登记后发放了贷款。贷款由儿子和媳妇实际使用，儿子和媳妇亦按期还款。房屋仍由婆婆居住。后来，因婆媳关系恶化，婆婆诉诸法律，要求将房屋过户到自己名下。媳妇主张，双方在房管局备案的网签合同真实有效，且房屋已办妥产权转移登记，房屋应属于媳妇所有。

▲实例分析

双方所签订的《房屋买卖合同》是否有效？

▲法律规定

1.《中华人民共和国民法总则》

第一百四十六条规定：行为人与相对人以虚假的意思表示实施的民事法律行为无效。以虚假的意思表示隐藏的民事法律行为的效力，依照有关法律规定处理。

▲法律讲解

实例中，婆婆和媳妇的真实意思并不是买卖，媳妇并未支付房款，婆婆也未转移房屋的占有权。婆婆和媳妇希望银行相信房屋买卖合同真实存在，因此才能获得银行贷款。婆媳之间的这种情形便属于虚假的意思表示，依法二人所签订的《房屋买卖合同》为无效。

▲注意事项

婆婆和媳妇之间因为属于虚假的意思表示，所以二人之间的房屋买卖合同无效。但在抵押没有涂销的情况下，不能直接裁判将房屋恢复登记到婆婆名下，否则对银行不利。房屋买卖合同无效并不影响按揭贷款合同的效力，借款合同有效，银行已善意取得抵押权。

三、违反强制性规定与违背公序良俗的民事法律行为无效

当法律、行政法规对某一民事法律行为的生效有特别规定时，若未遵守该特别规定，该民事法律行为会被判定无效。例如买卖大麻的民事法律行

为，因法律禁止，大麻交易被认定无效。但是，当强制性规定本身并不导致民事法律行为无效时，民事法律行为并不无效。“公序良俗”包括但不限于下列内容：危害国家政治、经济、财政、税收、金融、治安等秩序；违反人权和人格尊严；危害家庭关系；限制经济自由、违反公正竞争；违反对消费者、劳动者等特殊群体的法律保护。

生活实例

被告李某(女)与遗赠人周某于1975年结婚，婚后夫妻感情较好，未生育小孩，收养一子(已成家另立门户)。2008年周某认识了比他小30岁的邱某(原告)不久后，二人便租房公开同居生活，直至2013年5月，周某因患肝癌晚期住院治疗。在周某住院期间，一直由李某及其亲友照料，直至死亡。临死之时，周某立下书面遗嘱并经公证将其所得的住房补贴金、公积金、抚恤金、金首饰、手机和变卖位于某市的房产的售房款的一半等共计10万元遗赠给邱某所有；骨灰盒由邱某保管。周某去世后，邱某以李某控制前述财产，拒不交付，侵害其财产权为由起诉到当地法院。

▲实例分析

周某对邱某的遗赠是否有效？

▲法律规定

1.《中华人民共和国民法总则》

第一百五十三条规定：违反法律、行政法规的强制性规定的民事法律行为无效，但是该强制性规定不导致该民事法律行为无效的除外。违背公序良俗的民事法律行为无效。

▲法律讲解

遗赠人周某在与李某尚存婚姻关系的情况下，公然与原告邱某同居，且立下遗嘱准备将财产遗赠给与其长期非法同居的邱某。这一行为违反了“公序良俗”的民法基本原则和《婚姻法》确立的一夫一妻制原则。在周某患肝癌至死亡时，均由李某及其亲友照顾，而周某却在此期间将全部个人财产遗赠给同居之第三者，完全无视三十年合法妻子李某的存在，不符合一般的家庭道德，与普通民众的道德理念背道而驰。因此周某对邱某的遗赠理应无效。

▲注意事项

现实生活中包养情妇期间男方的财产赠与行为均极有可能构成对公序良俗的违背，均极有可能因此而无效。

四、恶意串通的民事法律行为无效

恶意串通，是指行为人与相对人互相勾结，为牟取私利而实施的损害他人合法权益的民事法律行为。

生活实例

邱炳因妻子有病急需用钱，委托李品代其出售他在原籍的三间房屋。李品接受委托，将上述房屋出卖给王学。王与李商谈的房价低于市场价，王明知价廉，李也有意让王占便宜。王学向李表示：事成后愿赠他5000元。李品写信将出售房屋之事告诉了邱炳。由于邱不知当地售房的价格，又过于相信李品，即复信同意出售，并委托李代理签订房屋买卖合同。合同签订后，李将王所付售房价款汇给邱炳。王学买得该房后，即申请将房屋拆除，准备翻建新房。房屋拆除后，邱炳从旁得知了王学与李品相互串通，故意压低房价，双方牟取非法利益的全部事实，非常气愤，便向人民法院提起诉讼，要求认定房屋买卖无效，并且要求李品与王学二人对其损失进行赔偿。

▲实例分析

李品代理邱炳出售房屋与王学之间的买卖行为是否有效？

▲法律规定

1.《中华人民共和国民法总则》

第一百五十四条规定：行为人与相对人恶意串通，损害他人合法权益的民事法律行为无效。

第一百六十四条规定：代理人不履行或者不完全履行职责，造成被代理人权益损害的，应当承担民事责任。代理人和相对人恶意串通，损害被代理人合法权益的，代理人和相对人应当承担连带责任。

▲法律讲解

邱炳委托李品代售三间房屋，李品接受委托，他们之间建立了委托代理关系。李品将邱炳的三间房屋代为出售给王学，这是李品行使代理权。李品作为邱炳的代理人代其出售房屋时，违背代理制度的宗旨，竟与王学串通，故意压低房价，损害了被代理人的利益。属于法律规定的"恶意串通，损害第三人利益"的情形，依法该房屋买卖行为应认定为无效。

▲注意事项

房屋买卖行为认定无效后，因房屋已经被拆除，由此给邱炳造成的损失应由李品与王学承担连带责任。

五、部分有效部分无效民事法律行为

民事法律行为是由若干个部分组成的，在内容上也可以分成若干部分，因此可能存在部分内容是有效的，部分内容是无效的情形。如果无效部分的内容并不影响其他部分的内容效力，则根据《民法总则》的规定，民事法律行为部分无效，不影响其他部分效力的，其他部分仍然有效。例如两个自然人之间的买卖合同，其他内容都符合法律规定，定金约定超过法律规定的最高限20％，此种状况下，只是超出20％的那部分才是无效的，其他仍然有效。当然，如果无效部分和有效部分有牵连关系，确认部分内容无效将影响有效部分的效力，或者从行为的性质、目的、交易的习惯及强制性规定的目的而言，民事法律行为部分有效违背当事人的意愿、对于当事人已无意义或无法实现强制性规定目的的，民事法律行为应被确定为全部无效。

第三节 可撤销民事法律行为

可撤销民事法律行为是指民事法律行为已经生效，但因行为人意思表示不真实，法律赋予相关当事人撤销权。当事人不行使撤销权的，民事法律行为有效；当事人行使撤销权的，民事法律行为自始无效。可撤销民事法律行为的效力状况与当事人是否行使撤销权有着直接的关系。可撤销民事法律行为的种类有：

一、基于重大误解实施的民事法律行为

重大误解是行为人对民事法律行为的重要事项，如对标的物的品种、质量、规格、数量等存在错误认识或未认识到自己的错误，从而做出了错误的决定，影响到当事人权益。此种状况下，由于违背了当事人真实的意愿，法律规定当事人可以行使撤销权，以挽回因意思表示错误而导致的损失。

生活实例

2016 年 3 月 13 日，某家具商场购得一批新式沙发，价格为每组 1880 元，售货员在制作价格标牌时，误将 1880 元写成了 880 元。3 月 20 日，甲、乙两人来逛商场，发现同样的沙发在别的地方卖近 2000 元，而该商场还不到 1000 元，觉得价格非常便宜，便一人买了一组。由于摆放的两组沙发均已售出，售货员再去仓库提货时，发现沙发价格根本不是 880 元，而是 1880 元，甲、乙两人的沙发每人少收了 1000 元。得知这一情况后，商场马上派人查找甲、乙两人，并终于在 2016 年 4 月 27 日找到了这两人。家具商场要求甲、乙两人退货或补足价款，但遭到拒绝。

▲实例分析

在商场自身标错价格的情况下，能否要求顾客退货或补足价款？

▲法律规定

1.《中华人民共和国民法总则》

第一百四十七条规定：基于重大误解实施的民事法律行为，行为人有权请求人民法院或者仲裁机构予以撤销。

2.《中华人民共和国合同法》

第五十四条规定：下列合同，当事人一方有权请求人民法院或者仲裁机构变更或者撤销：(1)因重大误解订立的；(2)在订立合同时显失公平的。

一方以欺诈、胁迫的手段或者乘人之危，使对方在违背真实意思的情况下订立的合同，受损害方有权请求人民法院或者仲裁机构变更或者撤销。

当事人请求变更的，人民法院或者仲裁机构不得撤销。

▲法律讲解

重大误解在生活实践中的实质就是错误，也就是实施民事法律行为的行为人因为自身的原因对交易中的关键性要素发生了错误的认识，导致基于该错误的意思产生的法律后果与自己真实的意愿发生严重的背离，致自身的合法权益受到损失，有违民事法律公平原则。商场标错价格，虽是自身的过错，但却是表意的错误，并非故意为之，若无视该事实让交易继续进行，会显失公平。所以在此种情况下，商场可以重大误解为由，主张民事法律行为的撤销。

▲注意事项

标错价格并非随时都可以重大误解为由主张撤销的，需要具体情况具体分析，一般过失情况下，可能造成的损失较大时方能成立。同时还要注意，如果是因为词语的含义发生了歧义的，不属于重大误解，此种情况应该采用法律解释的方式加以解决，并且解释的主体只能是法院或仲裁机构。比如，商家做“买一送一”活动，商家与顾客就“送一”如何理解发生歧义时，并非商家才是该活动的解释者，诉诸法律时，法院才是真正的解释者，由法官根据具体情况对“送一”做出解释。

二、一方利用对方处于危困状态、缺乏判断能力等情形，致使成立时显失公平的民事法律行为

民事法律行为一旦显失公平，其结果便是对行为一方当事人过分有利，对另一方当事人过分不利，会导致当事人利益关系的失衡，有悖民事法律的公平原则。

生活实例

老人周生66周岁那年将自己的自住房以20万元的价格卖给了李昭，房屋建筑面积为90平方米，当时同地段房屋平均售价在每平方米8000元。两年后周生被诊断出患有阿尔茨海默病，其子周拥军请假回家办理父亲相关养老事宜时才发现自己父亲的房子在两年前已经被过户登记，随即到法院要求撤销父亲周生与李昭间的房屋买卖合同，并递交了由若干邻人与居委会出具的周生近几年行为怪异的证明。

▲实例分析

老人周生在未被认定为限制民事行为能力人或无民事行为能力人时，其与李昭间的房屋买卖合同能否被撤销?

▲法律规定

1.《中华人民共和国民法总则》

第一百五十一条规定：一方利用对方处于危困状态、缺乏判断能力等情形，致使民事法律行为成立时显失公平的，受损害方有权请求人民法院或者仲裁机构予以撤销。

2.《中华人民共和国合同法》

第五十四条规定：下列合同，当事人一方有权请求人民法院或者仲裁机构变更或者撤销：(1)因重大误解订立的；(2)在订立合同时显失公平的。

一方以欺诈、胁迫的手段或者乘人之危，使对方在违背真实意思的情况下订立的合同，受损害方有权请求人民法院或者仲裁机构变更或者撤销。

当事人请求变更的，人民法院或者仲裁机构不得撤销。

▲法律讲解

显失公平民事法律行为的后果具有极大的不公平性，而这一损害并非因为商业风险之类的客观因素导致，而是因为当事人的不利情形，比如当事人本身处于经济或是身体健康方面等的重大困难状态；当事人缺乏必要的经验或辨认自己行为的能力较之正常的民事主体已经出现一定程度的偏差等。当事人的这一不利情形已经实际影响到其意思表示的自由形成，影响到与对方平等协商的可能，因此法律规定此种民事法律行为或是此种情况下订立的合同可予以撤销。实例中老人周生虽然未被认定为民事行为能力有瑕疵，但是根据其日常生活的表现，可知其已缺乏必要的经验，对自身行为的辨认与正常人相比已有有相当程度的偏差，否则不会以如此低廉的价格出售自己的自住房，构成法律规定的显失公平情形，所签订的买卖合同可予以撤销。

▲注意事项

显失公平的民事法律行为，其主要情形一是利用对方处于危困状态，二是利用对方缺乏判断能力。

三、因一方或第三人的欺诈、胁迫，当事人在违背真实意思的情况下实施的民事法律行为

行为人故意虚构事实或者故意隐瞒应当告知对方当事人的真实情况，使行为相对人陷于错误判断而做出的意思表示会损及对方当事人的合法权益。行为人以外的第三人实施同性质的民事法律行为，行为一方当事人知情，受欺诈方合法权益受及损失，均可对该民事法律行为予以撤销。同样的情况还有胁迫，以对行为当事人的人身、财产权益造成损害或以对行为当事人亲友的人身、财产权益造成损害为要挟，迫使行为人做出不真实的意思表示的，受胁迫者亦有权撤销。

生活实例

2018 年 12 月何某在李某经营的体育用品网店下单订购了一双运动鞋，

商家注明30天内发货，降价退价，涨价照发。何某拍下后实付1000余元。但商家李某以未到货为由一直未发货。何某发现，李某店铺中出售该鞋同款同码的价格已调整为3000余元。但李某坚称无货。无奈之下，何某以欺诈为由诉至法院要求李某退还货款并赔偿购买金额的三倍。

▲实例分析

商家李某是否构成欺诈？

▲法律规定

1.《中华人民共和国民法总则》

第一百四十八条规定：一方以欺诈手段，使对方在违背真实意思的情况下实施的民事法律行为，受欺诈方有权请求人民法院或者仲裁机构予以撤销。

第一百四十九条规定：第三人实施欺诈行为，使一方在违背真实意思的情况下实施的民事法律行为，对方知道或者应当知道该欺诈行为的，受欺诈方有权请求人民法院或者仲裁机构予以撤销。

第一百五十条规定：一方或者第三人以胁迫手段，使对方在违背真实意思的情况下实施的民事法律行为，受胁迫方有权请求人民法院或者仲裁机构予以撤销。

2.《中华人民共和国合同法》

第五十四条规定：下列合同，当事人一方有权请求人民法院或者仲裁机构变更或者撤销：(1)因重大误解订立的；(2)在订立合同时显失公平的。

一方以欺诈、胁迫的手段或者乘人之危，使对方在违背真实意思的情况下订立的合同，受损害方有权请求人民法院或者仲裁机构变更或者撤销。

当事人请求变更的，人民法院或者仲裁机构不得撤销。

3.《中华人民共和国消费者权益保护法》

第五十五条规定：经营者提供商品或者服务有欺诈行为的，应当按照消费者的要求增加赔偿其受到的损失，增加赔偿的金额为消费者购买商品的价款或者接受服务的费用的三倍；增加赔偿的金额不足五百元的，为五百元。法律另有规定的，依照其规定。

经营者明知商品或者服务存在缺陷，仍然向消费者提供，造成消费者或者其他受害人死亡或者健康严重损害的，受害人有权要求经营者依照本法第四十九条、第五十一条等法律规定赔偿损失，并有权要求所受损失二倍以下的惩罚性赔偿。

▲法律讲解

欺诈是指一方当事人故意告知对方虚假情况，或者故意隐瞒真实情况，诱使对方当事人做出错误意思表示。实例中李某在订单上明确承诺30天内发货，但在何某付款后，一直未发货，鞋子的标价却已经上涨了三倍，因为李某之前承诺即便涨价也不改变双方约定的价格，所以为了不遵守该承诺李某便一直谎称无货，实则有货，李某的行为已经构成欺诈。根据《民法总则》的规定仅为可以撤销民事法律行为，但根据《中华人民共和国消费者权益保护法》(以下简称《消费者权益保护法》)的规定可以获得购买商品价款的三倍赔偿。依据何法由何某自行选择。现何某选择适用《消费者权益保护法》，于法有据，应予支持。此外，何某通过"淘宝"网络平台在李某经营的淘宝店铺购买商品，双方之间形成网络购物合同关系。双方应当遵循诚实信用原则全面履行约定的义务。何某在购买了商品后，李某未按约发货，其行为已构成违约，故何某主张退还购买金额1866元的诉请也应予以支持。

▲注意事项

欺诈的民事法律行为，除了《民法总则》《合同法》(全称为《中华人民共和国合同法》，以下均为简称)有规定外，还有《消费者权益保护法》有规定，并且《消费者权益保护法》中对实施欺诈行为的商家规定不低于500元、价格或服务费用三倍的增加性赔偿。此规定更能对不诚信的商家或经营者起到惩戒作用。用哪个法律作为维权依据，由当事人自行选择。

可撤销民事法律行为，享有撤销权的人有：因产生重大误解，致自身利益遭受较大损失的行为人；非因自愿导致行为人之间利益严重失衡，处于过分不利地位的行为人；被欺诈、胁迫的行为人。享有撤销权的当事人自知道或应当知道撤销事由之日起一年内、重大误解的当事人自知道或应当知道撤销事由之日起三个月内没有行使撤销权的，撤销权消灭。当事人受胁迫，自胁迫行为终止之日起一年内没有行使撤销权，撤销权消灭。当事人自民事法律行为发生之日起五年内没有行使撤销权的，撤销权消灭。

第四节　效力待定的民事法律行为

效力待定的民事法律行为，是指民事法律行为虽然已经成立，但是否生效尚不确定，只有经过特定当事人的行为，才能确定生效或是不生效。这意味着该类民事法律行为既存在转变为确定不生效民事法律行为的可能，也存在转变为确定有效民事法律行为的可能。效力待定的民事法律行为的类型有：

一、限制民事行为能力人所实施的依法不能独立实施的民事法律行为

限制民事法律行为能力人可以实施纯获利益的民事法律行为，可以实施与其年龄、智力、精神健康状况相适应的民事法律行为。除此之外所实施的民事法律行为，若没有事先经法定代理人同意或者有法定代理人代为实施，便属于效力待定的民事法律行为。

生活实例

邵氏夫妇的儿子邵瑞今年16周岁。某日，邵瑞在数码城游逛的时候，喜欢上一台笔记本电脑，于是便与商家签订了一份购买价值为4999元的电脑买卖合同。邵氏夫妇得知此事后到商家处要求撤销该份合同，但商家以不知邵瑞为未成年人为由拒绝撤销。为此双方产生争议。

▲实例分析

邵瑞与商家之间签订的笔记本电脑买卖合同是否有效？

▲法律规定

1.《中华人民共和国合同法》

第四十七条规定：限制民事行为能力人订立的合同，经法定代理人追认

后，该合同有效，但纯获利益的合同或者与其年龄、智力、精神健康状况相适应而订立的合同，不必经法定代理人追认。

相对人可以催告法定代理人在一个月内予以追认。法定代理人未作表示的，视为拒绝追认。合同被追认之前，善意相对人有撤销的权利。撤销应当以通知的方式作出。

2.《中华人民共和国民法总则》

第一百四十五条规定：限制民事行为能力人实施的纯获利益的民事法律行为或者与其年龄、智力、精神健康状况相适应的民事法律行为有效；实施的其他民事法律行为经法定代理人同意或者追认后有效。

相对人可以催告法定代理人自收到通知之日起一个月内予以追认。法定代理人未作表示的，视为拒绝追认。民事法律行为被追认前，善意相对人有撤销的权利。撤销应当以通知的方式作出。

▲法律讲解

邵瑞年满 16 周岁，依法属于限制民事行为能力人。根据《合同法》第四十七条和《民法总则》第一百四十五条的规定，邵瑞作为限制民事行为能力人签订的合同为效力待定的合同。合同的效力需要邵瑞的法定代理人，也就是邵瑞的父母表态追认。如果邵氏夫妇对此表示同意，合同有效；如果邵氏夫妇对此表示不同意，合同无效。现作为邵瑞的法定代理人即邵氏夫妇明确表示不同意，则邵瑞与商家签订的笔记本电脑买卖合同应为无效。

▲注意事项

限制民事行为能力人从事的民事法律行为，不会因为一方属于限制民事行为能力人就导致民事法律行为无效。其属于效力待定，需要限制民事行为能力人的法定代理人表态，同时善意的相对人对该民事法律行为享有撤销权。只有这两类人行使了相关的权利，才会使限制民事行为能力人从事的民事法律行为的效力得到最后的确定，或有效，或无效。

二、无权代理行为

无权代理行为指的是代理人没有代理权、超越代理权或者在代理权终止后，以代理人的身份所进行的民事法律行为。《民法总则》第一百七十一条规定："行为人没有代理权、超越代理权或者代理权终止后，仍然实施代理行为，未经被代理人追认的，对被代理人不发生效力。相对人可以催告被代理人自收到通知之日起一个月内予以追认。被代理人未作表示的，视为拒绝追认。行为人实施的行为被追认前，善意相对人有撤销的权利。"由此，无权代理行为属于效力待定的民事法律行为，其效力得经相关行为人若干权利的行使后方能确定。

被代理人及时追认的，民事法律行为确定有效。被代理人未及时追认的，民事法律行为确定不发生效力。善意相对人在被代理人追认前行使撤销权，撤销其生效意思表示的，民事法律行为确定不发生效力。

第三章　代　理

第一节　委托代理

一、代理的界定

代理，是一人以他人或自己的名义独立与第三人实施民事法律行为，由此产生的法律效果直接或间接归属于他人的法律制度。在代理制度中，以他人名义或者自己名义为他人实施民事法律行为的人，称为代理人。由他人代为实施民事法律行为的人，称为被代理人，也称为本人。与代理人实施民事法律行为的人，称之为第三人。代理人的作用在于代他人实施民事法律行为，以弥补其自身技能、专业知识等方面的不足。代理制度的功能是利用他人为自己谋利，因此代理人在实施民事法律行为时得以被代理人的名义，但是代理行为的效果直接归属于被代理人。

代理权产生的根据不同，代理可分为法定代理与委托代理。法定代理多出现在自然人领域，法律就无民事行为能力人、限制民事行为能力人，规定其监护人就是法定代理人。法定代理由于是法律的直接规定而发生，根据法律规定处理即可。日常生活中常见的是委托代理。

二、委托代理

委托代理中，代理人的选定是基于被代理人对代理人的知识、技能、信用等的信赖，因此代理人与被代理人之间具有较强的人身信赖性质。正因如此，代理人一般情况下要亲自执行代理事务，除非出现特殊情况，否则不得转委托他人处理代理事务。

委托代理人取得代理权的基础是被代理人的授权行为，授权行为可以用书面形式，也可以用口头形式。授权行为的书面形式，称为授权委托书，又称代理证书。按照法律的规定，委托代理授权采用书面形式的，授权委托书应当载明代理人的姓名或者名称、代理事项、权限和期间，并由被代理人签名或盖章。在实际生活中，介绍信可作为授权委托书使用，司法实践承认其法律效力。授权委托书具有单独的证明力，在生活实际中，代理人一般只需要出具授权委托书便可标明代理权的存在。当代理人与被代理人之间存有合伙合同、承揽合同、雇佣合同、委托合同等民事法律关系时，就形成了授予代理权的基础关系，就会有被代理人出具给代理人的授权委托书。合伙合同、承揽合同、雇佣合同、委托合同等基础民事法律关系消灭时，授权委托书随之失效。

第二节　代理权的行使

一、代理权行使的一般要求

代理人行使代理权一般要求代理人亲自行使代理权，要求代理人谨慎、勤勉、忠实地行使代理权。被代理人之所以委托特定的代理人为自己服务，是基于对该代理人知识、技能、信用的信赖。因此，代理人必须亲自实施代理行为。代理人在实施代理行为时，应从被代理人的利益出发，而不是从自己的利益出发。代理人应该勤勉履行自己的代理人义务，疏于处理代理事务，使被代理人设定的代理目的落空，并遭受损失，是需要代理人承担民事责任的。

代理人还应向被代理人忠实报告处理代理事务的一切重要情况，以使被代理人知道事务的进展及自己利益的损益情况。代理事项处理完毕后，代理人还应向被代理人报告执行任务的经过和结果，并提交必要的文件材料。代理人执行代理事务中，应尽保密义务，对于其知晓的被代理人的个人秘密和商业秘密，不得向外界泄露，或利用它们同被代理人进行不正当竞争。代理人与相对人恶意串通，损害被代理人合法权益的，被代理人由此遭受的损失由代理人与相对人承担连带赔偿责任。

二、代理权行使的限制

为了保障被代理人的合法权益，确保代理人实施代理行为是为了被代理人的利益，法律对代理人代理权的行使设置了两个限制：

（一）禁止自己代理

自己代理指的是代理人在代理权限内与自己实施民事法律行为。实践中，自己代理主要是两种情况：(1)代理人以自己的名义向被代理人发出要约并且代理人以被代理人的名义予以承诺。(2)代理人以被代理人的名义向自己发出要约并且以自己的名义予以承诺。

生活实例

李军接受钱芳的委托以不低于6万元的价格帮其出售一辆自用小汽车，恰好李军刚刚考出机动车驾驶执照，正打算买辆二手车练练手。李军将钱芳的车子检查了一遍后发现还是不错的，遂以6万元的价格将钱芳的车子买下。钱芳得知此事后很不高兴，双方为此发生争议。

▲实例分析

李军与钱芳之间的汽车买卖合同是否有效？

▲法律规定

1.《中华人民共和国民法总则》

第一百六十八条规定：代理人不得以被代理人的名义与自己实施民事法律行为，但是被代理人同意或者追认的除外。

▲法律讲解

李军接受钱芳的委托帮其以指定的价格出售汽车，二人之间属于委托代理关系。随后李军以钱芳的名义与自己签订汽车买卖合同，构成代理人以被代理人的名义与自己实施民事法律行为的法定情形，属于自己代理。自己代理被法律禁止的原因在于不同民事主体其利益追求是不同的。李军作为钱芳的代理人，理应为钱芳谋取最大化的利益，但现在李军本人参与了与钱芳的交易，难免会出现为了谋取自身的利益而无法兼顾钱芳利益的情形，有悖代理设立的目的，与代理制度的宗旨背道而驰。因此法律对此表示否定。据此，李军与钱芳之间的汽车买卖合同属于无效。

▲注意事项

自己代理一般情况下被法律否定，但是被代理人对此行为表示认可的，自己代理的后果则有效。

（二）禁止双方代理

双方代理是指代理人同时代理被代理人和相对人实施同一民事法律行为。双方代理要求代理人必须既获得了被代理人的委托代理授权，又获得了相对人的委托代理授权。并且代理人同时代理双方实施同一民事法律行为。

生活实例

葛书接受朋友赵刚的委托，代理出售一部苹果手机。没过多久，葛书又接受其同学孙昊的委托，代其购置一部二手的苹果手机。葛书一看挺巧的，就和双方说了一下有关价格和一些交易事项，让赵刚与孙昊间达成了苹果手机的交易买卖。赵刚与孙昊事后知道两人都委托了葛书后，对该交易行为的效力产生怀疑。

▲实例分析

赵刚和孙昊之间的手机交易行为是否有效？

▲法律规定

1.《中华人民共和国民法总则》

第一百六十八条规定:代理人不得以被代理人的名义与自己同时代理的其他人实施民事法律行为,但是被代理人的双方同意或者追认的除外。

▲法律讲解

葛书分别接受赵刚和孙昊的委托,形成两个不同的委托代理关系。但在一部苹果手机交易买卖中,葛书将自己代理的双方当事人处于同一个交易行为中,便形成了代理人以被代理人的名义与自己同时代理的其他人实施民事法律行为,构成双方代理。法律禁止双方代理是因为代理人同时为民事法律行为中的双方当事人实施代理行为,在被代理人双方利益发生冲突的时候,难以维护各被代理人的利益,有违代理制度的初衷。因此赵刚与孙昊之间的手机买卖合同应为无效。

▲注意事项

双方代理一般情况下因难以维护各被代理人的利益而被法律否定,但是被代理人双方对此行为表示认可的,双方代理的后果则有效。

第三节　无权代理

无权代理,是指不具有代理权的当事人实施的代理行为。无权代理包括三种情况:一是根本未经授权的代理,也就是当事人实施代理行为,根本没有获得被代理人的授权;二是超越代理权的代理,也就是代理人虽然获得了被代理人的委托代理授权,但其实施的代理行为不在被代理人的授权范围内;三是代理权终止后的代理,也就是代理人获得了被代理人的委托代理授权,但是代理证书所规定的期限届满后,代理人继续实施代理行为。

一、发生与有权代理相同的法律效力

(一)被代理人行使追认权

通过被代理人行使追认权,无权代理行为中所欠缺的代理权得到补足,

转化为有权代理，产生与有权代理相同的法律效力。被代理人追认权的行使，可以向交易相对人做出，也可以向无权代理人做出。一经做出追认，无权代理行为即获得如同有权代理同样的法律效力。追认具有追溯性，使无权代理行为自始有效，代理的法律后果归属被代理人。

（二）表见代理

交易相对人通过相关证明能证明自身对行为人拥有代理权的信赖和善意且无过失，则可以表见代理主张代理的有效。实践中，交易相对人可通过如下情形的存在来证明自身善意：

（1）被代理人以明示或默示的方式向第三人表示以他人为自己的代理人，但事实上并未进行授权或者未就特定民事法律行为对该代理人进行授权，交易相对人信赖该被代理人对其所做的意思表示，并与该他人进行交易。

（2）被代理人与代理人之间的委托合同不成立、无效或被撤销，但尚未收回代理证书，交易相对人基于对代理证书的信赖，与行为人进行交易。

（3）代理关系终止后被代理人未采取措施，公示代理关系终止的事实并收回代理人持有的代理证书，造成第三人不知代理关系终止仍与之进行交易。

（4）行为人持有被代理人的介绍信、盖有合同专用章或盖有印章的空白合同书。但被代理人能够证明行为人持有的介绍信或空白合同书系“盗用”的，不适用表见代理。

生活实例

2018 年 3 月 6 日，老赵以儿子小赵委托代理人的名义与小王的委托代理人老佟签订《房屋买卖合同》，约定将登记在小赵名下的房屋出售给小王。同日，老赵再次以小赵代理人名义与小王的委托代理人老佟及宜居经纪公司签订《买卖定金协议书》及《补充协议》。合同明确约定，小王于 2018 年 3 月 6 日向小赵支付定金 20 万元，该定金在交易中自动转为首付款的一部分，剩余房款 240 万元，小王承诺在房屋所有权转移登记手续办理当日支付给小赵；双方于2018年8月30日前共同办理房屋所有权转移登记手续；小赵同意在过户当日将房屋交付给小王。然而，在小王向小赵支付20万元定金后，合同的其他内容却迟迟未履行。小王无奈之下将小赵诉至法院，要求小赵继续履行《房屋买卖合同》。庭审中，各方对签订合同时老赵是否携带小赵身份证原件以及授权委托书中小赵签字是否为老赵代签存在较大争议。小赵父子均称委托书上的委托人为老赵签字捺印，且老赵没有携带小赵身份证原件；小王则称，签字当天老赵带了小赵的身份证原件，且老赵自认伪造了委托人签字，因此应视为其没有代理权。但是小王在核实相关证据原件后，有理由相信老赵有代理权，购房行为符合表见代理的构成要件，合同应为有效；且居经纪公司亦称老赵当日出示小赵身份证原件，并不知道委托书是老赵自己代签，合同应为有效。

▲实例分析

老赵与小赵之间是否构成委托代理关系？

▲法律规定

1.《中华人民共和国民法总则》

第一百七十二条规定：行为人没有代理权、超越代理权或者代理权终止后，仍然实施代理行为，相对人有理由相信行为人有代理权的，代理行为有效。

▲法律讲解

签订合同时，老赵持有小赵的委托书、自己的身份证原件及房屋产权证原件等材料，足以使小王信任其是有权代理。小王委托专业的中介机构为其购房提供居间服务，在老赵能够提供委托书、涉案房屋产权证原件等材料以及中介机构对小赵和老赵的身份予以核实的前提下，基于老赵与小赵的父子关系，信任老赵具有代理权，与老赵签订了涉案房屋的买卖合同，属于善意无过失。依法行为人没有代理权、超越代理权或者代理权终止后以被代理人名义订立合同，相对人有理由相信行为人有代理权的，该代理行为有效。故老赵的行为构成表见代理，代理行为有效。

▲注意事项

在具备无权代理的表面特征时，如果能够证明自身善意且无过失，并且存有理由相信行为人有代理权的，无权代理会成为一种特殊的代理情形——表见代理，表见代理产生代理行为有效的法律后果。

二、不发生与有权代理相同的法律效力

（一）交易相对人行使撤销权

为平衡当事人之间的利益，与被代理人享有追认权相对应，善意的交易相对人享有撤销权。所谓善意是指交易相对人不知道且不应当知道行为人属于无权代理。善意的交易相对人一旦行使了撤销权，基于无权代理所实施的民事法律行为就确定成为不生效的行为。但是善意的交易相对人行使撤销权应该是在被代理人行使追认权之前。被追认的无权代理行为不得撤销，被撤销的无权代理行为不得追认。

（二）被代理人行使拒绝权

无权代理行为发生后，被代理人拒绝追认，代理行为不发生效力。需要注意的是，交易相对人不论是善意还是恶意，均享有催告权，也就是交易相对人可催告被代理人就无权代理行为予以表态，如果被代理人对此催告不予回应，法律要求被代理人自收到催告通知之日起一个月内予以追认，未在规定期限做出表态的，视为拒绝追认。此种情况下，代理行为同样不发生效力。

第四节　代理关系的消灭

一、委托代理关系的消灭原因

(1)代理期间届满或者代理事务完成。

(2)被代理人取消委托或代理人辞去委托。

(3)代理人丧失民事行为能力。

(4)代理人或被代理人死亡。《民法总则》第一百七十四条规定，被代理

人死亡后，委托代理人实施的代理行为有效的情形有：代理人不知道并且不应当知道被代理人死亡；被代理人的继承人予以承认；授权中明确代理权在代理事务完成时终止；被代理人死亡前已经实施，为了被代理人的继承人的利益继续代理。这些情形同样适用作为被代理人的法人、非法人组织终止所引发的委托代理关系。

(5)被代理人或代理人为法人或者非法人组织时，因法人或非法人组织终止而使代理关系消灭。

二、法定代理关系的消灭原因

(1)被代理人已取得或者恢复了完全民事行为能力，使代理成为不必要。

(2)代理人丧失了民事行为能力。

(3)代理人或被代理人死亡。

(4)法律规定的其他情形。

第四章　诉讼时效

第一节　诉讼时效的适用范围及类型

一、诉讼时效的适用范围

诉讼时效是指权利人在法定期间内不行使权利即导致义务人有权提出拒绝履行的抗辩权的法律制度。诉讼时效主要适用于债权请求权。依据《民法总则》第一百九十六条规定，不适用诉讼时效的情形有：

(1)请求停止侵害、排除妨碍、消除危险；

(2)不动产物权和登记的动产物权的权利人请求返还财产；

(3)请求支付抚养费、赡养费或扶养费；

(4)依法不能适用诉讼时效的其他请求权：例如，支付存款金及利息请求权；兑付国债、金融债券以及向不特定对象发行的企业债券本息请求权；基于投资关系产生的缴付出资请求权等。

诉讼时效期间起算，一般是从权利人知道或者应当知道权利受到损害以及义务人之日起算。但以下几种情况做特殊规定：

(1)当事人约定同一债务分期履行的，诉讼时效期间自最后一期履行期限届满之日起计算。比如，甲乙之间买卖一台笔记本电脑，约定甲于2018年4月6日向乙支付800元，5月6日向乙支付500元，6月6日向乙支付最后一笔款项400元。则甲乙之间债务的诉讼时效期限应该从2018年6月7日开始计算。

(2)无民事行为能力人或限制民事行为能力人对其法定代理人的请求权的诉讼时效,自该法定代理关系终止之日起计算。

(3)未成年人遭受性侵害的损害赔偿请求权,自受害人年满十八周岁之日起计算。

二、诉讼时效的类型

(一)普通诉讼时效期间

《民法总则》第一百八十八条第一款规定:"向人民法院请求保护民事权利的诉讼时效期间为三年。法律另有规定的,依照其规定。"依此,普通诉讼时效期间为3年。

(二)特别诉讼时效期间

特别诉讼时效期间,是由民事基本法或特别法针对某些民事法律关系规定的时效期间。例如,《民法通则》第一百三十六条规定:"下列的诉讼时效期间为一年:(1)身体受到伤害要求赔偿的;(2)出售质量不合格的商品未声明的;(3)延付或者拒付租金的;(4)寄存财物被丢失或者损毁的。"《中华人民共和国海商法》(以下简称《海商法》)第二百五十七条规定,海上货物运输向承运人要求赔偿的请求权,时效期间为一年。

(三)最长诉讼时效期间

《民法总则》第一百八十八条第二款规定:"自权利受到损害之日起超过二十年的,人民法院不予保护;有特殊情况的,人民法院可以根据权利人的申请决定延长。"

三、诉讼时效期间届满的后果

《民法总则》第一百九十二条第一款规定:"诉讼时效期间届满的,义务人可以提出不履行义务的抗辩。"由此可知,诉讼时效期间届满,会产生两个层面的后果:

(一)权利人层面

权利人的实体权利和诉权均不发生消灭,但是胜诉权会因此而丧失,也就是法院对权利人提出的要求义务人履行义务的诉讼请求会不予支持。

（二）义务人层面

义务人有权拒绝权利人要求其履行义务的请求，法院也不得强制义务人必须履行其义务。

权利人所享有的权利失去了法律保护，权利的实现全在于义务人的意愿。由此，《民法总则》第一百九十二条第二款规定："诉讼时效期间届满后，义务人同意履行的，不得以诉讼时效期间届满为由抗辩；义务人已自愿履行的，不得请求返还。"例如，张三和李四之间存有借款民事法律关系，作为债权人的张三在债务到期后五年内未向债务人李四催要。依法三年普通诉讼时效期间已过，张三若起诉到法院，法院会肯定张三对李四的债权，但不会支持张三要求李四还款的诉讼请求。如此一来，张三债权的实现就完全取决于债务人李四的意愿。李四自愿履行，张三的债权得以实现；李四不自愿履行，张三的债权始终处于期待状态。

此外，在案件的审理过程中，人民法院不得主动适用诉讼时效的规定，也就是当事人未提出诉讼时效抗辩，人民法院不应对诉讼时效期间问题进行释明及主动适用诉讼时效的规定进行裁判。

第二节　诉讼时效期间的中断、中止和延长

一、诉讼时效期间的中断

（一）诉讼时效期间的中断事由

诉讼时效期间的中断指的是诉讼时效进行中因法定事由的发生，推翻了诉讼时效存在的基础，因此使已经进行的期间全部归于无效，诉讼时效重新起算。根据《民法总则》第一百九十五条规定，中断的事由主要是：

一是权利人向义务人提出履行请求。权利人可以向义务人或者义务人的代理人主张权利。权利人一旦提出履行请求，就表明权利人积极行使了权利，引发时效的中断。

二是义务人同意履行义务。义务人对权利人表示承认其权利的存在，愿意履行义务，便为义务人同意履行义务。

三是权利人提出诉讼或者申请仲裁。权利人向法院或者仲裁机构提出诉讼或仲裁的，同样是权利人在积极地行使权利，诉讼时效期间应该被中断。

四是与提起诉讼或者申请仲裁具有同等效力的其他情形。权利人向人民调解委员会及其他依法有权解决相关民事纠纷的机构提出请求或者是权利人向公安机关、人民检察院、人民法院报案或控告均为诉讼时效期间中断的事由。

(二)诉讼时效期间中断的效果

诉讼时效期间一旦被中断，将发生如下效果：

第一，原有的已经经过的诉讼时效统归无效，已经计算的时效只要尚未届满都可以因为中断事由的出现而失去效力。

第二，中断事由消除后，时效期间重新计算。

第三，在时效中断以后，可能发生时效再次中断的情况。时效中断后，在重新进行的诉讼时效期间内又发生中断的法定事由，可以导致时效的再次中断。虽然法律对时效的中断次数未做明确的次数限制，但是鉴于自权利被侵害之日起超过 20 年的，法律不予保护的规定，被多次中断的诉讼时效期间应该不超过 20 年。

二、诉讼时效期间的中止

(一)诉讼时效期间的中止事由

诉讼时效期间的中止指的是诉讼时效期间进行中，因发生一定的法定事由使权利人不能行使请求权，从而暂时停止计算诉讼时效期间。根据《民法总则》第一百九十四条的规定，引发诉讼时效期间中止的法定事由应该是发生在诉讼时效期间的最后六个月内，否则不会产生中止的效果。具体能够发生诉讼时效期间中止的法定事由有：

一是不可抗力。

二是无民事行为能力人或者限制民事行为能力人没有法定代理人，或者法定代理人死亡、丧失民事行为能力、丧失代理权。

三是继承开始后未确定继承人或遗产管理人。

四是权利人被义务人或者其他人控制。

五是其他导致权利人不能行使请求权的障碍。

(二)诉讼时效期间中止的效果

诉讼时效期间一旦被中止,将发生如下效果:

第一,诉讼时效期间停止计算。

第二,中止事由发生前的时效期间仍然有效。

第三,中止事由消除后诉讼时效期间再计算6个月。也就是说,即便是在权利人请求权的诉讼时效期间还剩余1个月的情况下发生了诉讼时效期间中止的法定事由,在该事由消除后,其剩余的诉讼时效期间仍为6个月。法律这样规定是为了简化诉讼时效期间的计算方法,减少相关的纠纷。

三、诉讼时效期间的延长

诉讼时效期间的延长指的是诉讼时效期间届满后,权利人基于某种正当的理由,请求人民法院根据具体情况延长诉讼时效期间,经人民法院依职权决定延长的制度。诉讼时效期间可延长的法定事由法律未做规定,而是将相关决定权交由法院。由人民法院依照具体的情形来决定是否对诉讼时效期间予以延长。需要注意的是,人民法院决定延长诉讼时效期间后,延长的时间具体为多久同样取决于人民法院的决定。

第五章　合同的担保

第一节　抵押权、质权与留置权

一、抵押权

(一)抵押财产范围

根据《物权法》(全称为《中华人民共和国物权法》,以下均为简称)第一百七十九条的规定,抵押权是指债务人或者第三人不转移财产的占有,将该财产作为债权的担保,当债务人不履行到期债务或出现当事人约定的事由时,债权人就该财产优先受偿的权利。其中,提供财产抵押的是抵押人,债权受到担保的债权人是抵押权人,提供担保的财产是抵押财产。抵押权人直接对抵押财产所享有的权利,可以对抗财产的所有人及第三人。抵押权设定后,抵押人不必移转对抵押财产的占有,抵押财产仍继续由抵押人占有、使用、收益,甚至于一定条件下的处分。抵押财产应该属于债务人本人或第三人所有或有权处分的特定财产。抵押财产属于第三人所有时,在该项财产上设定抵押须征得第三人的同意。如成年子女将其父母的房屋设定抵押,要征得父母同意。

根据《物权法》第一百八十条的规定,债务人或者第三人有权处分的下列财产可以抵押：

(1)建筑物和其他土地附着物；

(2)建设用地使用权；

(3)以招标、拍卖、公开协商等方式取得的荒地等土地承包经营权；

(4)生产设备、原材料、半成品、产品；

(5)正在建造的建筑物、船舶、航空器；

(6)交通运输工具；

(7)法律、行政法规未禁止抵押的其他财产。

根据《物权法》第一百八十四条的规定，下列财产不得抵押：

(1)土地所有权；

(2)耕地、宅基地、自留地、自留山等集体所有的土地使用权，但法律规定可以抵押的除外；

(3)学校、幼儿园、医院等以公益为目的的事业单位、社会团体的教育设施、医疗卫生设施和其他社会公益设施；

(4)所有权、使用权不明或者有争议的财产；

(5)依法被查封、扣押、监管的财产；

(6)法律、行政法规规定不得抵押的其他财产。

(二)抵押权登记

依照法律，不动产或者权利抵押应当办理抵押登记。抵押权自登记时设立。如果抵押登记未办理的，抵押权未设立。比如抵押房屋的，要到不动产登记机构办理抵押登记，如果没有办理抵押登记，即便债权人拿有债务人交付的房屋产权之类的证书，都不产生抵押效果，债权人对该房屋不享有抵押权。

依照法律，将动产抵押的，抵押权自抵押合同生效时设立；未经登记，不得对抗善意第三人。也就是抵押权以当事人之间的抵押合同而设定，但是没有进行登记，抵押权仅存在于当事人之间，对善意第三人不发生效力，被当事人所承认的抵押权不得对抗该善意第三人。未登记的情况下，若抵押人将抵押财产转移，对取得该财产的善意第三人，抵押权人无权追偿，只能要求抵押人重新提供担保，或者向债务人主张及时清偿债务。

法律对抵押未做明确规定的，当事人可以自愿办理抵押物登记，登记部门是抵押人所在地的公证部门。当事人不办理登记的，不得对抗第三人。

（三）抵押相关规则

(1)抵押物的保全权。《物权法》第一百九十三条规定："抵押人的行为足以使抵押财产价值减少的，抵押权人有权要求抵押人停止其行为。抵押财产价值减少的，抵押权人有权要求恢复抵押财产的价值，或者提供与减少的价值相应的担保。抵押人不恢复抵押财产的价值也不提供担保的，抵押权人有权要求债务人提前清偿债务。"但如果造成抵押财产价值减少、损毁灭失不是抵押人的过错，如地震、失火、被盗等，此时可根据《物权法》第一百七十四条的规定，抵押权人可就抵押人获得的保险金、赔偿金或者补偿金等优先受偿。被担保债权的履行期未届满的，也可以提存该保险金、赔偿金或者补偿金等。

(2)抵押人对抵押财产的处分权。《物权法》第一百九十一条规定："抵押期间，抵押人经抵押权人同意转让抵押财产的，应当将转让所得的价款向抵押权人提前清偿债务或者提存。转让的价款超过债权数额的部分归抵押人所有，不足部分由债务人清偿。抵押期间，抵押人未经抵押权人同意，不得转让抵押财产，但受让人代为清偿债务消灭抵押权的除外。"

生活实例

2012 年 9 月，某养牛场向典当公司借款 205 万元，孙某为该笔借款提供抵押担保，与典当公司签订《房屋抵押合同》和借据，约定将其个人名下的一处房屋用于抵押担保借款。随后，孙某与丈夫张某向典当公司出具了房地产抵押物清单及财产共有人同意抵押意见书，约定孙某与张某作为财产共有人，自愿将该房产用作抵押担保，并分别签字、捺指印。2013 年 1 月，典当公司对上述房屋办理了抵押登记手续。2016 年 1 月，因养牛场无力偿还借款，典当公司诉至法院，要求孙某承担担保责任。随后，法院又收到了孙某的起诉书，要求确认抵押合同无效，原本清晰的案件竟出现了让人意想不到的转折。孙某自称从未与典当公司签订过抵押合同，直至典当公司起诉才知道此事，是丈夫张某以她的名义与典当公司签订的房屋抵押合同，因该房屋系其婚前个人财产，丈夫张某无权对外抵押。但典当公司坚称抵押合同是孙某本人所签，抵押合同真实有效。庭审中，双方就抵押合同等文件中的签字和指印是否孙某本人作为争议较大，于是申请进行鉴定，经鉴定，认定《房屋抵押合同》等四份文件中的签字和指印均不是孙某本人所为。

▲案例分析

债务人在未经第三人同意的情况下，擅自在第三人所有的财产上设定抵押担保，该抵押合同是否有效？

▲法律规定

1.《中华人民共和国物权法》

第一百七十九条规定：为担保债务的履行，债务人或者第三人不转移财产的占有，将该财产抵押给债权人的，债务人不履行到期债务或者发生当事人约定的实现抵押权的情形，债权人有权就该财产优先受偿。

第一百八十条规定：债务人或者第三人有权处分的下列财产可以抵押：(1)建筑物和其他土地附着物；(2)建设用地使用权；……。

▲法律讲解

根据《物权法》的规定，债务人向债权人提供抵押时，抵押物属于第三人的，应该征得第三人的同意。而涉案房产证上明确载明该房屋的所有权人为孙某，并未反映有共有关系存在，典当公司对该房屋的抵押行为理应取得孙某的同意。从现有证据来看，孙某并未在房地产抵押物清单、财产共有人同意抵押意见书、《房屋抵押合同》、借据等证据材料上签名、捺指印，而典当公司也未能提交其他证据证明孙某已经同意或者授权张某用该房产进行抵押担保。同时典当公司作为上述材料的保管人，一直主张上述材料中孙某的签名是本人所签，该主张明显违背客观事实，由此可见典当公司在本案中不是善意第三人，故张某一方私自为涉案房屋设定抵押的行为不具有法律效力。张某以孙某名义同典当公司之间签订的《房屋抵押合同》无效。

▲注意事项

债务人为债权人的债券设定抵押担保时，其间的抵押物可以属于债务人本人所有,也可以属于第三人所有。但如果是属于第三人所有,债务人在向债权人设定抵押担保时,应该取得第三人的同意。在未取得第三人同意的情况下,除非债权人证明自己的善意无过失,否则抵押合同无效。

二、质权

质权,是指为了担保债务的履行,债务人或第三人将其动产或权利移交债权人占有,当债务人不履行债务时,债权人就其占有的财产有优先受偿的权利。在质权法律关系中,享有质权的是质权人;将动产或权利转移于质权人占有而提供担保的债务人或第三人,是出质人,提供担保的财产称为质物或质押财产。质权的设立须转移质物的占有,要将质物转移到质权人的掌控之下,通过质权人对质物的占有,来推定质权人对该质物所享有的权利。根据《物权法》的规定,质权分为动产质权与权利质权。

(一)动产质权

动产质权是出质人用自己或第三人的动产为债权人设定担保,但是法律、行政法规禁止转让的动产不得出质,例如毒品、淫秽物品等。设立动产质权,质权人与出质人应当采用书面形式订立质权合同。质权合同签订后,质权并非马上设立,《物权法》第二百一十二条规定:“质权自出质人交付质押财产时设立。”也就是说动产质权的设立应以质物的交付为要件。动产交付后动产质权不仅设立,而且生效。质押期间,质押财产毁损、灭失或者被征收等,质权人可就获得的保险金、赔偿金或者补偿金等优先受偿。被担保债权的履行期未届满的,可以提存该保险金、赔偿金或者补偿金。

1.动产质权对质权人的效力

(1)收取质押财产孳息权。质权人有权收取质押财产的孳息,但合同另有约定的除外。所收取的孳息应当先充抵收取孳息的费用。

(2)质权保全权。《物权法》第二百一十六条规定:“因不能归责于质权人的事由可能使质押财产毁损或者价值明显减少,足以危害质权人权利的,质权人有权要求出质人提供相应的担保;出质人不提供的,质权人可以拍卖、变卖质押财产,并与出质人通过协议将拍卖、变卖所得的价款提前清偿债务或者提存。"这是有关质权保全的规定。不能归责于债权人的事由，往往指的是由于自然原因等导致质押财产毁损或者价值减少。价值减少不是指由于市场变化等导致质押财产价值的减少，这种价值减少应该属于正常范畴，任一物都存在价值减少的可能，适用质权保全的价值减少应该是价值减少非常明显的状态。

(3)优先受偿权。债务人不履行到期债务或者发生当事人约定的实现质权的情形，质权人可以与出质人协议以质押财产折价，也可以就拍卖、变卖质押财产所得的价款优先受偿。超过债权数额的部分归出质人所有，不足部分由债务人清偿。

2. 动产质权对于出质人的效力

(1)质押财产的处分权。质权的设定并没有使出质人丧失对质押财产的所有权，出质人仍然可以对质物进行处分。

(2)对质权人的损害赔偿请求权。质权人在质权存续期间，未经出质人同意，擅自使用、处分质押财产，给出质人造成损害的，应当承担赔偿责任。

(3)返还质物请求权。质权因为主债务的履行、出质人的代为清偿等而消灭的，出质人有权要求质权人返还占有的质物。

(4)对主债务人的追偿权。出质人是第三人的，出质人代为清偿债务后或者用于提供担保的质物被实现后，出质人有权向主债务人追偿。

债务履行期间届满，质权人未受清偿的，或者出现当事人约定的实现质权的事由，可以与出质人协议以质物折价，也可以依法拍卖、变卖质物，以实现质权。

(二)权利质权

权利质权是以债务人或第三人的财产权利为债权提供担保的质权。权利质权除了一些特殊规定外，适用动产质权的相关规定。可以出质的权利有：

1. 汇票、本票、支票

汇票是指出票人签发的，委托付款人在见票时或者在指定日期无条件支付确定金额给收款人或者持票人的票据。本票是指出票人签发的，承诺自己见票时无条件支付确定金额给收款人或者持票人的票据。支票是指出票人签发的，委托办理支票存款业务的银行或者其他金融机构在见票时无条件支付确定的金额给收款人或者持票人的票据。有关汇票、本票、支票的相关具体事宜依据《中华人民共和国票据法》做调整。

以汇票、本票、支票出质的，当事人应当订立书面合同。但是书面合同的订立，并没有立即产生质权，还需要交付权利凭证，所谓权利凭证是指记载权利内容的象征性的证书，通常采用书面形式。汇票、本票、支票均有权利凭证，因此以汇票、本票、支票出质的，质权自权利凭证交付质权人时设立。

2.债券、存款单

债券是指由政府、金融机构或者企业为了筹措资金而依照法定程序向社会发行的，约定在一定期限内还本付息的有价证券，包括政府债券、金融债券、企业债券。存款单，又称为存单，是指存款人在银行或者储蓄机构存了一定数额的款项后，由银行或储蓄机构开具的到期还本付息的债权凭证。

以债券、存款单出质的，当事人应当订立书面合同。但是书面合同的订立，并没有立即产生质权。存款单本身就是权利凭证，以存款单出质的，质权自权利凭证交付质权人时设立。债券则有所不同，部分债券具有权利凭证，质权自权利凭证交付质权人时设立；部分债券不具有权利凭证的，如记账式国库券、在证券交易所上市交易的公司债券，必须到法律法规规定的有关登记部门办理出质登记，质权自登记之日时设立。

3.仓单、提单

仓单是指仓库保管人应存货人的请求而填发的有价证券。《合同法》中明确规定，存货人交付仓储物的，保管人应该给付仓单。仓单是提取仓储物的凭证。提单是指用以证明海上货物运输合同和货物已经由承运人接受或装船，以及承运人保证据以交付货物的单证。《海商法》对提单有具体的规定。

以仓单、提单出质的，当事人应当订立书面合同。质权自权利凭证交付质权人时设立。

4.可以转让的基金份额、股权

基金份额是指向投资者公开发行的，表示持有人按其所持份额对基金财产享有收益分配权、清算后剩余财产取得权和其他相关权利，并承担相应义务的凭证。可以出质的基金有种类限制，只能是《中华人民共和国证券投资基金法》中规定的证券投资基金。股权是指股东因向公司直接投资而享有的权利,此处的股权仅指股东向有限责任公司和股份有限公司直接投资享有的权利。

以基金份额、股权出质的,当事人应当订立书面合同。质权自证券登记结算机构办理出质登记时设立;股权出质的,质权自工商行政管理部门出质登记时设立。基金份额、股权出质后,不得转让,除非经出质人与质权人协商同意。若出质人与质权人同意转让的,所得的价款应向质权人提前清偿或者提存。

5.可以转让的注册商标专用权、专利权、著作权等知识产权中的财产权

知识产权是人们对自己的创造性智力活动成果和经营管理中的标记所依法享有的权利,包括注册商标权、专利权、著作权等。知识产权具有人身权和财产权两个方面的内容,可以出质的只能是财产权方面的内容。同样需要当事人订立书面合同,须得到有关部门办理出质登记才能设立质权。知识产权中的财产权出质后,出质人不可转让或者许可他人使用,除非经出质人与质权人协商同意。若出质人与质权人同意转让的,所得的价款应向质权人提前清偿或者提存。

6.应收账款

应收账款是指权利人因提供一定的货物、服务或者设施而获得要求义务人付款的权利,不包括因票据或者其他有价证券而产生的付款请求权。应收账款应仅限于金钱债权,包括将来产生的债权。质权自信贷征信机构办理出质登记时设立。出质后不可转让,除非经出质人与质权人协商同意。若出质人与质权人同意转让的,所得的价款应向质权人提前清偿或者提存。

7.法律、行政法规规定可以出质的其他财产权利

这是对可以出质的权利做的一个兜底性规定。

生活实例

自然人甲与自然人乙是好友,甲因扩大店面急需资金向乙借款10万元,乙要求甲提供担保,甲将自己的奥迪车出质给乙,乙因自己不会开车,要求甲将该车开回。后甲向自然人丙借款10万元,又将该车出质给丙。丙对该

车进行了占有。该奥迪车的价值为50万元。在丙占有期间内,因丁向丙租用该车,丙未经甲同意,即与丁签订了租赁合同。丁因违章驾驶造成该车灭失,为此引起纠纷。

▲实例分析

在实例中,乙是否取得了对奥迪车的质权?甲丙之间存在何种法律关系?丙是否有权出租该车?甲可就该车损失向谁主张权利?

▲法律规定

1.《中华人民共和国物权法》

第二百一十二条规定:质权自出质人交付质押财产时设立。

第二百一十四条规定:质权人在质权存续期间,未经出质人同意,擅自使用、处分质押财产,给出质人造成损害的,应当承担赔偿责任。

第二百一十五条规定:质权人负有妥善保管质押财产的义务;因保管不善致使质押财产毁损、灭失的,应当承担赔偿责任。

▲法律讲解

根据《物权法》第二百一十二条规定,因乙要求甲将奥迪车开回,甲乙之间未最终形成对于质物——奥迪车的移交,作为债权人乙未能直接占有质物,所以乙未能取得对奥迪车的质权。而同样作为债权人的丙却对质物奥迪车形成了直接占有,甲丙之间完成了质押财产奥迪车的交付,因此债权人丙取得了对该奥迪车的质权。

根据物权法第二百一十四条、第二百一十五条的规定,丙作为质权人,对质押财产奥迪车负有妥善保管义务,并且在未取得债务人甲的同意下,不得使用或是处分质押财产奥迪车。实例中债权人丙,未经出质人甲的同意,不享有将质物奥迪车出租于丁的权利。丙擅自出租该车,致使承租人丁违章驾驶造成该车灭失,构成保管不善导致质押财产毁损灭失,丙应对该车的损失向甲承担责任。在丙向甲承担完赔偿责任以后,有权向丁进行追偿。

▲注意事项

动产质权的设置必须将动产进行交付,要移转对动产的直接占有。同时,质权人对质押财产负有妥善保管义务,并且在未经出质人的同意下,不得使用或处分。

三、留置权

留置权，是债权人按照一定的法律关系占有债务人的动产，在债务人逾期不履行债务时，有留置该动产并就该动产的变价优先受偿的权利。其中，债权人为留置权人，占有的动产称为留置财产。根据《物权法》的规定，留置权只能留置动产。我国《中华人民共和国担保法》（以下简称《担保法》）第八十四条规定，因保管合同、运输合同、加工承揽合同等发生的债权，债务人不履行债务的，债权人有留置权。

（一）留置权成立的条件

留置权基于法律的明确规定而产生，因此留置权的成立必须符合法律所规定的相应要求。

1. 债权人须事先占有债务人的动产

留置权的取得以对标的物的占有为最基本的条件，没有对债务人动产的留置，留置权也就不能发生。如甲将自己的汽车交给乙修理，修理完毕后，甲拒绝付费，此时乙就会基于占有而产生留置权。

2. 债权须已届清偿期

债权人虽占有债务人的动产，但是债务没有到清偿期时，尚未发生债务人履行债务的问题，还未影响到债权人债权的实现，也就没有留置的必要。

3. 债权与留置物须属于同一法律关系

《物权法》第二百三十一条规定："债权人留置的动产，应当与债权属于同一法律关系，但企业之间留置的除外。"这就要求债权人占有的动产应该与债权有关系，例如保管人因寄存人不支付保管费可以留置保管物；但是保管人是因为寄存人前几次保管费的拖欠而留置这次已经付费的保管物，就构成侵权。

需要注意的是如果对动产的留置违背公共利益或公序良俗，当事人以合同方式约定排除留置权的适用，以及留置财产与债权人所承担的义务或合同的约定相抵触的，不得留置。

（二）留置权的相关规则

1. 请求偿还费用

留置权人因保管留置动产所支出的必要费用，有权要求债务人偿还，如为防止车辆的损坏，对车辆进行的必要维护，包括必要的使用。

2. 就留置物优先受偿

留置权人与债务人应当约定留置财产后的债务履行期间；没有约定或者约定不明确的，留置权人应当给债务人两个月以上的留置期。债务人逾期未履行的，留置权人可以与债务人协议以留置财产折价，也可以就拍卖、变卖留置财产所得的价款优先受偿。债务人可以请求留置权人在债务履行期间届满后行使留置权；留置权人不行使的，债务人可以请求人民法院拍卖、变卖留置财产，所得的价款留置权人优先受偿。

3. 保管留置物

《物权法》第二百三十四条规定："留置权人负有妥善保管留置财产的义务；因保管不善致使留置财产毁损、灭失的，应当承担赔偿责任。"留置权人需要妥善保管留置财产，在保管期间，不能为了自己的利益而擅自使用、出租留置物。

生活实例

张某与当地某中国工商银行支行签订商业贷款25万元的协议，张某将自己所有的一辆现代牌私家车用作该借款的抵押担保，银行表示同意，双方办理了汽车的抵押登记。一日张某驾车行驶过程中被李某追尾，导致车子受损。张某便将受损的汽车交由现代车的4S维修店修理，到了约定取车的日子，张某认为维修店恶意维修，维修费用不实，拒绝付费。双方争议无果，维修店扣下了张某的维修车。此时张某向银行的借款到期，张某无力还款，银行便主张对抵押物现代车变现优先受偿。对银行的这一主张，维修店表示车子在自己的手里，应该先付车子的修理费。为此银行与维修店发生争议。

▲实例分析

当同一项财产上既设有抵押权，又设有留置权，哪项权利更为优先？

▲法律规定

1.《中华人民共和国物权法》

第二百三十九条规定:同一动产上已设立抵押权或者质权,该动产又被留置的,留置权人优先受偿。

▲法律讲解

根据《物权法》第二百三十九条的规定,该辆现代车上同时设立有抵押权和留置权,留置权人更为优先。因此,维修店应比银行优先实现对张某的债权——汽车的维修费。

▲注意事项

在实际生活中,会出现同一个动产上同时设立有两个担保的情形,鉴于对该项动产的直接占有保护,法律规定留置权人优先受偿。

第二节 合同的保证与定金

一、保证

保证是债务的担保方式,《民法通则》第八十九条第一项规定:"保证人向债权人保证债务人履行债务,债务人不履行债务的,按照约定由保证人履行或者承担连带责任;保证人履行债务后,有权向债务人追偿。"《担保法》第六条规定:"本法所称保证,是指保证人和债权人约定,当债务人不履行债务时,保证人按照约定履行债务或者承担责任的行为。"由此可知,保证是第三人和债权人约定,当债务人不履行债务时,由第三人按照约定履行债务或者承担责任的行为。保证的重点在于确保债权得以实现。保证人以自己的信用作保,在主债务人不履行债务时,代替主债务人向债权人清偿债务。

(一)保证的设定

1.保证合同的当事人

保证合同的当事人是主债权人和第三人。第三人作为保证人,应该具有代为清偿的能力,下列社会组织虽具有代偿能力,但不能成为保证人:(1)

国家机关，但经国务院批准，使用外国政府或国际经济组织贷款进行转贷的除外；(2)公益事业单位和社会团体；(3)未经企业法人书面授权的法人分支机构；(4)企业法人的职能机关。

2.保证范围

当事人可在保证合同中对保证范围进行约定，如果当事人对保证范围约定不明的，推定为对全部债务承担保证责任。全部债务承担保证责任的范围包括：主债权及其利息、违约金、损害赔偿金和实现债权的费用。

3.保证方式

保证方式由当事人在保证合同中约定，有一般保证与连带责任保证两种方式。《担保法》第十七条规定，一般保证的保证人在主合同纠纷未经审判或者仲裁，并就债务人财产依法强制执行仍不能履行债务前，对债权人可以拒绝承担保证责任。该条赋予一般保证人以先诉抗辩权。

《担保法》第十八条规定，连带责任保证的债务人在主合同规定的债务履行期届满没有履行债务的，债权人可以要求债务人履行债务，也可以要求保证人在其保证范围内承担保证责任。在债权人与保证人就保证方式没有约定或约定不明时，推定为连带责任保证。

生活实例

刘某以资金周转为由向胡某借款 85 万元，双方约定按月息 2 分支付利息，并出具借条一份，担保人邓某在借条上签字为此款进行担保。之后，胡某因急需用钱，多次向刘某催还借款，刘某均以种种理由拒不偿还借款。无奈之下，胡某将刘某及邓某起诉到法院，要求二人还本付息。

▲实例分析

邓某作为担保人承担何种责任？

▲法律规定

1.《中华人民共和国担保法》

第十八条规定：当事人在保证合同中约定保证人与债务人对债务承担连带责任的，为连带责任保证。

连带责任保证的债务人在主合同规定的债务履行期届满没有履行债务的，债权人可以要求债务人履行债务，也可以要求保证人在其保证范围内承担保证责任。

第十九条规定：当事人对保证方式没有约定或者约定不明确的，按照连带责任保证承担保证责任。

▲法律讲解

实例中，胡某与邓某与之间的保证合同未对保证方式予以约定，根据法律规定，邓某作为保证人其保证方式属于连带责任保证。债务人刘某未能如期归还借款，债权人胡某可以要求债务人刘某履行债务，也可以要求保证人邓某在其保证范围内承担保证责任。因此，邓某对刘某的借款承担连带清偿责任，邓某承担保证责任后，有权向债务人刘某追偿。

▲注意事项

保证人的保证方式有一般保证与连带责任保证两种，如果当事人未进行保证方式约定的，法律认定为是连带责任保证。

4. 保证期间

保证期间是保证人承担保证责任的期间，超过保证期间的，保证人就不再需要承担保证责任。债权人与保证人可以在保证合同中约定保证期间，如果没有约定或约定不明的，保证期间为自主债务履行期届满之日起 6 个月。6 个月是不变期，一旦届满，保证人保证责任无须承担。

例如 2013 年 1 月 19 日，屈某借给朋友素某 2 万元用于素某的生意周转，双方在借条中约定还款日期为 2014 年 3 月 17 日。侯某作为素某借款的担保人在借条上签了名，按了手印。未约定担保人侯某的保证方式、保证范围和担保期限。当天屈某便在侯某在场的情况下将 2 万元现金交给了素某。约定借款期限届满后，屈某多次向素某催要借款，均未果。直到 2014 年 12 月，屈某才开始要求侯某承担保证责任。由于借款期在 2014 年 3 月 17 日已经届满，在未对保证期间予以约定的情况下，侯某的保证期间从 2014 年 3 月 17 日开始，为期 6 个月。至 2014 年 12 月显然已经超出了该 6 个月的规定，因此侯某因为保证期间届满，不需要承担保证责任。

5.保证人保证责任的免除

(1)保证期间，债权人许可债务人转让债务的，应当取得保证人书面同意，保证人对未经其同意转让的债务，不再承担保证责任。

(2)债权人与债务人协议变更主合同的，应当取得保证人书面同意，未经保证人书面同意的，保证人不再承担保证责任。例如主债务数额的变更，如果数额变小的，对保证人保证责任不产生影响，保证人的保证责任继续存在；如果主债务数额变大，增加的部分对保证人不发生效力，保证人只在原保证范围内承担保证责任。

(3)债权人抛弃担保物权。同一债权同时具有物的担保和人的担保，债权人放弃物的担保的，保证人在债权人放弃权利的范围内免除保证责任。

生活实例

郑某、李某和黄某三人系好友，李某因经营家电生意需要资金周转，于2012年8月31日与郑某签订借款合同，从郑某处借到人民币10万元，借款期限为两年，年利率为12%，李某同时出具了借条，黄某以保证人的身份在借款合同和借条上签字，约定保证期限为主债权履行期届满之日起两年。2014年8月31日借款到期后，因经营不善、市场环境恶化等，李某无力偿还借款，按照原借款本金和利息的总额计算为12.4万元，向郑某出具了新的借条，黄某并未在新借条上签字。李某出具新借条后，一直未偿还借款，郑某无奈之下，于2016年6月向法院起诉黄某和李某，要求判令李某偿还借款12.4万元，黄某对李某的债务承担连带责任。黄某在庭审中辩称，其所担保的该笔所谓借款实质上是“借新还旧”，且未在新借条上作为保证人签字，故其不应当承担保证责任。

▲实例分析

重新出具的借条是否属于“借新还旧”？

▲法律规定

1.《最高人民法院关于适用〈中华人民共和国担保法〉若干问题的解释》第三十条规定：保证期间，债权人与债务人对主合同数量、价款、币种、利率等内容作了变动，未经保证人同意的，如果减轻债务人的债务的，保证人仍应当对变更后的合同承担保证责任；如果加重债务人的债务的，保证人对加重的部分不承担保证责任。

债权人与债务人对主合同履行期限作了变动，未经保证人书面同意的，保证期间为原合同约定的或者法律规定的期间。

债权人与债务人协议变动主合同内容，但并未实际履行的，保证人仍应当承担保证责任。

第三十九条规定：主合同当事人双方协议以新贷偿还旧贷，除保证人知道或者应当知道的外，保证人不承担民事责任。新贷与旧贷系同一保证人的，不适用前款的规定。

▲法律讲解

根据司法解释的规定，李某向郑某出具的新的借条并非属于“借新还旧”，只是双方对之前借款关系另一种形式的记载，是当事人将业已到期的债务以新的结算方式延续下去的行为，并不表明双方之间产生了两个独立的法律关系。虽然新出具的借条对借款金额做了变动，但该金额是李某原借款计算至2014年8月31日的本息之和，并未实际加重黄某的保证责任。同时，李某出具的新借条并未约定履行期限，郑某起诉黄某主张权利也未超出约定的保证期间。因此，黄某对该笔借款仍应依其承诺承担连带保证责任。据此，黄某对李某的债务承担连带保证责任。

▲注意事项

实际生活中“借新还旧”的构成要件应当包含三个方面：一是借贷双方必须存在旧贷且未清偿完毕；二是借贷双方又发生新的借贷关系；三是发放新贷的目的是偿还旧贷。“借新还旧”在法律关系上表现为两个合同关系的分别处理：新的借款合同先由出借人履行借款义务，借款人承担按新合同到期还款的义务；旧合同因借款人用新借款项偿还旧贷之后而消灭。认定债权人与债务人是否存在“借新还旧”，不仅在主观上需要出借人与借款人有“借新还旧”的共同意思表示，而且在客观上需要借款人有将新贷偿还旧贷的行为，两者缺一不可。

6.保证人民事责任的免除

(1)主合同当事人双方串通,骗取保证人提供保证的。

(2)主合同债权人采取欺诈、胁迫等手段,使保证人在违背真实意思的情况下提供保证的。

保证人民事责任的免除与保证责任的免除最大的区别是保证合同是否有效。保证人民事责任免除是建立在保证合同无效的基础上的,而保证人保证责任的免除是建立在保证合同有效的基础上的。

(二)保证的相关规则

1.一般保证人的先诉抗辩权

先诉抗辩权又称为检索抗辩权,是指一般保证的保证人在债权人没有就主债务人的财产强制执行未果前,可拒绝债权人清偿保证债务的权利。一般保证的保证人所享有的先诉抗辩权在下列情况不得行使:(1)债务人住所变更,致使债权人要求其履行发生重大困难的;(2)人民法院受理债务人破产案件,中止执行程序的;(3)保证人以书面形式放弃先诉抗辩权的。

2.保证人的追偿权

保证人在承担了保证责任后,依法对主债务人享有追偿权,有权要求主债务人予以偿还。保证人追偿权的范围,一般包括两部分:一部分是保证人为主债务人向主债权人清偿的债务额,但以主债务人因其清偿受免责的数额为限。另一部分是保证人履行保证债务所支出的必要费用,但因保证人的过错而多支出的费用除外。

二、定金

定金是指合同当事人为确保合同的履行,根据合同标的额的一定比例,由一方当事人预先支付给另一方的一定款项。《担保法》第九十条规定:“定金合同从实际交付定金之日起生效。”由此,如当事人仅仅签订了定金合同,而没有实际交付定金的,定金合同没有生效。

《担保法》第九十一条规定:“定金的数额由当事人约定,但不得超过主合同标的额的百分之二十。”定金的数额可由当事人约定,但是法律对其进行必要的干涉,将定金数额的最大限度限制在20%之内。如果当事人对定金数额的约定超过了法律规定的最高限额，不是全部约定无效，而是超过法定限额的部分无效。

《民法通则》第八十九条第三款规定："当事人一方在法律规定的范围内可以向对方给付定金。债务人履行债务后，定金应当抵作价款或者收回。给付定金的一方不履行债务的，无权要求返还定金；接受定金的一方不履行债务的，应当双倍返还定金。"《担保法》第八十九条也做了类似规定。但需要注意的是，当合同中，既有定金的约定，又有违约金的约定时，当事人只能在定金或违约金中选择一种。

生活实例

2018 年 1 月，张某有购房意向，经某中介公司介绍后得知胡某有房屋出售。看房后张某较为满意，在商定购房价为 120 万元后，张某与胡某签订了房屋买卖合同并向胡某交纳定金 1 万元。2018 年 3 月 12 日张某按照约定的日子前往中介公司准备向胡某支付房款首付款时，意外得知房主胡某不想卖了，双方引发纠纷。

▲实例分析

在购房不成的情况下，交纳的定金该如何处理？

▲法律规定

1.《中华人民共和国担保法》

第八十九条规定：当事人可以约定一方向对方给付定金作为债权的担保。债务人履行债务后，定金应当抵作价款或者收回。给付定金的一方不履行约定的债务的，无权要求返还定金；收受定金的一方不履行约定的债务的，应当双倍返还定金。

第九十一条规定：定金的数额由当事人约定，但不得超过主合同标的额的百分之二十。

▲法律讲解

实例中，房屋的价款是 120 万元，根据法律的规定，其定金额度最高可为 24 万元。胡某与张某间 1 万元的定金约定符合法律的规定，定金已经交付，张某与胡某间的定金合同有效。现因出卖人胡某的过错导致张某购房不成，胡某构成违约。根据法律规定，胡某作为定金的收受方应当将定金双倍返还给张某，也就是胡某应返还给张某 2 万元定金。

▲注意事项

定金罚则要求：给付定金的一方不履行约定的债务的，无权要求返还定金；收受定金的一方不履行约定的债务的，应当双倍返还定金。收受定金的一方双倍返还的其中一半原本就属于给付定金一方的。实例中虽然胡某需要返还给张某 2 万元，但是其中的 1 万元是张某给付胡某的，理应返还给张某。

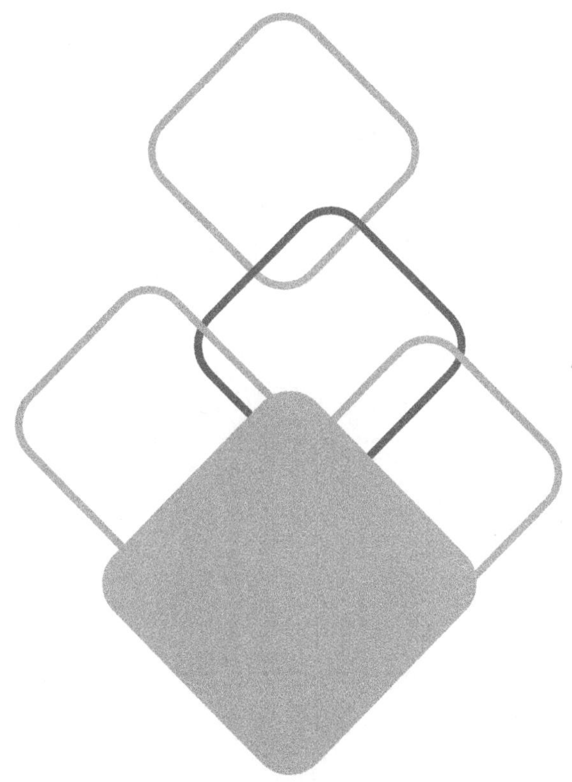

恋爱与婚姻篇

第一章　婚姻的成立

第一节　婚姻成立的条件

一、婚约

婚约是男女双方以结婚为目的而做的事先约定。我国现行婚姻立法对婚约均无明文规定，因此法律既不禁止订婚，也不提倡订婚。婚约没有法律约束力，解除婚约无须通过任何法律手续，只要通知对方即可。婚约虽然不是结婚的必经程序，但是在现实生活中，婚约有时会是男女双方结婚的一道程序。而订婚前后，依照习俗，一方或是双方会有一定的财物或是金钱的赠送。由此，因婚约解除或恋爱终止引起的财物纠纷应予以妥善处理。根据《最高人民法院关于适用〈中华人民共和国婚姻法〉若干问题的解释(二)》(以下简称"《婚姻法》司法解释(二)")第十条的规定，当事人请求返还按照习俗给付的彩礼的，如查明属于下列情况，人民法院应予支持：(1)双方未办理结婚登记手续的；(2)双方办理结婚登记手续但确未共同生活的；(3)婚前给付并导致给付人生活困难的。其中后两种情况应以双方离婚为条件。

生活实例

杜某与李某于2016年底经他人介绍相识，后于2017年1月，双方按当地风俗订婚，杜某向李某给付彩礼款5万元。订婚后，二人一直未共同生活。直至一年后二人才在民政部门办理了结婚登记，同时杜某又再次向李某给付彩礼款5万元，两次彩礼共计10万元。虽然二人办理了结婚登记，但是仍然没有同居生活。后来杜某发现与李某性格不合，无法共同生活，遂起诉至法院，请求判令双方离婚、被告李某返还彩礼款10万元。

▲实例分析

彩礼给付后双方当事人结婚，在诉请离婚时能否要求返还已经给付的彩礼？

▲法律规定

1.《最高人民法院关于适用〈中华人民共和国婚姻法〉若干问题的解释(二)》

第十条规定：当事人请求返还按照习俗给付的彩礼的，如果查明属于以下情形，人民法院应当予以支持：(1)双方未办理结婚登记手续的；(2)双方办理结婚登记手续但确未共同生活的；(3)婚前给付并导致给付人生活困难的。适用(2)、(3)项的规定，应当以双方离婚为条件。

▲法律讲解

杜某与李某虽办理了结婚登记，但双方共同生活时间较短，且杜某给付彩礼的金额较大，故李某应返还彩礼。但是就彩礼返还的具体数额，需要结合相关具体事实方能确定。彩礼的返还并非必须是全部，可以是适当返还。

▲注意事项

彩礼的返还即便是在当事人已经结婚登记后，只要符合法律的规定，当事人仍然是有权主张返还的。返还彩礼并非一定是全额，可以是适当返还，具体得根据实际情况而定。

二、结婚的条件

（一）结婚的必备条件

《中华人民共和国婚姻法》（以下简称《婚姻法》）第五条规定：结婚必须男女双方完全自愿，不许任何一方对他方加以强迫或任何第三者加以干涉。第六条规定：结婚年龄，男不得早于二十二周岁，女不得早于二十周岁。晚婚晚育应予鼓励。《婚姻登记条例》第六条规定：办理结婚登记的当事人一方或双方已有配偶的，婚姻登记机关不予登记。据此，结婚必须具备的三个条件是：

（1）必须男女双方完全自愿；

（2）必须达到法定婚龄；

（3）必须符合一夫一妻制。

上述三个条件缺一不可，必须同时具备，否则婚姻登记机关不予登记。

（二）结婚的禁止条件

我国《婚姻法》第七条规定："有下列情形之一的，禁止结婚：（1）直系血亲和三代以内的旁系血亲；（2）患有医学上认为不应当结婚的疾病。"直系血亲是指生育自己或自己生育的上下各代血亲（直线性）。也就是从己身所从出或从己身所出的血亲。旁系血亲是指双方之间无从出关系但由一共同祖先所出的血亲。计算直系血亲时，从己身往上或往下数，己身为一代。代指的就是世辈，以一辈为一代。例如，自己与自己的父母为两世辈，也就是两代，以此类推。

计算旁系血亲时，代数须以同源关系为依据，分两边各自计算，两边相同取相同数，两边不同取大边。例如，自己与自己的姐妹，先找到共同的血缘出处父母，自己与父母是二代直系血亲，自己姐妹与父母是二代直系血亲，自己与自己的姐妹便是二代的旁系血亲。又例如，舅舅与舅舅的母亲（外婆）是二代直系血亲，外甥与外婆（舅舅的母亲）是三代直系血亲，舅舅与外甥是三代的旁系血亲。一般而言，三代之内的旁系血亲包括：（1）兄弟姐妹；（2）叔、伯、姑与侄、侄女，舅、姨与外甥、外甥女；（3）堂兄弟姐妹、表兄弟姐妹。同时，我国婚姻法没有禁止姻亲结婚的规定。

虽然我国《婚姻法》明确规定患有特定疾病的人不能结婚，但是并未对具体的疾病加以规定。根据《中华人民共和国传染病防治法》《中华人民共和国母婴保健法》等有关规定，目前医学上认为不能结婚的疾病有：在传染期内指定的传染病；在发病期内有关的精神病，如精神分裂症、躁狂抑郁症等；艾滋病、淋病、梅毒、麻风病以及医学上认为影响结婚的其他传染病。

三、结婚的程序

我国结婚实行登记制，即结婚必须履行的程序是结婚登记。我国《婚姻法》第八条规定："要求结婚的男女双方必须亲自到婚姻登记机关进行结婚登记。符合本法规定的，予以登记，发给结婚证。取得结婚证，即确立夫妻关系。未办理结婚登记的，应当补办登记。"结婚登记是婚姻成立的唯一形式要件。

《婚姻登记条例》第二条的规定："内地居民办理婚姻登记的机关是县级人民政府民政部门或乡（镇）人民政府，省、自治区、直辖市人民政府可以按照便民原则确定农村居民办理婚姻登记的具体机关。"

中国公民与外国人，内地居民与香港特别行政区居民、澳门特别行政区居民，大陆居民与台湾地区居民办理婚姻登记的机关是省、自治区、直辖市人民政府民政部门或省、自治区、直辖市人民政府民政部门确定的机关。

婚姻登记机关为当事人一方常住户口所在地。结婚登记的程序分为申请、审查、登记三个环节。

(1)申请。要求结婚的当事人双方应亲自到婚姻登记机关提出结婚申请，不得委托他人代理。申请时，应当持有下列证件和证明：户口证明、居民身份证；离过婚的当事人，还应当持有离婚证或准予解除夫妻关系的生效法律文书。婚前健康检查不属于法律强制要求的内容，由当事人自行选择决定。婚前健康检查证明不属于申请结婚登记时的必备材料。

(2)审查。婚姻登记机关对当事人的结婚申请进行审核和查证，一是查验当事人提交的证件和证明是否齐全，是否符合规定；二是通过当事人提供的证件和证明审核当事人是否符合法律规定的结婚条件。

(3)登记。婚姻登记机关对符合结婚条件的，应当立即予以登记，发给结婚证;对离过婚的,应当注销其离婚证。《婚姻登记条例》第六条规定:“办理结婚登记的当事人有下列情形之一的,婚姻登记机关不予登记:①未到法定结婚年龄的;②非双方自愿的;③一方或双方已有配偶的;④属于直系血亲或者三代以内旁系血亲的;⑤患有医学上认为不应当结婚的疾病的。”婚姻登记机关对当事人结婚申请不予登记时,应当以书面形式说明不予登记的理由。当事人不服婚姻登记机关做出的关于不予登记的决定,可以根据《中华人民共和国行政复议法》(以下简称《行政复议法》)的规定申请行政复议。对行政复议结果不服的,可以依照《中华人民共和国行政诉讼法》(以下简称《行政诉讼法》)的规定向当地人民法院提起行政诉讼。

四、复婚登记与补办结婚登记

我国《婚姻法》第三十五条规定:“离婚后,男女双方自愿恢复夫妻关系的,必须到婚姻登记机关进行复婚登记。”复婚登记适用结婚登记的规定。

《婚姻法》第八条规定:“未办理结婚登记的,应当补办登记。”也就是不是所有未结婚登记的都不受法律的保护。《最高人民法院关于适用〈中华人民共和国婚姻法〉若干问题的解释(一)》(以下简称“《婚姻法》司法解释(一)”)第五条规定:“未按婚姻法第八条规定办理结婚登记而以夫妻名义共同生活的男女,起诉到人民法院要求离婚的,应当区别对待:(1)1994 年 2 月 1 日民政部《婚姻登记管理条例》公布实施以前,男女双方已经符合结婚实质要件的,按事实婚姻处理;(2)1994 年 2 月 1 日民政部《婚姻登记管理条例》公布实施以后,男女双方符合结婚实质要件的,人民法院应当告知其在案件受理前补办结婚登记;未补办结婚登记的,按解除同居关系处理。”同时,《最高人民法院关于适用〈中华人民共和国婚姻法〉若干问题的解释(一)》第四条规定:“男女双方根据婚姻法第八条规定补办结婚登记的,婚姻关系的效力从双方均符合婚姻法所规定的结婚的实质要件时起算。”

第二节　无效婚姻和可撤销婚姻

一、无效婚姻

无效婚姻指的是男女两性的结合因违反了法律规定的结婚要件而不受法律保护，不为法律所肯定的婚姻。根据我国《婚姻法》第十条的规定：有下列情形之一的，婚姻无效：(1)重婚的；(2)有禁止结婚的亲属关系的；(3)婚前患有医学上认为不应当结婚的疾病，婚后尚未治愈的；(4)未到法定婚龄的。但是《婚姻法》司法解释(一)第八条规定："当事人依据婚姻法第十条规定向人民法院申请宣告婚姻无效的，申请时，法定的无效婚姻情形已经消灭的，人民法院不予支持。"如甲乙结婚登记的时候甲只有 18 周岁，等到乙向法院申请宣告婚姻无效时，甲已经 21 周岁了，则该婚姻为有效。

有权依据法律规定向人民法院申请宣告婚姻无效的主体包括婚姻当事人和利害关系人，其中利害关系人的范围是：(1)以重婚为由的，是当事人的近亲属及基层组织；(2)以未到法定婚龄为由的，是未到法定婚龄的近亲属；(3)以禁止结婚的亲属关系为由的，为当事人的近亲属；(4)以婚前患有医学上认为不应当结婚的疾病，婚后尚未治愈为由的，是与患病者共同生活的近亲属。申请宣告婚姻无效的请求权行使时间可以是在婚姻当事人双方生存期间也可以是在婚姻当事人一方或双方死亡后一年内。

生活实例

邓女士之母与周先生之母系同胞姐妹，邓女士与周先生系亲表兄妹，为三代以内旁系血亲。两家人来往亲密，因为两家经济条件都不好，表兄妹俩便相伴外出打工。之后邓女士与周表哥同居并于 2001 年 12 月、2003 年 10 月生育了两个男孩。2005 年 1 月 21 日，邓女士和周表哥隐瞒近亲事实，到民政局办理了结婚登记手续。但婚后的生活并不那么顺利，两人经常发生争吵。2006 年 12 月，邓女士负气外出打工，一去便再也没回头。2018 年 8

月，邓女士来到法院，起诉请求判决离婚。

▲实例分析

三代之内的表兄妹结婚能否诉请离婚？

▲法律规定

1.《中华人民共和国婚姻法》

第十条规定：有下列情形之一的，婚姻无效：(1)重婚的；(2)有禁止结婚的亲属关系的；(3)婚前患有医学上认为不应结婚的疾病，婚后尚未治愈的；(4)未到法定婚龄的。

▲法律讲解

邓女士与周先生属于三代之内的旁系血亲，为我国《婚姻法》明文禁止结婚的近亲属范畴，因此2005年1月21日邓女士与周先生在民政局登记结婚的行为，违反了《婚姻法》的禁止性规定，邓女士与周先生的婚姻关系无效，无效的婚姻关系自始无效，依法应当予以解除。因此，法院不是要做出与离婚相关的判决，而是要依法做出判决，宣告双方婚姻无效。也就是邓女士与周先生不是夫妻关系。

▲注意事项

《婚姻法》中所规定的无效婚姻情形一旦在离婚案件中发现，只要查证属实，法院便会依法做出宣告婚姻无效的判决，即便当事人申请撤诉都不会被准许。

二、可撤销婚姻

可撤销婚姻是指已经成立的婚姻关系，因欠缺结婚的合意，意思表示不真实的一方向有关机关申请撤销的婚姻。我国《婚姻法》第十一条规定，因胁迫结婚的，受胁迫的一方可以向婚姻登记机关或人民法院请求撤销婚姻。所谓胁迫，是指行为人以给另一行为当事人或者其近亲属的生命、身体健康、名誉、财产等方面造成损害为要挟，迫使另一方当事人违背真实意愿结婚的情况。受胁迫一方撤销婚姻的请求，应当自结婚登记之日起一年内提出。被非法限制人身自由的当事人请求撤销婚姻的，应当自恢复人身自由之日起一年内提出。这一年的时间规定为不可变，一年时间届满，撤销权消灭。换而言之，原本可以撤销的婚姻不得撤销，婚姻为合法有效。

三、婚姻无效与可撤销的法律后果

无效或被撤销婚姻，自始无效。当事人不具有夫妻的权利义务。当事人同居期间所得的财产，按共同共有处理。但有证据证明为当事人一方所有的除外。同居期间所得的财产，由当事人协议处理；协议不成的，由人民法院按照照顾无过错方的原则判决。当事人所生的子女，适用《婚姻法》中有关父母子女的规定。

人民法院根据当事人申请，依法宣告婚姻无效或者撤销婚姻的，应当收缴双方的结婚证书并将生效的判决书寄送当地婚姻登记机关。

第二章　夫妻关系

第一节　夫妻人身关系

现行婚姻法明确规定夫妻在家庭中地位平等，这既是夫妻关系原则性的规定，也是我国宪法所规定的男女平等原则在夫妻关系中的具体体现。其中夫妻人身关系指的是夫妻双方身份不可分离而没有直接经济内容的权利义务关系。《婚姻法》第十四条规定："夫妻双方都有各用自己姓名的权利。"

生活实例

赵先生的独生子结婚时，同为独生子女的女方家庭要求两家签订一份协议：子女结婚后，必须生两个孩子，第一个随父姓，第二个随母姓，条件是女方赠送一套房子。并且，要求男方全家将户口本抵押给女方，如果男方反悔，女方不会归还户口本，并收回房子。之后，赵先生的儿媳难产后剖宫生下一男孩，全家非常喜欢，取名赵一。一年后，当女方父母要求小夫妻再生一个孩子时，遭到了小夫妻的拒绝，他们表示不仅现在不会生孩子，将来也不会再生孩子。于是，女方父母要求孩子必须到户口所在地更换姓名，改随女方姓，而男方父母不同意。为此双方争执不下，女方父母根据两家协议将男方父母告上了法庭。

▲实例分析

祖父母、外祖父母是否有权商量决定孩子的姓名?

▲法律规定

1.《中华人民共和国婚姻法》

第二十二条规定:子女可以随父姓,可以随母姓。

▲法律讲解

夫妻各自享有姓名权,这一权利还表现在孩子身上。在子女未成年之前,其姓名由父母商量决定,可以跟随父亲姓,也可以跟随母亲姓。但是孩子的祖父母、外祖父母无权决定孩子的姓名。实例中,孩子的父母、祖父母就孙子女、外孙子女姓氏的约定没有法律依据,该协议无效。

▲注意事项

未成年子女的姓名决定权属于夫妻姓名权的内容之一,但是仅限于父母与子女之间,其他人无此权利。即便是由父母之外的人取名,也要征得父母的同意。

《婚姻法》第十五条规定:"夫妻双方都有参加生产、工作、学习和社会活动的自由,一方不得对他方加以限制或干涉。"第十六条规定:"夫妻双方都有实行计划生育的义务。"

生活实例

2010 年 2 月,小张结识在某外资企业工作的小丹,两人于次年 4 月登记结婚。婚后不久,小丹便怀孕了。因小丹当时正在竞选行政主管一职,遂和丈夫商量将孩子拿掉,以后再生,但小张执意不肯。为了安抚丈夫,小丹和丈夫协议:丈夫同意其堕胎,其保证在堕胎后两年内怀孕生子,否则将赔偿丈夫精神损失费 10 万元。然而此后两年里,小丹因忙于工作,一直拒绝怀孕。小张认为小丹违约,将小丹告上了法庭,要求小丹履行生子的承诺,否则支付精神损失费10万元。

▲实例分析

夫妻间订立的有关生育的协议是否有效?

▲法律规定

1.《最高人民法院关于适用〈中华人民共和国婚姻法〉若干问题的解释(三)》

第九条规定:夫以妻擅自中止妊娠侵犯其生育权为由请求损害赔偿的,人民法院不予支持;夫妻双方因是否生育发生纠纷,致使感情确已破裂,一方请求离婚的,人民法院经调解无效,应依照婚姻法第三十二条第三款第(五)项的规定处理。

▲法律讲解

我国《妇女权益保障法》第五十一条规定,妇女有按照国家有关规定生育子女的权利,也有不生育的自由。由此可见,生育自由是每个妇女享有的法定权利,妇女享有生育的自由,同样也享有不生育的自由。作为男性,虽然也享有生育权,但其生育权的实现,必须借助于女性的配合,男性公民行使生育权时,不得侵犯女性不生育的自由。根据《婚姻法》司法解释的规定,妇女终止妊娠或是不生育均不存在对丈夫方生育权的侵犯。因此,小张和小丹的协议无效,小张无权要求小丹按照协议履行承诺。法院驳回小张的诉讼请求。

▲注意事项

夫妻之间,特别是丈夫因为妻子终止妊娠主张生育权受侵犯的,法律不予支持。

第二节 夫妻财产关系

夫妻财产关系包括夫妻财产制、夫妻扶养义务、夫妻财产继承三个方面的内容。夫妻财产关系以夫妻人身关系为前提。

一、夫妻财产制的种类

夫妻财产制是指规范夫妻财产关系的法律制度。根据我国《婚姻法》的相关规定，我国夫妻财产制分为法定财产制与约定财产制。

（一）我国现行的法定夫妻财产制

结合我国现行《婚姻法》有关法定财产制的规定，以及最高人民法院分别于2001年12月、2003年12月、2011年8月发布的三次司法解释，现行法定夫妻财产制主要内容：

1. 夫妻共同财产

《婚姻法》第十七条规定，夫妻在婚姻关系存续期间所得的下列财产，归夫妻共同所有：

（1）工资、奖金：工资是指作为劳动报酬按期付给劳动者的货币。奖金是指为了鼓励或表扬劳动者而给予其的金钱或财物。

（2）生产、经营的收益：配偶一方或双方以农村承包经营户的名义从事农副业生产活动、以个体工商户的名义从事工商业生产活动、以个人合伙的名义从事合伙经营、依据《中华人民共和国个人独资企业法》《中华人民共和国合伙企业法》或《中华人民共和国公司法》的规定从事生产经营活动所获得的货币或实物。

（3）知识产权的收益：一方或者双方在婚姻关系存续期间，因著作权、专利权、商标权、发明权以及发现权等知识产权取得的相应经济利益。但以“实际取得或者已经明确可以取得”为限。

（4）继承或赠与所得的财产，但法律另有规定的除外：继承所得的财产是指依据《中华人民共和国继承法》（以下简称《继承法》）的规定所继承的积极财产，即以遗产清偿被继承人所欠的税款和债务后所剩余的财产。赠与所得的财产是指基于赠与合同而取得的财产。

（5）其他应当归共同所有的财产，具体为：一方以个人财产投资取得的收益；男女双方实际取得或应当取得的住房补贴、住房公积金；男女双方实际取得或应当取得的养老保险金、破产安置补偿费等。

《婚姻法》司法解释（三）第五条规定，夫妻一方个人财产在婚后产生的收益,除孳息和自然增值外,应认定为夫妻共同财产。第十三条规定,离婚时夫妻一方尚未退休、不符合领取养老保险金条件,另一方请求按照夫妻共同财产分割养老保险金的,人民法院不予支持;婚后以夫妻共同财产缴付养老保险费,离婚时一方主张将养老金账户中婚姻关系存续期间个人实际缴付部分作为夫妻共同财产分割的,人民法院应予支持。

2.夫妻个人财产制

夫妻个人财产具体包括:(1)一方婚前财产;(2)一方身体受到伤害获得的医疗费、残疾人生活补助费等费用;(3)遗嘱或赠与合同指明归一方的财产;(4)一方专用的生活用品;(5)其他(例如夫妻一方因参与各种活动而获得的奖杯、奖牌,军人的伤亡保险金、伤残补助金、医药生活补助费等)。

根据生活实际,《婚姻法》司法解释(二)第二十二条规定:当事人结婚前,父母为双方购置房屋出资的,该出资应当认定为对自己子女的个人赠与,但父母明确表示赠与双方的除外。当事人结婚后,父母为双方购置房屋出资的,该出资应当认定为对夫妻双方的赠与,但父母明确表示赠与一方的除外。

《婚姻法》司法解释(三)第十条规定:夫妻一方婚前签订不动产买卖合同,以个人财产支付首付款并在银行贷款,婚后用夫妻共同财产还贷,不动产登记于首付款支付方名下的,离婚时该不动产由双方协议处理。依前款规定不能达成协议的,人民法院可以判决该不动产归产权登记一方,尚未归还的贷款为产权登记一方的个人债务。双方婚后共同还贷支付的款项及其相对应财产增值部分,离婚时应根据婚姻法第三十九条第一款规定的原则,由产权登记一方对另一方进行补偿。

《婚姻法》司法解释(三)第七条规定:婚后由一方父母出资为子女购买的不动产,产权登记在出资人子女名下的,可按照《婚姻法》第十八条第三项的规定,视为只对自己子女一方的赠与,该不动产应认定为夫妻一方的个人财产。由双方父母出资购买的不动产,产权登记在一方子女名下的,该不动产可认定为双方按照各自父母的出资份额按份共有,但当事人另有约定的除外。

《婚姻法》司法解释(三)第十二条规定:婚姻关系存续期间,双方用夫妻共同财产出资购买以一方父母名义参加房改的房屋,产权登记在一方父母名下，离婚时另一方主张按照夫妻共同财产对该房屋进行分割的，人民法院不予支持。购买该房屋时的出资，可以作为债权处理。

（二）我国的约定夫妻财产制

《婚姻法》第十九条规定："夫妻可以约定婚姻关系存续期间所得的财产以及婚前财产归各自所有、共同所有或部分各自所有、部分共同所有。约定应当采用书面形式。没有约定或约定不明确的，适用本法第十七条、第十八条的规定。夫妻对婚姻关系存续期间所得的财产以及婚前财产的约定，对双方具有约束力。夫妻对婚姻关系存续期间所得的财产约定归各自所有的，夫或妻一方对外所负的债务，第三人知道该约定的，以夫或妻一方所有的财产清偿。"据此条规定可知：

(1)夫妻财产制约定的对象，既包括夫或妻一方的婚前个人财产，也包括夫妻双方在婚姻关系存续期间所得的财产。

(2)夫妻约定财产制的约定方式：只能采用书面形式。夫妻约定财产制的时间并无明确限制，可以在结婚以前、登记结婚时或者在婚姻关系存续期间内。

(3)夫妻约定财产制的约定内容，可以约定一方或双方的婚前个人财产归夫妻共同所有，或部分共同所有、部分各自所有；也可以约定婚姻关系存续期间所得的财产归夫妻双方共同所有，或者归各自所有，或者部分共同所有、部分各自所有。但夫妻双方的约定必须明确。

(4)夫妻财产协议生效的条件要符合《民法总则》对民事法律行为的生效要件规定，也就是说，在订立夫妻约定财产制的协议时，夫妻双方均须具备完全的民事行为能力；夫妻关于约定财产制的协议必须反映当事人双方的真实意思；夫妻关于约定财产制的协议内容不得违反法律和社会公共利益。

依法达成的夫妻约定财产制的协议，非经双方同意，任何一方不得擅自修改。夫妻双方均应认真遵守，如约履行。夫妻离婚时，对夫妻共同财产的认定和分割发生争议的，如果有夫妻约定财产制的协议，应按照协议的约定内容加以处理。但是夫妻关于财产的约定原则上仅对夫妻双方有约束力。

生活实例

汤某与王女士相识不久后便迅速坠入爱河，在甜蜜爱情的冲击下，汤某许诺在其名下所有的一套婚前房产上加上王女士的名字。双方登记结婚后不久汤某与王女士正式签订了一份房屋赠与合同，约定汤某将此房屋一半产权赠与王女士，此房为夫妻双方共同共有，并于合同签订当天办理了相关的不动产转移登记。当汤某以为自己憧憬的美好生活就要来临时，现实的婚姻生活却狠狠地拍醒了他，婚后不到一年，王女士便因家庭琐事频繁与其发生争吵更屡次提出离婚，汤某越想越气，于是诉至法院要求撤销赠与王女士的房产份额。

▲实例分析

汤某在自愿的情况下将自己的婚前财产通过赠与方式变为夫妻共同财产后，能否再撤销之前的房产赠与行为？

▲法律规定

1.《最高人民法院关于适用〈中华人民共和国婚姻法〉若干问题的解释（三）》

第六条规定：婚前或者婚姻关系存续期间，当事人约定将一方所有的房产赠与另一方，赠与方在赠与房产变更登记之前撤销赠与，另一方请求判令继续履行的，人民法院可以按照合同法第一百八十六条的规定处理。

2.《中华人民共和国合同法》

第一百八十六条规定：赠与人在赠与财产的权利转移之前可以撤销赠与。具有救灾、扶贫等社会公益、道德义务性质的赠与合同或者经过公证的赠与合同，不适用前款规定。

▲法律讲解

实例中汤某在与王女士婚姻关系存续期间将其婚前个人房屋部分份额赠与对方共同共有，并办理了产权过户手续，赠与财产的权利已实际转移。其已经不存在《合同法》第一百八十六条规定的赠与财产的权利转移之前可以撤销的情形。因此，鉴于房产已经办理了过户手续，汤某不能行使任意撤销权。汤某请求撤销赠与的诉讼请求于法无据。

▲注意事项

夫妻之间个人财产的赠与，只要赠与物完成了所有权转移，除非法定特殊情形，例如侵害了配偶一方或配偶一方的近亲属等，否则不能发生赠与的撤销。

二、我国夫妻财产关系

（一）夫妻对共同财产有平等的处理权

夫或妻在处理夫妻共同财产上的权利是平等的，因日常生活需要而处理夫妻共同财产的，任何一方均有权决定；夫或妻非因日常生活需要对夫妻共同财产做重要处理决定，夫妻双方应当平等协商，取得一致意见。他人有理由相信其为夫妻双方共同意思表示的，另一方不得以不同意或不知道为由对抗善意第三人。《婚姻法》司法解释（三）第十一条规定，一方未经另一方同意出售夫妻共同共有的房屋，第三人善意购买、支付合理对价并办理产权登记手续，另一方主张追回该房屋的，人民法院不予支持。夫妻一方擅自处分共同共有的房屋造成另一方损失，离婚时另一方请求赔偿损失的，人民法院应予支持。

生活实例

1999年3月，邵女士与杜某登记结婚，婚后夫妻和睦，家庭美满。2015年4月，杜某与雷某在朋友聚餐时相识，两人暗生情愫，并发展为情人关系。杜某不仅背叛了自己和邵女士的婚姻，还在邵女士不知情的情况下，于半年间，通过农业银行账户陆续向雷某转账50万余元，之后又为雷某支付购车款13万余元，共计637170元。获知真相后，痛心不已的邵女士决定追回这笔钱，她将杜某、雷某一起告上了法庭。邵女士认为，杜某的赠与行为损害了她对夫妻共同财产的共有权，对夫妻感情家庭和睦造成严重影响，违反了公序良俗，要求确认杜某对雷某的赠与行为无效，判令返还钱款。

▲实例分析

实际生活中，丈夫一方婚内出轨并赠与情人财物的行为屡见不鲜，该种赠与行为是否能得到法律的肯定？

▲法律规定

1.《最高人民法院关于适用〈中华人民共和国婚姻法〉若干问题的解释(一)》

第十七条第(二)项规定：夫或妻非因日常生活需要对夫妻共同财产做重要处理决定，夫妻双方应当平等协商，取得一致意见。他人有理由相信其为夫妻双方共同意思表示的，另一方不得以不同意或不知道为由对抗善意第三人。

2.《中华人民共和国物权法》

第九十七条规定：处分共有的不动产或者动产以及对共有的不动产或者动产作重大修缮的，应当经占份额三分之二以上的按份共有人或者全体共同共有人同意，但共有人之间另有约定的除外。

3.《最高人民法院关于贯彻执行〈中华人民共和国民法通则〉若干问题的意见》

第八十九条规定：在共同共有关系存续期间，部分共有人擅自处分共有财产的，一般认定无效。

▲法律讲解

杜某在与雷某婚外情关系存续期间，赠与雷某63万余元，此事发生在杜某与邵女士婚姻关系存续期间。杜某非因日常生活需要，将夫妻共同财产中属于邵女士的部分赠与雷某，该行为未经邵女士同意，损害了邵女士的合法权益，且杜某在与邵女士婚姻关系存续期间，与雷某保持情人关系，并向其赠与款项，违背公序良俗，故该赠与行为无效。

▲注意事项

按照时下司法审判实务，在婚姻关系存续期间，夫妻一方赠与婚外第三人的财物，均属于赠与无效，婚外第三人应将受赠的财产予以返还。

在婚姻关系存续期间，夫妻共同财产一般不能主张分割，但是符合法律规定特殊情形的除外。《婚姻法》司法解释（三）第四条规定，在婚姻关系存续期间，夫妻一方有权请求分割共同财产的情形如下：（1）一方有隐藏、转移、变卖、毁损、挥霍夫妻共同财产或者伪造夫妻共同债务等严重损害夫妻共同财产利益行为的；（2）一方负有法定扶养义务的人患重大疾病需要医治，另一方不同意支付相关医疗费用的。

生活实例

李某与张某于2008年初经朋友介绍相识，并于同年12月登记结婚。婚后夫妻感情比较好。2017年5月中旬，李某母亲突发疾病，需要高额手术费用，可李某母亲每月退休金很低，没有钱治病，于是李某提出变卖婚后由夫妻共同购买的价值50万元的小轿车来替母亲治病，张某以出行不便为由不同意变卖小轿车。双方为此发生争议。

▲实例分析

在婚姻关系存续期间，在婚姻当事人给老人治病问题上意见不一致时，应该如何恰当行使自己的权利？

▲法律规定

1.《最高人民法院关于适用〈中华人民共和国婚姻法〉若干问题的解释（三）》

第四条规定：婚姻关系存续期间，夫妻一方请求分割共同财产的，人民法院不予支持，但有下列重大理由且不损害债权人利益的除外：（1）一方有隐藏、转移、变卖、毁损、挥霍夫妻共同财产或者伪造夫妻共同债务等严重损害夫妻共同财产利益行为的；（2）一方负有法定扶养义务的人患重大疾病需要医治，另一方不同意支付相关的医疗费用的。

▲法律讲解

李某准备变卖的小轿车系婚后夫妻共同购买，属于夫妻共同财产，若张某不同意转让，李某无权单方处分该小轿车。但目前李某母亲身患重大疾病，属于《最高人民法院关于适用〈中华人民共和国婚姻法〉若干问题的解释

(三)》第四条的法定情形,因此李某可以在婚姻关系存续期间即不离婚的前提下向人民法院申请依法分割婚后共同购买的小轿车。

▲注意事项

婚姻关系存续期间请求分割夫妻共同财产的法定情形中,一方负有法定扶养义务的人包括父母、子女和配偶方自己。

(二)夫妻间的互相扶养

夫妻之间的扶养义务是相互的,丈夫对妻子固然负有扶养义务,妻子对丈夫同样也负有扶养义务。夫妻之间接受扶养的权利和履行扶养对方的义务是以夫妻合法身份关系的存在为前提条件的,这种扶养权利和义务始于婚姻缔结之日,消灭于婚姻终止之时。夫妻之间的扶养义务,其内容包括夫妻之间相互为对方提供经济上的供养和生活上的扶助等,以此维系婚姻家庭日常生活的正常进行。夫妻之间的扶养义务,属于民法上的强行性义务,夫妻之间不得以约定形式改变此种法定义务。

当夫妻间因履行扶养义务问题发生争议时,需要扶养的一方可以向人民调解组织提出调解申请,也可以向法院提起追索扶养费的民事诉讼。现行《婚姻法》第二十条规定,夫妻有互相扶养的义务。一方不履行扶养义务时,需要扶养的一方,有要求对方付给扶养费的权利。此外,夫妻一方不履行法定的扶养义务,情节恶劣,后果严重,致使需扶养的一方陷入生活无着的境地,从而构成遗弃罪的,则在承担刑事法律责任时亦不免除其应当继续承担的扶养义务。

(三)夫妻间的遗产继承权

现行《婚姻法》第二十四条规定,夫妻有相互继承遗产的权利。《中华人民共和国妇女权益保障法》规定,妇女享有的与男子平等的财产继承权受法律保护。在同一顺序法定继承人中,不得歧视妇女。

合法婚姻关系的存在,是配偶继承权的先决条件。继承权是建立在身份权基础之上的财产权。配偶相互享有平等的继承权。发生遗产继承时,应将夫妻共同财产与配偶一方的遗产区别开来,应对夫妻共同财产先行进行分割,不能将夫妻共同财产作为死亡一方配偶的遗产。

第三章 亲子关系

第一节 父母子女关系

一、亲生父母子女关系

(一)亲生父母子女关系的认定

父母子女关系即亲子关系,在法律上是指父母和子女之间的权利义务关系。亲权是指父母对未成年子女在人身与财产上具有管教与保护的权利义务。亲权是父母对未成年子女专有的,集权利与义务于一体。一般在婚姻关系存续期间内出生的孩子均被推定为是夫妻双方的子女。《婚姻法》司法解释(三)第二条规定:"夫妻一方向人民法院起诉请求确认亲子关系不存在,并已提供必要证据予以证明,另一方没有相反证据又拒绝做亲子鉴定的,人民法院可以推定请求确认亲子关系不存在一方的主张成立。当事人一方起诉请求确认亲子关系,并提供必要证据予以证明,另一方没有相反证据又拒绝做亲子鉴定的,人民法院可以推定请求确认亲子关系一方的主张成立。"

(二)亲生父母子女间的权利义务

第一,父母对未成年子女的抚养教育。父母对未成年子女的抚养是指父母从物质上、经济上对子女进行养育和照料，例如，给付生活费、教育费、医疗费等。父母对未成年子女的教育是指父母在思想品德、学业上对子女的关怀和培养。现行《婚姻法》第二十一条规定，父母不履行抚养义务时，未成年的或不能独立生活的子女，有要求父母付给抚养费的权利。《婚姻法》司法解释(一)第二十条规定：婚姻法第二十一条规定的“不能独立生活的子女”，是指尚在校接受高中及其以下学历教育，或者丧失或未完全丧失劳动能力等非因主观原因而无法维持正常生活的成年子女。《婚姻法》司法解释(一)第二十一条规定：婚姻法第二十一条所称“抚养费”，包括子女生活费、教育费、医疗费等费用。

父母对未成年子女的抚养义务是无条件的，法律另有规定的除外。在一般情况下，父母对子女的抚养义务至子女满 18 周岁为止。《婚姻法》第二十五条规定，非婚生子女享有与婚生子女同等的权利，任何人不得加以危害和歧视。不直接抚养非婚生子女的生父或生母，应当负担子女的生活费和教育费，直至子女能独立生活为止。

生活实例

曾某与张某于 2010 年相识并确立恋爱关系，之后二人开始同居生活，次年 2 月张某生下一子小祥(化名)。因不堪承受生活的压力，两人时常发生争吵，不久曾某与张某解除同居关系外出务工，扔下张某母子二人相依为命，艰难度日。其间张某多次携幼子来到曾某工作的地方要求其抚养孩子，但曾某拒不承认自己是孩子生父，拒绝支付抚养费。2018 年 5 月，张某实在无力独自抚养，遂以小祥的法定代理人身份向法院起诉曾某，要求曾某支付小孩抚养费。经司法鉴定，曾某系小祥的生物学父亲。

▲实例分析

生父对其非婚生子女是否有抚养义务？

▲法律规定

1.《中华人民共和国婚姻法》

第二十五条规定：非婚生子女享有与婚生子女同等的权利，任何人不得加以危害和歧视。不直接抚养非婚生子女的生父或生母,应当负担子女的生活费和教育费,直至子女能独立生活为止。

▲法律讲解

曾某作为孩子的亲生父亲,对小祥有法律上的抚养权利与义务。曾某生而不养的行为会对孩子的身心发展和健康成长极为不利,理应担负起为人父的责任,直至小祥能独立生活为止。因此曾某不仅要承担小祥之前的抚养费用,今后的抚养费同样需要承担,直至小祥能独立生活为止。

▲注意事项

在我国,非婚生子女与婚生子女享有同样的权利。鉴于非婚生子女与其亲生父或母不共同生活的事实,该方承担非婚生子女抚养费的期限不以十八周岁为限,而应是到该非婚生子女能独立生活为止。但是如果该非婚生子女的亲生父母结婚,则成为婚生子女关系,抚养期间一般到子女成年为止。

第二,父母对未成年子女的管教和保护。父母对未成年子女的保护是指父母防范和排除来自自然界或社会对未成年子女人身或财产权益的非法侵害。管教是指父母按照法律和道德规范的要求,对未成年子女进行管理和引导,对其言行给予必要约束。父母应当为未成年子女的侵权行为承担民事责任。

第三,成年子女对父母的赡养扶助。赡养是指子女在物质上为父母提供必要的生活费用和条件。扶助是指子女给予父母精神上的安慰和生活上的照料。子女对父母的赡养义务,不因父母的婚姻关系变化而终止。现行《婚姻法》第二十一条规定,子女不履行赡养义务时,无劳动能力的或生活困难的父母,有要求子女付给赡养费的权利。成年子女对父母的赡养扶助既是无期限的,也不得附加任何条件。赡养人不得以放弃继承权或者其他理由,拒绝履行赡养的义务。

第四,父母子女间的继承权。《婚姻法》第二十四条规定,父母和子女有相互继承遗产的权利。

第五,子女应当尊重父母的婚姻权利,不得干涉父母的再婚自由。《婚姻法》第三十条规定，子女应当尊重父母的婚姻权利，不得干涉父母再婚以及婚后的生活。子女对父母的赡养义务，不因父母的婚姻关系变化而终止。

二、养子女

收养是将他人的子女作为自己的子女，使本无父母子女关系的人之间产生法律拟制的父母子女关系。养父母与养子女间会产生法律上的权利义务关系。如果仅仅是生活在一起的，不一定是养父母养子女关系。《中华人民共和国收养法》（以下简称《收养法》）第十七条规定："孤儿或者生父母无力抚养的子女，可以由生父母的亲属、朋友抚养。抚养人与被抚养人的关系不适用收养关系。"

我国《婚姻法》第二十六条规定："国家保护合法的收养关系。养父母和养子女间的权利和义务，适用本法对父母子女关系的有关规定。养子女和生父母间的权利和义务，因收养关系的成立而消除。"收养使无家庭的孩子获得家庭的同时，也使无子女的家庭因收养而得以完善。《收养法》根据收养的不同情形，将收养分为一般收养与特殊收养两种情况。

（一）一般收养成立的条件要求

1.收养人的条件

《收养法》第六条规定，收养人须同时具备下列条件：无子女；有抚养教育被收养人的能力；未患有在医学上认为不应当收养子女的疾病；年满30周岁。并且一般情况下收养人只能收养一名子女。如果是有配偶者收养子女的，须夫妻共同收养。需要注意，无配偶的男性收养女性的，收养人与被收养人的年龄应相差40周岁以上。

2.被收养人的条件

《收养法》第四条规定，不满14周岁的丧失父母的孤儿、查找不到生父母的弃婴和儿童、生父母有特殊困难无力抚养的子女，可以被收养。收养年满10周岁以上未成年人的，应当征得被收养人的同意。

3.可以作为送养人的是孤儿的监护人、社会福利机构、有特殊困难的无力抚养子女的生父母

若是生父母送养子女，须得双方同意；但是生父母一方不明或查找不到

的可以单方送养。监护人送养未成年人的，须经过有抚养义务的人的同意。有抚养义务的人不同意送养、监护人不愿意继续履行监护职责的，需要变更监护人。配偶一方死亡，另一方送养未成年子女的，死亡一方的父母有优先抚养的权利。

（二）特殊收养成立的条件要求

1. 我国公民或华侨收养三代以内同辈旁系血亲的子女

我国公民收养三代之内的同辈旁系血亲的子女可以不受下列四个条件的限制：被送养人为生父母有特殊困难无力抚养的子女；送养人为有特殊困难无力抚养子女的生父母；被收养人不满 14 周岁；无配偶的男性收养女性的，收养人与被收养人的年龄应当相差 40 周岁以上。华侨收养三代以内同辈旁系血亲的子女，还可以进一步放宽，除了前述四项例外，还不受"收养人无子女"的限制。

2. 收养孤儿、残疾儿童或社会福利机构查找不到生父母的弃婴和儿童

我国《收养法》第八条规定："收养孤儿、残疾儿童或者社会福利机构抚养的查找不到生父母的弃婴和儿童，可以不受收养人无子女和收养一名的限制。"

3. 继父母收养继子女

我国《收养法》第十四条允许继父母经继子女的生父母同意，将继子女收养为养子女，可以不受一般收养条件中的下列五项条款的限制：被送养人为生父母有特殊困难无力抚养的子女；送养人为有特殊困难无力抚养子女的生父母；收养人应当年满 30 周岁、无子女、有抚育被收养人的能力、未患有医学上认为不应当收养子女的疾病的人；被收养人不满 14 周岁；只能收养一名子女。

（三）收养成立的程序要求

收养应当向县级以上人民政府的民政部门登记，收养关系自登记之日起成立。收养登记是收养关系成立的必经程序，否则会导致收养关系的无效。

1. 收养登记机关

根据收养的情形不同，具体为：

(1)收养社会福利机构抚养的查找不到生父母的弃婴、儿童和孤儿的，在社会福利机构所在地的收养登记机关办理登记。

(2)收养非社会福利机构抚养的查找不到生父母的弃婴和儿童的，在弃婴和儿童发现地的收养登记机关办理登记。

(3)收养生父母有特殊困难无力抚养的子女或者由监护人监护的孤儿的，在被收养人生父母或者监护人常住户口所在地(组织做监护人的，在该组织所在地)的收养登记机关办理登记。

(4)收养三代以内同辈旁系血亲的子女，以及继父或者继母收养继子女的，在被收养人生父或者生母常住户口所在地的收养登记机关办理登记。

2.收养的具体程序

(1)申请。收养当事人亲自到收养登记机关办理收养相关手续。收养人应该提供的材料有：收养申请书；收养人的居民户口簿和居民身份证；由收养人所在单位或者村民委员会、居民委员会出具的本人婚姻状况、有无子女和抚养教育被收养人的能力等情况说明；县级以上医疗机构出具的未患有医学上认为不应当收养子女的疾病的身体健康检查证明。送养人的居民户口簿和居民身份证(组织做监护人的，提交其负责人的身份证件)；《收养法》规定送养时应当征得其他有抚养义务的人同意的，一并提交其他有抚养义务的人同意送养的书面意见。

(2)审查与公告。收养登记机关收到收养登记申请书及有关材料后，应当自次日起30日内进行审查。收养查找不到生父母的弃婴、儿童的，收养登记机关应当在登记前公告查找其生父母，公告期为60日。

(3)登记。收养关系自登记之日起成立。当事人签订有收养协议的，收养协议自收养关系当事人正式签订之日起生效。如果收养关系当事人各方或一方要求办理收养公证的，应当办理收养公证。

我国《婚姻法》第二十六条规定："国家保护合法的收养关系。养父母和养子女间的权利和义务，适用本法对父母子女关系的有关规定。养子女和生父母间的权利和义务，因收养关系的成立而消除。"

(四)收养关系的解除

1.收养关系解除的情形

收养关系是一种法律关系，可以依法成立也可以依法解除。解除收养关系有两种途径：一种是协议解除；另一种是诉讼解除。协议解除收养关系，被收养人是未成年人的，应由收养人与送养人之间达成同意解除收养关系的协议；被收养人是成年人的，应由收养人与被收养人达成解除收养关系的协议。当事人协议解除收养关系的，应当到民政部门办理解除收养关系的登记。收养关系自登记解除之日消灭。

当事人有下列情形之一不能协商一致的，可向人民法院起诉：(1)收养人对被收养人不尽抚养教育义务，有虐待、遗弃等行为；(2)收养关系成立后，未成年养子女的生父母一方反悔，要求解除收养关系的；(3)养父母与成年养子女关系恶化，无法共同生活的；(4)养父母一方反悔，或者发现养子女有生理缺陷或者其他病症，要求解除收养关系的。

2.解除收养关系的法律后果

收养关系解除后，养子女与养父母及其近亲属之间的权利义务关系即行消除，与生父母及其他近亲属之间的权利义务关系自行恢复，但成年养子女与其生父母及其近亲属之间的权利义务关系是否恢复，可以协商确定。

收养关系解除后，经养父母抚养的成年养子女，对缺乏劳动能力又缺乏生活来源的养父母，应当给付生活费。因成年养子女虐待、遗弃养父母而解除收养关系的，养父母可以要求养子女补偿收养期间支出的生活费和教育费。生父母要求解除收养关系的，养父母可以要求生父母适当补偿收养期间支出的生活费与教育费，但养父母虐待、遗弃养子女而解除收养关系的除外。

生活实例

原告戴某甲与其妻子甘某(现已过世)结婚后未生育子女。1986 年，他人将刚出生三天的被告戴某乙送给原告夫妇收养，戴某乙的户口登记在戴某甲处。戴某甲夫妇未到当地民政局办理收养手续。2002 年，戴某乙初中毕业后即外出务工。2003 年农历十一月初六，戴某乙与赵某登记结婚，赵某入赘至戴某甲家，婚礼由戴某甲负责操办。婚后，被告夫妇与原告夫妇共同生活。2009 年，原告夫妇与戴某乙因生活琐事产生纠纷，戴某乙及其丈夫搬出原告夫妇家。此后,戴某乙很少回去看望原告夫妇。

2009 年 11 月 4 日,戴某甲在村上发布了一份“解除养父女关系的声明”,原、被告关系开始恶化。2014 年 2 月和 2014 年 6 月,甘某两次因心脏病住院接受治疗,在此期间,戴某乙未到医院进行探望、照顾,也未支付医疗费。2014 年 12 月,甘某因病过世,被告夫妇在其养母过世之后回家奔丧,因未取得戴某甲谅解中途离开。2015 年至 2017 年期间,戴某乙以继承纠纷以及分家析产纠纷等案由多次起诉戴某甲,原、被告关系进一步恶化。被告养母过世后,原、被告之间基本无往来,被告也未向原告支付过赡养费,故双方酿成纠纷。戴某甲起诉到当地人民法院,要求解除收养关系,并要求补偿收养期间的费用。

▲实例分析

没有进行收养登记的收养关系能否得到法律的保护?当事人一方“解除养父女关系的声明”是否具有法律效力?

▲法律规定

1.《中华人民共和国收养法》

第十五条规定:收养应当向县级以上人民政府民政部门登记。收养关系自登记之日起成立。

第三十条规定:收养关系解除后,经养父母抚养的成年养子女,对缺乏劳动能力又缺乏生活来源的养父母,应当给付生活费。因养子女成年后虐待、遗弃养父母而解除收养关系的,养父母可以要求养子女补偿收养期间支出的生活费和教育费。

▲法律讲解

当地人民法院经审理,认为原告夫妇于 1986 年将被告收养为养女并积极履行了养父母的义务,原告虽没有办理收养登记手续,但该行为发生在《中华人民共和国收养法》(1999 年 4 月 1 日生效)实施之前,且该收养行为经原告的亲友及当地群众的公认,应当认定原、被告之间存在养父母与养子女的关系。养父母养子女关系一旦成立,收养关系的解除或者协议解除,或者诉讼解除,仅靠养父母或养子女单方面的解除声明不具有解除收养关系的效力。

被告戴某乙现已成年，根据双方提供的证据以及庭审查明的情况来看，原、被告之间的关系已经恶化且无法共同生活，被告对原告缺乏关心和照顾，被告没有尽到养子女对养父母应尽的赡养义务，存在遗弃原告的情形，故对于原告主张解除收养关系的请求予以支持。

根据《中华人民共和国收养法》第三十条的规定，原告可要求被告补偿收养期间支出的生活费和教育费。结合当地农村居民人均消费性支出及原告抚养被告支出的教育费的年限及当地生活水平等因素，人民法院酌情考虑由被告补偿原告抚养期间的生活费及教育费共计 8 万元。

▲注意事项

不登记不发生收养关系的规定是从 1999 年 4 月 1 日开始实施的，在这之前，存在收养的事实又得到一定范围群众认可的也可以认定收养关系的成立。但是从 1999 年 4 月 1 日开始，收养一律需要办理登记，未登记的收养关系不被认可。

收养关系一旦为法律所认可，便会产生一系列的权利义务关系，受到法律的保护。意图解除收养关系，仅有单方面的解除声明或未办理解除收养关系登记的，均不会产生收养关系解除的法律效果。

三、继子女和人工生育的子女

（一）继子女

继父母是指生母的后夫或生父的后妻。继子女是指夫与前妻或妻与前夫所生育的子女。继父母子女关系产生的基础是生父母的再婚。继父母子女关系可分为三种情况：再婚时，继子女已成年并独立生活；再婚时，未成年或未独立生活的继子女未与继父母共同生活或未受其抚养教育；再婚时，未成年的或未独立生活的继子女与继父母长期共同生活，继父或继母对其进行了抚养教育。依法继父母子女形成了抚养教育关系的视为拟制血亲，形成生父母子女间的权利义务。继父母子女未形成抚养教育关系的属于姻亲，不存在法律上的权利义务。

形成了抚养教育关系的继父母子女间的权利义务，与亲生父母子女间的权利义务是相同的，因此，继子女便有双重权利义务，既对自己的亲生父母行使，也对与自己形成了抚养教育关系的继父或继母行使。

如果继父或继母与继子女由于长期共同生活而形成了抚养关系，那么，继父或继母与母亲或父亲婚姻因一方死亡或者离婚而终止后，继父或继母与继子女间已经形成的抚养关系也并不完全消灭，继父或继母同意继续抚养的，双方之间的继父母子女关系仍然存在。有负担能力的继子女，对曾经长期抚育过他们的年老体弱、生活困难的继父或继母应履行赡养扶助的义务。

生活实例

栾女士与徐先生原为夫妻关系，育有一子小徐。1988 年，栾女士与徐先生离婚，小徐由徐先生抚养。1992 年，徐先生与吴女士登记结婚，小徐由徐先生和吴女士共同抚养。2009 年徐先生因故去世。2014 年，小徐因病死亡。小徐去世后，名下遗有房产一处和大庆市某公司股权 18.056%。小徐的生母栾女士以继承的方式取得了该房产的所有权并将其出卖。继母吴女士提起诉讼，请求继承小徐遗产，并提交结婚证、保险单、小徐医疗费付款凭证、全家合影、公证书等证据，证明其与小徐已经形成了真实的继父母与继子女之间的抚养关系。

▲实例分析

继父或继母对继子女是否享有遗产继承权？

▲法律规定

1.《中华人民共和国婚姻法》

第二十七条规定：继父母与继子女间，不得虐待或歧视。继父或继母和受其抚养教育的继子女间的权利和义务，适用本法对父母子女关系的有关规定。

▲法律讲解

根据吴女士举示的结婚证、证人证言公证书及照片等证据，吴女士在小徐 7 岁时与小徐生父徐先生登记结婚。而小徐在徐先生与栾女士离婚后，由徐先生抚养。在吴女士与徐先生结婚后小徐又随吴女士与徐先生共同生活，此时小徐尚未成年。吴女士与徐先生的财产为一体制，小徐的生活费、教育费都是由吴女士与徐先生夫妻负担的，因此小徐与吴女士之间形成了具有抚养教育关系的继母子关系，二人之间的权利义务适用父母子女关系的有关规定。所以吴女士依法享有对小徐财产的法定继承权。

依据《中华人民共和国继承法》有关法定继承的规定，父母是第一顺序的法定继承人。吴女士与小徐生母栾女士同时为小徐的第一顺位继承人，二人对小徐的遗产享有平等继承权，可各分得小徐名下遗产的50%。

▲注意事项

继父母子女一旦形成抚养教育关系，便属于拟制血亲，二者间的权利义务关系如同亲生父母子女间的权利义务关系。

（二）人工生育的子女

人工授精，是指不同于人类传统基于两性性爱的自然生育过程，而是根据生物遗传工程理论，采用人工方法取出男人的精子或女人的卵子，然后用人工方法将精子或受精卵注入女人的子宫内，使其受孕的一种新兴的生育技术。人工授精可以分为人工体内授精、人工体外授精两种。人工授精就其供体而言，又可分为两种：一种是同质人工授精，简称AIH，就是使用丈夫的精子或妻子的卵子进行的人工授精；一种是异质人工授精，简称AID，就是使用第三人的精子或卵子进行人工授精。

1991年7月8日的《最高人民法院关于夫妻关系存续期间以人工授精所生子女的法律地位的函》指出："在夫妻关系存续期间，双方一致同意进行人工授精，所生子女应视为夫妻双方的婚生子女，父母子女之间权利义务关系适用《婚姻法》的有关规定。"我国《婚姻法》未对人工生育子女的法律问题做出明确的规定。2001年2月20日卫生部颁布的《人类辅助生殖技术管理办法》第三条规定："人类辅助生殖技术的应用应当在医疗机构中进行，以医疗为目的，并符合国家计划生育政策、伦理原则和有关法律规定。禁止以任何形式买卖配子、合子、胚胎。医疗机构和医务人员不得实施任何形式的代孕技术。"

第二节　祖孙关系

一、祖父母、外祖父母对孙子女、外孙子女的抚养义务

基于对历史传统、亲属感情、民间习惯及部分“缺损家庭”的现实和社会保障水平等多种因素的考虑，我国《婚姻法》规定了祖父母、外祖父母对孙子女、外孙子女的抚养义务。具体为：

(1)祖父母、外祖父母有负担能力。有负担能力是指祖父母、外祖父母在维持自己的生活及承担法定的抚养义务(如对配偶、子女、父母的抚养)之外，还有承担抚养孙子女、外孙子女的经济能力。

(2)孙子女和外孙子女的父母已经死亡或是父母无力抚养。其中父母无力抚养指的是不能以自己的劳动收入和其他合法收入全部或部分满足子女合理的生活、教育、医疗等需要。

(3)孙子女和外孙子女为未成年人。也就是孙子女和外孙子女未满 18 周岁。

二、孙子女、外孙子女对祖父母、外祖父母的赡养义务

孙子女、外孙子女对祖父母、外祖父母的赡养义务。具体是：

(1)孙子女、外孙子女有负担能力。有负担能力是指孙子女、外孙子女在维持自己的生活及承担法定的抚养义务(如对配偶、子女、父母的扶养)之外，还有承担赡养祖父母、外祖父母的经济能力。

(2)祖父母、外祖父母的子女已经死亡或子女无力赡养。无力赡养是指祖父母、外祖父母的子女不能以自己的收入满足其合理的生活、医疗等需求。

第三节　兄弟姐妹关系

一、兄、姐对弟、妹的扶养义务

兄、姐对弟、妹在下列条件下负担扶养义务：

(1)兄、姐有负担能力。有负担能力是指以自己的劳动收入和其他收入维持自己的生活及承担法定的扶养义务(如对配偶、子女、父母的扶养)之外,仍有剩余或降低生活水平后有剩余。

(2)父母已经死亡或无力抚养。

(3)弟、妹未成年。弟、妹包括同父母的弟妹、同父异母或同母异父的弟妹、养弟妹、有扶养关系的继弟妹。

二、弟、妹对兄、姐的扶养义务

弟、妹在下列条件下对兄、姐有扶养义务：

(1)弟、妹由兄、姐扶养长大。此种情况指的是长期依靠兄、姐提供全部或主要扶养费用直至以自己的收入作为主要生活来源的。

(2)弟、妹有负担能力。有负担能力是指以自己的劳动收入和其他收入维持自己的生活及承担法定的抚养义务(如对配偶、子女、父母的扶养)之外,仍有剩余或降低生活水平后有剩余。

(3)兄、姐缺乏劳动能力又缺乏生活来源。此种情形指的是兄、姐丧失部分或全部劳动能力,同时维持生存所必需的生活费用和用品不足,包括丧失生活来源。

第四章　离　婚

第一节　行政程序的离婚

一、我国行政程序离婚的条件要求

离婚是指夫妻双方在生存期间依照法定的条件与程序解除婚姻关系的法律行为。离婚的主体只能是具有合法夫妻身份关系的男女，只能在夫妻双方生存期间办理。离婚必须符合法定的条件，并经过法定的程序。我国《婚姻法》规定当代我国离婚立法的基本精神是保障离婚自由，反对轻率离婚。

行政程序离婚，又称为协议离婚、登记离婚等，是指夫妻双方自愿离婚并对子女和财产问题达成协议，经过有关行政机关认可解除婚姻关系。双方离婚的法定程序为离婚登记程序，由婚姻登记行政机关对当事人的离婚申请进行审查、登记。登记机关发给离婚证，双方的婚姻关系终止。

根据《婚姻登记条例》的规定，离婚登记应当符合下列条件：

(1)双方当事人必须为完全民事行为能力人。我国《婚姻登记条例》第十二条第二项规定，办理离婚登记的当事人属于限制民事行为能力人或者无民事行为能力人的，婚姻登记机关不予受理。

(2)双方当事人必须具有离婚的合意。我国《婚姻登记条例》第十二条第一项规定，办理离婚登记的当事人未达成离婚协议的，婚姻登记机关不予受理。离婚双方当事人不仅须达成离婚的合意，而且离婚的意思表示必须真实。

(3)双方当事人必须对离婚后财产分割、子女抚养等问题达成一致。我国《婚姻登记条例》第十一条规定，离婚协议书应当载明双方当事人自愿离婚的意思表示以及对子女抚养、财产及债务处理等事项协商一致的意见。

二、行政程序离婚的程序要求

(一)登记离婚的程序要求

离婚登记与结婚登记一样，必须到婚姻登记机关办理登记手续。根据我国《婚姻登记条例》的相关规定，离婚登记的具体程序为：

1.申请

我国《婚姻登记条例》第十条规定，内地居民自愿离婚的，男女双方应当共同到一方当事人常住户口所在地的婚姻登记机关办理离婚登记。我国《婚姻登记条例》第十一条规定，办理离婚登记的内地居民出具下列证件和证明材料：(1)本人的户口簿、身份证；(2)本人的结婚证；(3)双方当事人共同签署的离婚协议书。

2.审查

我国《婚姻登记条例》第十三条规定，婚姻登记机关应当对离婚登记当事人出具的证件、证明材料进行审查并询问相关情况。

3.登记

婚姻登记机关审查后，对符合要求的离婚申请，应当当场予以登记，发给离婚证。领取离婚证，婚姻关系解除。离婚证是婚姻登记机关出具的证明婚姻关系解除的法律文书，与人民法院的离婚判决书、离婚调解书具有同等的法律效力。

(二)关于离婚登记的两个具体问题

1.离婚登记后，一方反悔要求法院重新办理的，人民法院是否受理的问题

对该问题，我国《婚姻法》未做规定，但是《婚姻法》司法解释(二)第九条

规定:男女双方协议离婚后一年内就财产分割问题反悔,请求变更或者撤销财产分割协议的,人民法院应当受理。人民法院审理后,未发现订立财产分割协议时存在欺诈、胁迫等情形的,应当依法驳回当事人的诉讼请求。

2.假离婚的问题

假离婚是指当事人为了达到某种共同的目的,相互约定暂时离异,待既定目的实现后再复婚的行为。假离婚,我国《婚姻法》及其相关的司法解释均无规定,但是从立法精神和《婚姻法》基本原则来看,假离婚的当事人都为完全民事行为能力人,双方依法办理了离婚登记手续,离婚登记行为已经发生了法律效力。自当事人领取离婚证时起,二人之间合法有效的婚姻关系便已经消失。因此,假离婚当事人一般不得主张离婚的无效或是可撤销,除非能够出示强有力的证据证明虚假离婚客观事实的存在。

生活实例

2014年1月,江某与李某登记结婚,于2014年7月生育了一男孩。2017年11月,江某与李某经协商达成一致协议在当地民政局婚姻登记机关办理了离婚登记。二人的离婚协议约定婚生男孩由李某抚养,江某无须支付抚养费等条款。江某与李某协议离婚后不久,江某提出协议有误,认为小孩由李某抚养不利于小孩健康成长,便向法院起诉要求变更小孩抚养关系。

▲实例分析

夫妻双方协议离婚后,对离婚协议中的约定内容能否反悔?

▲法律规定

1.《最高人民法院关于适用〈中华人民共和国婚姻法〉若干问题的解释(二)》

第八条规定:离婚协议中关于财产分割的条款或者当事人因离婚就财产分割达成的协议,对男女双方具有法律约束力。当事人因履行上述财产分割协议发生纠纷提起诉讼的,人民法院应当受理。

▲法律讲解

离婚登记后一方就离婚协议相关内容反悔要求法院重新办理,我国《婚姻法》未做规定。《婚姻法》司法解释(二)也仅就财产分割反悔问题做了规定。从《婚姻法》及相关司法解释的规定精神可知,除非离婚协议的订立存有欺诈、胁迫等情形,否则认定自愿,意思表示真实。也就是一般情况下,离婚后不能就离婚登记反悔。实例中,江某与李某至民政部门达成的离婚协议系双方真实意思表示,对双方具有法律约束力,应共同遵守。江某要求变更小孩抚养关系,李某表示拒绝,江某在未能就其主张提供确实充分的证据予以证实的情况下,需要承担对其不利的法律后果。因此,江某反悔,要求小孩由其抚养的诉讼请求应被驳回。

▲注意事项

离婚登记中的离婚双方当事人达成的离婚协议具有法律效力,除非当事人能够证明存有欺诈、胁迫等意思表示不真实的情形,否则离婚协议有效,不能反悔。

第二节　诉讼程序的离婚

一、我国诉讼程序离婚的特别规定

诉讼程序离婚又称判决离婚、裁判离婚,是指夫妻一方提出离婚诉讼请求,经人民法院审理,做出肯定或否定判决的一种离婚制度。婚姻双方当事人对离婚态度不一致或者对子女的抚养、财产的分割等未能协商一致的均可采用诉讼程序的离婚。对于判决不准离婚或者调解和好的离婚案件,没有新情况、新理由,原告在6个月内又起诉的,人民法院不予受理。此外,一些特殊人群的离婚请求权受到一定的限制。

(一)现役军人配偶要求离婚的问题

我国《婚姻法》第三十三条规定,现役军人的配偶要求离婚,须得军人同意,但军人一方有重大过错的除外。这一规定旨在保护现役军人的婚姻关系,以有利于巩固人民军队,提高人民解放军的战斗力。这一条规定,需要明确的是:

(1)现役军人是指正在中国人民解放军和中国人民武装警察部队服役的、具有军籍的人员,不包括退役军人、复员军人、转业军人、军事单位中不具有军籍的职工或其他人员。

(2)现役军人的配偶是指现役军人的非军人配偶。双方都是现役军人的,其离婚不受该条规定的限制,按照一般离婚规定处理即可。

(3)该规定只限制现役军人的配偶的离婚请求权,现役军人本人提出离婚不在此限,也不适合双方合意的协议离婚。

(4)须得军人同意,指的是一般情况下军人的配偶提出离婚,军人一方表示不同意离婚的,不得准予离婚。但是对于感情确实破裂,已经不能维持夫妻关系的,经调解无效,人民法院通过军人所在部队团以上的政治机关,在对军人做好思想工作的基础上,可以准予离婚。

(5)当现役军人一方存在重大过错且导致夫妻感情破裂的,配偶要求离婚时,可以不必征得军人一方的同意。根据我国《婚姻法》及《婚姻法》司法解释(一)的规定,现役军人有重大过错的情形有:①现役军人重婚或有配偶者与他人同居的;②现役军人实施家庭暴力或虐待、遗弃家庭成员的;③现役军人有赌博、吸毒等恶习,屡教不改的;④现役军人有其他重大过错导致夫妻感情破裂的。

(6)现役军人提出离婚,如系第三者插足破坏军人婚姻家庭所造成的且构成犯罪的,依照《中华人民共和国刑法》有关规定,追究第三者的刑事责任,判决不准离婚。

(二)对女方在特殊情况下离婚的特别规定

我国《婚姻法》第三十四条规定,女方在怀孕期间、分娩后一年内或中止妊娠后 6 个月内,男方不得提出离婚。女方提出离婚,或人民法院认为确有必要受理男方离婚请求的,不在此限。这一规定旨在保护孕妇、产妇和终止妊娠后妇女的身心健康,并有利于胎儿、婴儿的发育成长。

人民法院认为确有必要受理男方离婚请求的,主要指的是两种情况:一是在此期间双方确实存在不能继续共同生活的重大而紧迫的理由,一方对另一方有危及生命、人身安全的可能;二是女方怀孕系因与他人通奸所致,如不及时受理,可能造成严重后果的,人民法院应根据具体情况,受理男方的离婚请求，但是否准予离婚，仍应根据具体情况，依照法律规定处理。

此外，女方分娩后一年内，婴儿死亡的，原则上仍应使用对男方离婚请求权的限制。原审人民法院判决离婚后，在《婚姻法》第三十四条规定的期限内或者在二审诉讼期间，女方发现怀孕的，应撤销原判决，裁定驳回男方的离婚请求。

二、判决离婚的条件

我国《婚姻法》规定，夫妻感情确已破裂的，调解无效，应准予离婚。夫妻感情确已破裂的认定方法，应当从婚姻基础、婚后感情、离婚原因、婚姻现状、有无和好可能等方面综合分析。我国《婚姻法》第三十二条第三款规定，有下列情形之一的，调解无效的，应准予离婚：(1)重婚或有配偶者与他人同居的；(2)实施家庭暴力或虐待、遗弃家庭成员的；(3)有赌博、吸毒等恶习屡教不改的；(4)因感情不和分居满二年的；(5)一方被宣告失踪，另一方提出离婚诉讼的；(6)其他导致夫妻感情破裂的情形。

《婚姻法》司法解释(一)第一条规定：婚姻法第三条、第三十二条、第四十三条、第四十五条、第四十六条所称的"家庭暴力"，是指行为人以殴打、捆绑、残害、强行限制人身自由或者其他手段，给其家庭成员的身体、精神等方面造成一定伤害后果的行为。持续性、经常性的家庭暴力，构成虐待。第二条规定，婚姻法第三条、第三十二条、第四十六条规定的"有配偶者与他人同居"的情形，是指有配偶者与婚外异性，不以夫妻名义，持续、稳定地共同居住。

生活实例

2016年7月，宋平经人介绍与小丽相识，并于同年11月依法登记结婚。起初，双方关系尚可。2018年3月，小丽因宫外孕做了一次手术，而此时宋平及其家人又发现小丽患有甲亢。宋平认为小丽应当在婚前就患有甲亢，结婚时故意隐瞒了患有甲亢的病情，加之现在小丽又做了宫外孕手术，今后可能不但要支付治疗甲亢的医疗费，还要承担小丽不能生育的风险，故提起诉讼，欲与小丽离婚。小丽称婚后才患有甲亢，且坚决不同意离婚。在审理中，承办法官多次组织双方当事人及其家人进行调解，但均未能达成一致协议。此外，宋平未能提供其他证明夫妻感情已经彻底破裂的证据。

▲实例分析

配偶一方患病，另一方诉请离婚能否获得支持？

▲法律规定

1.《中华人民共和国婚姻法》

第三十二条规定：男女一方要求离婚的，可由有关部门进行调解或直接向人民法院提出离婚诉讼。

人民法院审理离婚案件，应当进行调解；如感情确已破裂，调解无效，应准予离婚。

有下列情形之一，调解无效的，应准予离婚：

(1)重婚或有配偶者与他人同居的；

(2)实施家庭暴力或虐待、遗弃家庭成员的；

(3)有赌博、吸毒等恶习屡教不改的；

(4)因感情不和分居满二年的；

(6)其他导致夫妻感情破裂的情形。

一方被宣告失踪，另一方提出离婚诉讼的，应准予离婚。

▲法律讲解

宋平和小丽依照法律的规定自愿登记结婚，婚姻关系合法有效，双方共同生活两年多，有一定的感情基础。小丽现在患有甲亢，在 2018 年 3 月还因为宫外孕做过手术，此时她更需要家庭的温暖和丈夫的关心照顾，如果此时离婚，对小丽来说更是雪上加霜。宋平虽提起离婚诉讼，但其未能提供充分证据证明夫妻感情已经彻底破裂。基于此，宋平要求离婚的诉请不应被支持。

▲注意事项

配偶一方患病，另一方诉请离婚的，需要具体情况具体分析，不是绝对一律不准离婚。

第三节　离婚的效力

一、夫妻身份关系的消灭

夫妻身份关系因结婚而产生，因离婚而消灭。离婚后，夫妻间基于身份关系产生的权利义务关系随之解除，因婚姻而产生的亲属关系原则上予以解除。

二、夫妻共同财产的分割

（一）财产分割的范围

夫妻离婚时分割的财产，是双方共同共有的财产，属于一方所有的财产无须分割。夫妻共同财产的分割可以由双方进行协商约定，但是约定规避法律规定或是逃避法定义务，侵害国家、集体和他人的利益的，约定无效。

（二）财产分割的原则

人民法院在处理夫妻共同财产分割问题时，应坚持如下原则：

(1)男女平等。

(2)照顾子女和女方的权益。应视女方的经济状况和子女的实际需要给予必要的照顾。

(3)有利于生产，方便生活。财产分割不应损害财产本身的效用和价值，应该保证生产活动和财产流通的正常进行。同时要注意实际需要，做到方便生活，物尽其用。

(4)不得损害国家、集体和他人的利益。

(5)坚持照顾无过错方。

（三）共同财产分割的规则

根据最高人民法院《关于人民法院审理离婚案件处理财产分割问题的若干具体意见》和《婚姻法》司法解释（二）的有关规定，夫妻共同财产的分割应遵循如下的具体规则：

(1)夫妻共同财产原则上均等分配。根据生产、生活的实际需要和财产的来源等情况,具体处理时可以有所差别。

(2)夫妻两地分居分别管理、使用的婚后所得财产,应认定为夫妻共同财产。在分割时,一般各自管理、使用的财产归各自所有,在数额上差异比较悬殊的,可要求补偿。

(3)分割共同财产中的股票、债券、投资基金份额等有价证券以及未上市股份有限公司股份时,协商不成或者按市价分配有困难的,人民法院可以根据数量按比例分配。

(4)共同财产中存在以一方名义在有限责任公司有出资额,另一方不是该公司股东的,按以下情形分别处理:

①夫妻双方协商一致将出资额部分或者全部转让给该股东的配偶,过半数股东同意、其他股东明确表示放弃优先购买权的,该股东的配偶可以成为该公司股东;

②夫妻双方就出资额转让份额和转让价格等事项协商一致后,过半数股东不同意转让,但愿意以同等价格购买该出资额的,人民法院可以对转让出资所得财产进行分割。过半数股东不同意转让,也不愿意以同等价格购买该出资额的,视为其同意转让,该股东的配偶可以成为股东。

(5)以一方名义用夫妻共同财产在合伙企业中的出资,另一方不是合伙企业的合伙人时,入伙的财产可分给一方所有,分得入伙财产的一方对另一方应该给予相当于入伙财产一半价值的补偿。

如果夫妻协商一致,将其合伙企业中的财产份额全部或部分转让给对方的,按以下情形分别处理:

①其他合伙人一致同意的,该配偶取得合伙人的地位。

②其他合伙人不同意转让,在同等条件下行使优先受让权的,可以对转让所得财产进行分割。

③其他合伙人不同意转让,也不行使优先受让权,但同意合伙人退伙或者退还部分财产份额的,可以对退还财产进行分割。

④其他合伙人不同意转让,也不行使优先受让权,又不同意该合伙人退伙或者退还部分财产份额的,视为全体合伙人同意转让,该配偶依法取得合伙人的地位。

(6)以一方名义用夫妻共同财产投资设立独资企业的，人民法院分割夫妻在独资企业中的共同财产时，应当按照以下情形分别处理：

①一方主张经营该企业的，对企业资产进行评估后，由取得企业一方给予另一方相应的补偿；

②双方均主张经营该企业的，在双方竞价基础上，由取得企业的一方给予另一方相应的补偿；

③双方均不愿意经营该企业的，按照《中华人民共和国个人独资企业法》等有关规定办理。

(7)婚前个人财产在婚后共同生活中自然损毁、消耗、灭失，离婚时一方要求以夫妻共同财产抵偿的，不予支持。

(8)离婚时土地承包经营权的分割。根据《中华人民共和国农村土地承包法》第三十条的规定，妇女离婚或者丧偶，仍在原居住地生活或者不在原居住地生活但在新居住地未取得承包地的，发包方不得收回原承包地。

(9)分割军人的复员费、自主择业费等一次性费用时，以夫妻婚姻关系存续年限乘以年平均值，所得额是夫妻共同财产。年平均值是指发放到军人名义下的前述费用总额按具体年限均分得出的数额。具体年限为人均寿命70周岁与军人入伍时实际年龄的差额。

三、离婚时夫妻房屋的处理

离婚夫妻双方对夫妻共有的房屋无法达成分割协议时，可做如下的处理：

(一)对已经取得完全产权的夫妻共有房屋，可按如下情形处理

(1)夫妻双方均主张房屋所有权并且同意竞价取得的，应当准许。

(2)一方主张房屋所有权的，由评估机构按市场价格对房屋做出评估，取得房屋所有权的一方应当给予另一方相应的补偿。

(3)双方均不主张房屋所有权的，根据当事人的申请拍卖房屋，就所得价款进行分割。

(二)对离婚时夫妻尚未取得所有权或尚未取得完全所有权的房屋，人民法院不宜判决房屋所有权的归属

（三）对夫妻住房的一些特殊处理规则

（1）由一方婚前承租、婚后用共同财产购买的房屋，房屋权属证书登记在一方名下的，应认定为夫妻共同财产。

（2）婚后双方对婚前一方所有的房屋进行过修缮、装修、原拆原建的，离婚时未变更产权的，房屋仍归产权人所有，增值部分中属于另一方应得的份额，由房屋所有人折价补偿另一方；进行扩建的，扩建部分的房屋应按夫妻共同财产处理。

四、共同债务的清偿

我国《婚姻法》第四十一条规定："离婚时，原为夫妻共同生活所负的债务，应当共同偿还。共同财产不足清偿的，或财产归各自所有的，由双方协议清偿；协议不成时，由人民法院判决。"

《婚姻法》司法解释（二）第二十四条规定："债权人就婚姻关系存续期间夫妻一方以个人名义所负债务主张权利的，应当按夫妻共同债务处理。但夫妻一方能够证明债权人与债务人明确约定为个人债务，或者能够证明属于婚姻法第十九条第三款规定情形的除外。"

《婚姻法》第十九条第三款规定："夫妻对婚姻关系存续期间所得的财产约定归各自所有的，夫或妻一方对外所负的债务，第三人知道该约定的，以夫或妻一方所有的财产清偿。"

2017年2月28日出台的《最高人民法院关于适用〈中华人民共和国婚姻法〉若干问题的解释（二）的补充规定》中明确：（1）夫妻一方与第三人串通，虚构债务，第三人主张权利的，人民法院不予支持；（2）夫妻一方在从事赌博、吸毒等违法犯罪活动中所负债务，第三人主张权利的，人民法院不予支持。

《最高人民法院关于审理涉及夫妻债务纠纷案件适用法律有关问题的解释》第一条规定："夫妻双方共同签字或者夫妻一方事后追认等共同意思表示所负的债务，应当认定为夫妻共同债务。"第二条规定："夫妻一方在婚姻关系存续期间以个人名义为家庭日常生活需要所负的债务，债权人以属于夫妻共同债务为由主张权利的，人民法院应予支持。"第三条规定："夫妻一方在婚姻关系存续期间以个人名义超出家庭日常生活需要所负的债务，债权人以属于夫妻共同债务为由主张权利的，人民法院不予支持，但债权人能够证明该债务用于夫妻共同生活、共同生产经营或者基于夫妻双方共同意思表示的除外。”

同时，在司法审判实践中，债权人主张夫妻一方所负债务为夫妻共同债务的，人民法院应当结合案件的具体情况，根据相关法律规定，结合当事人之间的关系及其到庭情况、借贷金额、债权凭证、款项交付、当事人的经济能力、当地或者当事人之间的交易方式、交易习惯、当事人财产变动情况，以及当事人陈述、证人证言等事实和因素，综合判断债务是否发生。不允许仅凭借条、借据等债权凭证就认定存在债务。

生活实例

2015 年 12 月 21 日，刘某因投资需要以个人名义向老友杨某借款 10 万余元，并约定利息。该借款未用于夫妻共同生活、共同生产经营，刘某之妻对此借款一无所知。后由于投资不善导致亏损，刘某偿还小部分利息后无力偿还全额，杨某多次去要钱未果，遂无奈将夫妻二人诉至法院，要求刘某妻子承担共同还款责任。

▲实例分析

妻子在不知情的情况下，丈夫以个人名义所借的债务是否构成夫妻共同债务?

▲法律规定

1.《中华人民共和国婚姻法》

第四十一条规定：离婚时，原为夫妻共同生活所负的债务，应当共同偿还。共同财产不足清偿的，或财产归各自所有的，由双方协议清偿；协议不成时，由法院判决。

2.《最高人民法院关于适用〈中华人民共和国婚姻法〉若干问题的解释(二)》

第二十四条规定：债权人就婚姻关系存续期间夫妻一方以个人名义所

负债务主张权利的，应当按夫妻共同债务处理。但夫妻一方能够证明债权人与债务人明确约定为个人债务，或者能够证明属于婚姻法第十九条第三款规定情形的除外。

▲法律讲解

根据法律规定，夫妻一方在婚姻关系存续期间以个人名义超出家庭日常生活需要所负的债务，债权人以属于夫妻共同债务为由主张权利的，人民法院不予支持，但债权人能够证明该债务用于夫妻共同生活、共同生产经营或者基于夫妻双方共同意思表示的除外。本案系刘某以个人名义向原告借款，其金额超出了家庭生活需要，原告也没有举证证明该借款用于夫妻共同生活、共同生产经营或者基于夫妻双方共同意思表示。故该笔借款系被告刘某的个人债务，其妻不承担共同还款责任。

▲注意事项

在婚姻关系存续期间，夫妻共同债务的认定是个复杂的问题，一定需要紧紧把握是否为"共同生活所需"，结合实际情况，对照法律规定，仔细判断。

五、离婚后的子女抚养和教育

关于离婚后的子女抚养问题，我国《婚姻法》和《最高人民法院关于人民法院审理离婚案件处理子女抚养问题的若干具体意见》做了详细的规定。我国《婚姻法》第三十六条规定："父母与子女间的关系，不因父母离婚而消除。离婚后，子女无论由父或母直接抚养，仍是父母双方的子女。"离婚不消除父母子女关系。

（一）离婚后子女的抚养权归属

法律及司法解释将子女的抚养权归属问题以哺乳期为划分阶段。司法解释将哺乳期期限明确规定为 2 年，也就是哺乳期内指的是 2 周岁之内，不包括 2 周岁本数。哺乳期外指的是 2 周岁以上，包括 2 周岁本数。

(1)哺乳期内的子女，以随哺乳的母亲抚养为原则。母方有下列情形之一的，可随父方生活：

①患有久治不愈的传染性疾病或其他严重疾病，子女不宜与其共同生

活的；

②母有抚养条件但不尽抚养义务，父亲要求子女随其生活的；

③坚持不抚养，父方积极要求抚养且抚养条件较好；

④在不危害子女健康的条件下双方协议由父方抚养。

(2)哺乳期后的子女，应当随何方生活的问题，首先应当由父母双方协商，如果双方协商不成发生争议的，在考虑十周岁以上子女的意见基础上，法院依据子女最大利益原则加以决定。一方有下列情形之一的，可予优先考虑：

①已做绝育手术或因其他原因丧失生育能力的；

②已随其生活时间较长，改变生活环境对子女健康成长明显不利的；

③无其他子女，而另一方有其他子女的；

④子女随其生活，对子女成长有利，而另一方患有久治不愈的传染性疾病或其他严重疾病，或者有其他不利于子女身心健康的情形，不宜与子女共同生活的；

⑤双方抚养子女的条件基本相同，均要求子女与其共同生活，但子女单独随祖父母或外祖父母共同生活多年，且祖父母或外祖父母要求且有能力帮助照顾的。

(二)离婚后子女抚养权的变更

《最高人民法院关于人民法院审理离婚案件处理子女抚养问题的若干具体意见》第六条规定："在有利于保护子女利益的前提下，父母双方协议轮流抚养子女的，可予准许。"在下列情形下，一方可以要求变更子女抚养关系：

(1)与子女共同生活的一方因患严重疾病或因伤残无力继续抚养子女的；

(2)与子女共同生活的一方不尽抚养义务或有虐待子女行为，或其与子女共同生活对子女身心健康确有不利影响的；

(3)十周岁以上未成年子女，愿随另一方生活，该方又有抚养能力的；

(4)有其他正当理由需要变更的。

(三)离婚后子女抚育费的负担和变更

我国《婚姻法》第三十七条规定："离婚后，一方抚养的子女，另一方应负担必要的生活费和教育费的一部分或全部，负担费用的多少和期限的长短，由双方协议；协议不成时，由人民法院判决。关于子女生活费和教育费的协议或判决，不妨碍子女在必要时向父母任何一方提出超过协议或判决原定数额的合理要求。”

1. 子女抚育费的数额和交付方法

子女抚育费的数额、期限和交付方法，由父母双方协商；协商不成的，由人民法院判决。父母有固定收入的，抚育费可按其月总收入的20%－30%的比例给付。负担两个子女抚育费的，比例可以适当提高，但一般不得超过月总收入的50%。父母无固定收入的，抚育费的数额可依据当年总收入或同行业平均收入，参照以上比例确定。有特殊情况的，可适当提高或降低以上比例。

抚育费的给付办法，可依父母的职业情况而定，原则上应定期给付。但父母从事农业或其他生产经营活动，没有固定收入的，可按季度支付现金或是实物；特殊情况下，可一次性支付。对父母一方无经济收入或者下落不明的，可用其财物折抵子女抚育费。

2. 子女抚育费的变更

子女抚育费的变更，可以是增加，也可以是减少或免除。子女可要求增加抚育费的情形：(1)原定抚育费数额不足以维持当地实际生活水平的；(2)因子女患病、上学，实际需要已超过原定数额的；(3)有其他正当理由应当增加的。

审判实践中，抚育费的数额可以在下列条件下减少甚至免除：(1)抚养子女的一方再婚，再婚配偶愿意负担子女抚育费的一部分或者全部，另一方的负担可以酌情减少或者免除；(2)负有给付义务的一方由于长期患病或丧失劳动能力，又没有经济来源，确实无力按照原协议或判决确定的数额给付，而直接抚养子女的一方又有能力、有条件负担的；(3)负有给付义务的一方因违法犯罪被收监改造或被劳动教养，失去了经济能力，确实无力给付抚养费的，可以暂时中止抚养费的给付。

（四）离婚后对子女的探望权

我国《婚姻法》第三十八条规定：“离婚后，不直接抚养子女的父或母，有探望子女的权利，另一方有协助的义务。行使探望权利的方式、时间由当事人协议；协议不成时，由人民法院判决。父或母探望子女，不利于子女身心健康的，由人民法院依法中止探望的权利；中止的事由消失后，应当恢复探望的权利。”子女的探望权由父或母依法享有，其他近亲属无探望权。有权向人民法院提出中止探望权的申请人可以是父、母及其他对未成年子女负担抚养、教育义务的法定监护人。

六、离婚救济

（一）离婚时的经济补偿

我国《婚姻法》第四十条规定，“夫妻书面约定婚姻关系存续期间所得的财产归各自所有，一方因抚育子女、照料老人、协助另一方工作等付出较多义务的，离婚时有权向另一方请求补偿，另一方应当予以补偿。”该条是对家务劳动的价值认可。

1.离婚家务劳动补偿制度的成立条件

（1）夫妻书面约定婚姻关系存续期间的财产归各自所有。

（2）夫妻一方因抚育子女、照料老人、协助另一方工作等付出了较多义务。

2.经济补偿请求权的行使

经济补偿请求权的行使在离婚诉讼时向对方一并提出。如果当事人符合条件而未提出时，人民法院应行使释明权。

（二）离婚的经济帮助

我国《婚姻法》第四十二条规定：“离婚时，如一方生活困难，另一方应从其住房等个人财产中给予适当帮助。具体办法由双方协议；协议不成时，由人民法院判决。”据此，经济帮助的条件为：

（1）需要帮助的一方生活确有困难。《婚姻法》司法解释（一）第二十七条规定：“婚姻法第四十二条所称‘一方生活困难’，是指依靠个人财产和离婚时分得的财产无法维持当地基本生活水平。一方离婚后没有住处的，属于生活困难。”

（2）一方生活困难情况是在离婚时已存在的。

(3)提供帮助的一方具有负担能力。

以个人财产中的住房对生活困难者进行帮助的形式,可以是房屋的居住权或者房屋的所有权,还可以是金钱、生活用品等。

(三)离婚损害赔偿

我国《婚姻法》第四十六条规定,有下列情形之一,导致离婚的,无过错方有权请求损害赔偿:(1)重婚的;(2)有配偶者与他人同居的;(3)实施家庭暴力的;(4)虐待、遗弃家庭成员的。

《婚姻法》司法解释(一)第二十九条规定:"承担婚姻法第四十六条规定的损害赔偿责任的主体,为离婚诉讼当事人中无过错方的配偶。人民法院判决不准离婚的案件,对于当事人基于婚姻法第四十六条提出的损害赔偿请求,不予支持。在婚姻关系存续期间,当事人不起诉离婚而单独依据该条规定提起损害赔偿请求的,人民法院不予受理。"

《婚姻法》司法解释(一)第三十条规定:"人民法院受理离婚案件时,应当将婚姻法第四十六条等规定中当事人的有关权利义务,书面告知当事人。在适用婚姻法第四十六条时,应当区分以下不同情况:(1)符合婚姻法第四十六条规定的无过错方作为原告基于该条规定向人民法院提起损害赔偿请求的,必须在离婚诉讼的同时提出。(2)符合婚姻法第四十六条规定的无过错方作为被告的离婚诉讼案件,如果被告不同意离婚也不基于该条规定提起损害赔偿请求的,可以在离婚后一年内就此单独提起诉讼。(3)无过错方作为被告的离婚诉讼案件,一审时被告未基于婚姻法第四十六条规定提出损害赔偿请求,二审期间提出的,人民法院应当进行调解,调解不成的,告知当事人在离婚后一年内另行起诉。"

《婚姻法》司法解释(三)第十七条规定:"夫妻双方均有婚姻法第四十六条规定的过错情形,一方或者双方向对方提出离婚损害赔偿请求的,人民法院不予支持。"

《婚姻法》司法解释(二)第二十七条规定:"当事人在婚姻登记机关办理离婚登记手续后,以婚姻法第四十六条规定为由向人民法院提出损害赔偿请求的,人民法院应当受理。但当事人在协议离婚时已经明确表示放弃该项请求,或者在办理离婚登记手续一年后提出的,不予支持。"

《婚姻法》司法解释(一)第二十八条规定:“婚姻法第四十六条规定的‘损害赔偿’,包括物质损害赔偿和精神损害赔偿。涉及精神损害赔偿的,适用最高人民法院《关于确定民事侵权精神损害赔偿责任若干问题的解释》的有关规定。”

生活实例

王某与江某经人介绍相识后登记结婚,婚后未生育子女。双方婚前因相识时间较短而对彼此了解不深,以致感情基础相对薄弱,婚后又未能建立起真正的夫妻感情。此后,遇到生活琐事江某即对王某拳脚相加,又常酗酒后对王某施以家庭暴力。2009 年,王某无端遭受江某殴打,之后离家出走。

王某以江某对其实施家庭暴力为由,提起诉讼,请求判令解除双方婚姻关系;并主张精神损失费 5 万元;依法分割共同财产。

江某辩称:其同意离婚。

▲实例分析

男方对女方多次施暴后,不知悔改以致女方离家出走,并致使夫妻双方感情破裂,女方主张其构成侵权并使其遭受损害,要求与男方离婚,并主张精神损害赔偿,法院应否支持?

▲法律规定

《中华人民共和国婚姻法》

第三十二条规定:男女一方要求离婚的,可由有关部门进行调解或直接向人民法院提出离婚诉讼。人民法院审理离婚案件,应当进行调解;如感情确已破裂,调解无效,应准予离婚。

有下列情形之一,调解无效的,应准予离婚:

(1)重婚或有配偶者与他人同居的;

(2)实施家庭暴力或虐待、遗弃家庭成员的;

(3)有赌博、吸毒等恶习屡教不改的;

(4)因感情不和分居满二年的;

(5)其他导致夫妻感情破裂的情形。

一方被宣告失踪，另一方提出离婚诉讼的，应准予离婚。

第三十七条规定：离婚后，一方抚养的子女，另一方应负担必要的生活费和教育费的一部或全部，负担费用的多少和期限的长短，由双方协议；协议不成时，由人民法院判决。

关于子女生活费和教育费的协议或判决，不妨碍子女在必要时向父母任何一方提出超过协议或判决原定数额的合理要求。

第四十六条规定：有下列情形之一，导致离婚的，无过错方有权请求损害赔偿：

(1)重婚的；

(2)有配偶者与他人同居的；

(3)实施家庭暴力的；

(4)虐待、遗弃家庭成员的。

▲法律讲解

据此，当夫妻一方因实施家庭暴力导致婚姻感情破裂的，受害方可以提起侵权之诉，主张精神损害赔偿。

男女双方登记结婚，婚后未生育子女。由于感情基础薄弱，男方常对女方恶意相向并拳脚相加，还常在酗酒后对女方施以家庭暴力。此后，男方又无端将女方殴打致伤，并导致女方离家出走。现女方起诉离婚并要求男方支付精神损害赔偿金符合我国《婚姻法》第四十六条的规定。法院应支持女方的诉请。

▲注意事项

离婚损害赔偿既包括物质性的损害赔偿，又包括精神性的损害赔偿。

第五章　继承权

第一节　法定继承

一、法定继承人的范围与顺序

继承权，又称财产继承权，是继承人依法享有的、能够无偿取得被继承人遗产的权利。法定继承，又称无遗嘱继承，是指继承人的范围、继承顺序和遗产分配的原则等，均由法律直接加以规定的继承制度。法定继承的适用范围：无遗嘱；遗嘱继承人放弃继承或受遗赠人放弃遗赠；遗嘱继承人丧失继承权；遗嘱继承人、受遗赠人先于遗嘱人、遗赠人死亡；遗嘱无效部分所涉及的遗产；遗嘱未处分的遗产；没有遗嘱和遗赠扶养协议。

（一）法定继承人的范围

根据《中华人民共和国继承法》（以下简称《继承法》）的规定，法定继承人的范围是：

(1)配偶，是处于合法婚姻关系中的夫妻双方。举行了婚礼，未办理结婚登记的男女，不属于夫妻关系，生存方不具有配偶身份。办理了结婚登记或者离婚案件尚在审理阶段，一方死亡，另一方能以配偶的身份参与继承。

(2)父母，是子女的亲属中最近的直系血亲。父母包括生父母、养父母、形成了抚养教育关系的继父母。

(3)子女,与父母相对应,应包括亲生子女、养子女,形成了抚养教育关系的继子女。

(4)兄弟姐妹,包括同父母的兄弟姐妹、同父异母或同母异父的兄弟姐妹、养兄弟姐妹、有扶养关系的继兄弟姐妹。

(5)祖父母和外祖父母。

(6)对公婆、岳父母尽了主要赡养义务的丧偶儿媳或女婿。该规定是法律为了弘扬家庭的养老职能,体现权利义务相一致的原则。尽主要赡养义务,不是一般意义上的照料、帮助,必须是在生活上经常性照料、经济上长期供养。至于丧偶的儿媳或女婿是否再婚对此不构成影响,只要尽了主要赡养义务即可。

(二)法定继承人的顺序

法定继承人的顺序是法律直接规定的继承人继承遗产时的先后次序。继承开始后,法定继承人并不是同时参加继承的,只有在没有前位顺序继承人,或者前位顺序继承人都放弃、丧失继承权的情况下,才由后位顺序继承人继承。

我国《继承法》第十条规定:"遗产按照下列顺序继承:第一顺序:配偶、子女、父母。第二顺序:兄弟姐妹、祖父母、外祖父母。继承开始后,由第一顺序继承人继承,第二顺序继承人不继承。没有第一顺序继承人继承的,由第二顺序继承人继承。"丧偶的儿媳对公婆、丧偶的女婿对岳父母尽了主要赡养义务的,作为第一顺序的法定继承人。

二、代位继承和转继承

(一)代位继承

代位继承是指被继承人的子女先于被继承人死亡,由其晚辈直系血亲代替继承被继承人遗产的一种法定继承方式。先于被继承人死亡的子女称为被代位继承人或本位继承人,代替被代位继承人取得遗产的直系血亲称为代位继承人。我国《继承法》第十一条规定:"被继承人的子女先于被继承人死亡的,由被继承人的子女的晚辈直系血亲代位继承。代位继承人一般只能继承他的父亲或者母亲有权继承的遗产份额。”据此，代位继承构成的条件是：

(1)被代位继承人须先于被继承人死亡；

(2)被代位继承人仅限于被继承人的子女，且没有丧失继承权；

(3)代位继承人须为被代位继承人的直系血亲，不受辈数的限制；

(4)代位继承仅发生在法定继承之中。

生活实例

余某今年26周岁，其父亲于2012年因病去世，一直以来，余某的母亲与自己的爷爷奶奶关系不和，矛盾不断。2015年12月，余某的爷爷在一起交通事故中不幸被货车碾压，经抢救无效身亡。其后该交通事故纠纷案件处理，赔偿义务人赔偿余某的爷爷因交通事故死亡产生的丧葬费、死亡赔偿金、精神损害抚慰金、亲属处理丧葬事宜的交通费等费用共计人民币206720.59元。在死亡赔偿金的分配上，余某认为，自己的父亲先于爷爷死亡，自己作为爷爷的亲孙子，理应作为代位继承人享有参与分配爷爷赔偿款的权利。而余某的亲属们则认为，余某不属于被抚养人，且其已经成年，故不应参与分配赔偿款。

▲实例分析

对于本案中的死亡赔偿金，余某是否享有参与分配权？

▲法律规定

1.《最高人民法院关于审理人身损害赔偿案件适用法律若干问题的解释》

第十七条规定：受害人遭受人身损害，因就医治疗支出的各项费用以及因误工减少的收入，包括医疗费、误工费、护理费、交通费、住宿费、住院伙食补助费、必要的营养费，赔偿义务人应当予以赔偿。

受害人因伤致残的，其因增加生活上需要所支出的必要费用以及因丧失劳动能力导致的收入损失，包括残疾赔偿金、残疾辅助器具费、被扶养人生活费，以及因康复护理、继续治疗实际发生的必要的康复费、护理费、后续治疗费，赔偿义务人也应当予以赔偿。

受害人死亡的，赔偿义务人除应当根据抢救治疗情况赔偿本条第一款规定的相关费用外，还应当赔偿丧葬费、被扶养人生活费、死亡补偿费以及受害人亲属办理丧葬事宜支出的交通费、住宿费和误工损失等其他合理费用。

2.《中华人民共和国继承法》

第三条规定：遗产是公民死亡时遗留的个人合法财产。

▲法律讲解

死亡赔偿金包括抢救治疗费用、丧葬费、被扶养人生活费、死亡补偿费以及受害人亲属办理丧葬事宜支出的交通费、住宿费和误工损失等其他合理费用。由此可知享有死亡赔偿金的主体应是办理受害人丧葬等事宜的亲属以及受害人的法定被抚养人，如配偶、未成年子女、未成年孙子女外孙子女、未成年弟妹等。同时死亡赔偿金并非死者的遗产。死亡赔偿金的形成及赔偿金的实际取得均发生在受害人死亡之后，并且赔偿款项非常明确与生者有关，与死者个人无关。因此在本案中，余某爷爷的死亡赔偿金并非其遗产。余某主张自己的父亲是爷爷的第一顺位继承人，因父亲先于爷爷死亡，故作为代位继承权人主张参与分配其爷爷的死亡赔偿金的理由是不能成立的。同时余某现已成年，且也不属于其爷爷的法定抚养人范畴。所以余某的诉请不应予以支持。

▲注意事项

死亡赔偿金、抚恤金之类有着明确发放对象的，不属于死者的遗产，不能被继承。

（二）转继承

转继承是指继承人在继承开始后，遗产未分割前死亡，其所应继承的遗产份额转由其继承人继承的一种继承制度，又称为再继承、连续继承、第二次继承。

转继承的条件：

（1）继承人须是在继承开始后、遗产分割前死亡；

(2)被继承人未放弃或丧失继承权；

(3)须由转继承人继承被继承人应继承的遗产份额。

转继承可以适用法定继承，也可以适用遗嘱继承。

生活实例

王某早年丧妻，留有二子，王虎和王豹。长子王虎与钟晓结婚，生育二子王青、王山。次子王豹与李玲结婚，育有一子王牛牛，一女王妞妞。1985年6月9日王虎病逝，钟晓携儿子改嫁，但仍一直对公公王某尽主要赡养义务。1989年11月23日，王豹与王某驾驶汽车外出旅游，途中汽车坠入山崖，二人遇难，但无法确定死亡先后顺序。经查，王某有遗产18万元且未立遗嘱。现钟晓与李玲为继承遗产发生争议。

▲实例分析

父子在同一事件中死亡的，继承该如何处理？

▲法律规定

1.《中华人民共和国继承法》

第十条规定：遗产按照下列顺序继承：第一顺序：配偶、子女、父母。第二顺序：兄弟姐妹、祖父母、外祖父母。继承开始后，由第一顺序继承人继承，第二顺序继承人不继承。没有第一顺序继承人继承的，由第二顺序继承人继承。

第十二条规定：丧偶儿媳对公、婆，丧偶女婿对岳父、岳母，尽了主要赡养义务的，作为第一顺序继承人。

第十一条规定：被继承人的子女先于被继承人死亡的，由被继承人的子女的晚辈直系血亲代位继承。代位继承人一般只能继承他的父亲或者母亲有权继承的遗产份额。

2.最高人民法院《关于贯彻执行〈中华人民共和国继承法〉若干问题的意见》

第二条规定：相互有继承关系的几个人在同一事件中死亡，如不能确定死亡先后时间的，推定没有继承人的人先死亡。死亡人各自都有继承人的，如几个死亡人辈份不同，推定长辈先死亡；几个死亡人辈份相同，推定同时死亡，彼此不发生继承，由他们各自的继承人分别继承。

第五十二条规定：继承开始后，继承人没有表示放弃继承，并于遗产分割前死亡的，其继承遗产的权利转移给他的合法继承人。

▲法律讲解

根据《继承法》第十条、第十二条的规定，王某的法定继承人应该是其子王虎、王豹，对其进了主要赡养义务的丧偶儿媳钟晓三人。根据《继承法》第十一条的规定，王虎先于王某死亡，发生代位继承，王虎的继承份额由其二子：王青、王山代位继承。

根据最高人民法院《关于贯彻执行〈中华人民共和国继承法〉若干问题的意见》（以下简称"《继承法》司法解释"）第二条的规定，王某与王豹虽同时遇难，但是推定王某先死。王某死亡后，王某的遗产尚未分割前王豹死亡。根据《继承法》司法解释第五十二条的规定，王豹对王某的遗产继承份额由其法定继承人李玲、王牛牛、王妞妞三人继承。

综上所述，王某的 18 万元遗产，分成三份：王虎 6 万元、王豹 6 万元、钟晓 6 万元。其中王虎的 6 万元由王青、王山二人代位继承；王豹的 6 万元由李玲、王牛牛、王妞妞三人转继承所得。

▲注意事项

相互有继承关系的几个人在同一事件中死亡，如不能确定死亡先后时间的，应先按照《继承法》司法解释的相关规定，确定死亡的先后时间，这样才能妥善处理代位继承与转继承的关系。

三、法定继承中的一些特殊规则

我国《继承法》第十三条规定："同一顺序继承人继承遗产的份额，一般应当均等。对生活有特殊困难的缺乏劳动能力的继承人，分配遗产时，应当予以照顾。对被继承人尽了主要扶养义务或者与被继承人共同生活的继承人，分配遗产时，可以多分。有扶养能力和有扶养条件的继承人，不尽扶养义务的，分配遗产时，应当不分或者少分。继承人协商同意的，也可以不均等。”

我国《继承法》第十四条规定:“对继承人以外的依靠被继承人扶养的缺乏劳动能力又没有生活来源的人,或者继承人以外的对被继承人扶养较多的人,可以分给他们适当的遗产。”

第二节　遗嘱继承

一、遗嘱有效的要求

遗嘱继承是按照遗嘱人生前所立的遗嘱确立遗产的继承人及遗产处理的一种继承方式,遗嘱继承中,遗产的继承人及其继承遗产的数额均是由被继承人生前在遗嘱中指定。因此,遗嘱的效力状态直接关涉到遗嘱继承。遗嘱是死者生前按照法律规定的方式对自己的财产或其他事务做出处分并于其死亡时发生执行效力的一种单方民事法律行为。我国《继承法》第十六条规定:“公民可以依照本法规定立遗嘱处分个人财产,并可以指定遗嘱执行人。公民可以立遗嘱将个人财产指定由法定继承人的一人或者数人继承。公民可以立遗嘱将个人财产赠给国家、集体或者法定继承人以外的人。”

(一)遗嘱有效的实质要求

根据《继承法》及《继承法》司法解释的相关规定,有效的遗嘱必须具备的实质条件是:

1.遗嘱人在立遗嘱时应具有完全民事行为能力

《继承法》第二十二条第一款规定:“无行为能力人或者限制行为能力人所立的遗嘱无效。”《继承法》司法解释第四十一条规定:“遗嘱人立遗嘱时必须有行为能力。无行为能力人所立的遗嘱,即使其本人后来有了行为能力,仍属无效遗嘱。遗嘱人立遗嘱时有行为能力,后来丧失了行为能力,不影响遗嘱的效力。”据此,判断立遗嘱人是否具有完全民事行为能力,应以其设立遗嘱时的行为能力为准。

2.须是遗嘱人真实的意思表示

《继承法》第二十二条第二至四款规定:"遗嘱必须表示遗嘱人的真实意思,受胁迫、欺骗所立的遗嘱无效。伪造的遗嘱无效。遗嘱被篡改的,篡改的内容无效。"遗嘱人在神志不清的状态下所立的遗嘱无效。

3.遗嘱的内容必须是合法的

《继承法》第十九条规定:"遗嘱应当对缺乏劳动能力又没有生活来源的继承人保留必要的遗产份额。"第二十八条规定:"遗产分割时,应当保留胎儿的继承份额。胎儿出生时是死体的,保留的份额按照法定继承办理。"《继承法》司法解释第三十七条规定:"遗嘱人未保留缺乏劳动能力又没有生活来源的继承人的遗产份额,遗产处理时,应当为该继承人留下必要的遗产,所剩余的部分,才可参照遗嘱确定的分配原则处理。继承人是否缺乏劳动能力又没有生活来源,应按遗嘱生效时该继承人的具体情况确定。"第三十八条规定:"遗嘱人以遗嘱处分了属于国家、集体或他人所有的财产,遗嘱的这部分,应认定无效。"由此可知,遗嘱内容不合法的情况主要有三:

(1)遗嘱取消了缺乏劳动能力又没有生活来源的继承人的继承权,遗嘱生效时该缺乏劳动能力又没有生活来源的继承人没有继承份额。

(2)遗嘱没有给胎儿保留必要的继承份额。

(3)遗嘱内容违反其他法律。

(4)其他形式须符合法律的规定。

(二)遗嘱有效的形式要求

我国《继承法》第十七条规定:"公证遗嘱由遗嘱人经公证机关办理。自书遗嘱由遗嘱人亲笔书写,签名,注明年、月、日。代书遗嘱应当有两个以上见证人在场见证,由其中一人代书,注明年、月、日,并由代书人、其他见证人和遗嘱人签名。以录音形式立的遗嘱,应当有两个以上见证人在场见证。遗嘱人在危急情况下,可以立口头遗嘱。口头遗嘱应当有两个以上见证人在场见证。危急情况解除后,遗嘱人能够用书面或者录音形式立遗嘱的,所立的口头遗嘱无效。"依法遗嘱有公证遗嘱、自述遗嘱、代书遗嘱、录音遗嘱、口头遗嘱五种形式。法律对每种遗嘱的形式均有具体的规定。

1.公证遗嘱

公证遗嘱是遗嘱人亲自申请，经国家公证机关依法认可其真实性与合法性的书面遗嘱。我国《继承法》第二十条第三款规定："自书、代书、录音、口头遗嘱，不得撤销、变更公证遗嘱。"公证遗嘱的证明力最强、证据效力最高。

2. 自书遗嘱

自书遗嘱由遗嘱人亲笔书写，签名，注明年、月、日。《继承法》司法解释第四十条规定："公民在遗书中涉及死后个人财产处分的内容，确为死者真实意思的表示，有本人签名并注明了年、月、日，又无相反证据的，可按自书遗嘱对待。"

3. 代书遗嘱

代书遗嘱是由遗嘱人口述，请他人代为书写的遗嘱。代书遗嘱应当有两个以上见证人在场见证，由其中一人代书，注明年、月、日，并由代书人、其他见证人和遗嘱人签名。

4. 录音遗嘱

录音遗嘱是以录音形式制作的遗嘱人处分其遗产的口述语音的遗嘱。以录音形式立的遗嘱，应当有两个以上见证人在场见证。

5. 口头遗嘱

口头遗嘱是遗嘱人以口头方式表示对遗产进行处分的遗嘱方式。由于口头遗嘱容易被篡改和伪造。因此遗嘱人只能在危急情况下方可立口头遗嘱。口头遗嘱应当有两个以上见证人在场见证。危急情况解除后，遗嘱人能够用书面或者录音形式立遗嘱的，所立的口头遗嘱无效。

（三）遗嘱见证人

遗嘱见证人是受遗嘱人的邀请，协助证明遗嘱人所立的遗嘱的真实性的第三人。遗嘱见证人提供的证明真实与否直接关系到遗嘱的法律效力。因此，我国《继承法》第十八条规定："下列人员不能作为遗嘱见证人：(1)无行为能力人、限制行为能力人；(2)继承人、受遗赠人；(3)与继承人、受遗赠人有利害关系的人。"特别要注意的是，不能做遗嘱见证人的人也不能做代书人。

生活实例

2006年11月，张某自书遗嘱，内有"我妻今后嫁人，10号楼归我侄子所有"的内容。2006年12月，张某去世。2007年10月，张某妻蔡某与他人结婚并于2008年12月生一女。女儿百日时，蔡某夫妇在10号楼为女儿举办"百日酒"。2009年5月张某的侄子张俊将蔡某起诉到当地法院，要求法院判令张某名下10号楼归其所有。

▲实例分析

自书遗嘱中"我妻今后嫁人，10号楼归我侄子所有"的约束是否有效？

▲法律规定

1.《中华人民共和国婚姻法》

第二条规定：实行婚姻自由、一夫一妻、男女平等的婚姻制度。保护妇女、儿童和老人的合法权益。实行计划生育。

▲法律讲解

婚姻自由系我国宪法规定的一项公民基本权利，也是我国《婚姻法》规定的基本婚姻制度，其赋予自然人有权在法律规定范围内，自主自愿决定本人婚姻，不受其他任何人强迫与干涉。张某去世后，蔡某是否再婚应完全由蔡某自行决定，张某无权限制蔡某的婚姻自主权。故张某立下遗嘱设定约束内容，限制蔡某婚姻自由，违反有关婚姻自由的法律规定，张某遗嘱中"我妻今后嫁人，10号楼归我侄子所有"内容属于违反其他法律规定的情形，应属无效，即张某受遗赠内容无效。

▲注意事项

遗嘱人可以在遗嘱中设定一定的约束，但是该约束不得违背法律、行政法规的规定，不得违背公序良俗才能有效。

二、遗嘱的变更与撤销

我国《继承法》第二十条第一款明确规定："遗嘱人可以撤销、变更自己所立的遗嘱。"遗嘱人变更自己所立的遗嘱指的是遗嘱人在遗嘱设立后对遗嘱内容做部分的修改。需要注意的是，遗嘱人对所设立遗嘱进行变更需要满足遗嘱生效的实质要求和形式要求。变更后的遗嘱合法有效，按照变更后的遗嘱执行；变更后的遗嘱无效的，按照原遗嘱的内容执行。

遗嘱的撤销是指遗嘱人在订立遗嘱后依法通过一定的方式取消原来所立遗嘱的全部内容，或者以新的遗嘱取代原来所立的遗嘱，将原来的遗嘱撤销。我国《继承法》第二十条第二款、第三款规定："立有数份遗嘱，内容相抵触的，以最后的遗嘱为准。自书、代书、录音、口头遗嘱，不得撤销、变更公证遗嘱。"

三、遗赠与遗赠扶养协议

（一）遗赠

遗赠是遗嘱人以遗嘱的形式将自己的财产一部分或全部赠与国家、集体组织或法定继承人以外的人，并于遗嘱人死亡后发生法律效力的单方民事法律行为。我国《继承法》第十六条第三款规定：公民可以立遗嘱将个人财产赠给国家、集体或者法定继承人以外的人。遗赠有效必须以遗嘱有效为前提。遗赠与遗嘱继承的相同点在于均以遗嘱生效为前提。二者的主要区别在于取得遗产的人的范围不同，受遗赠人应该是法定继承人之外的人，可以是自然人，也可以是组织或者国家。并且我国《继承法》第二十五条规定："继承开始后，继承人放弃继承的，应当在遗产处理前，作出放弃继承的表示。没有表示的，视为接受继承。受遗赠人应当在知道受遗赠后两个月内，作出接受或者放弃受遗赠的表示。到期没有表示的，视为放弃受遗赠。"第三十四条规定："执行遗赠不得妨碍清偿遗赠人依法应当缴纳的税款和债务。"

（二）遗赠扶养协议

我国《继承法》第三十一条规定："公民可以与扶养人签订遗赠扶养协议。按照协议，扶养人承担该公民生养死葬的义务，享有受遗赠的权利。公民可以与集体所有制组织签订遗赠扶养协议。按照协议，集体所有制组织承担该公民生养死葬的义务，享有受遗赠的权利。"

遗赠扶养协议是遗赠人与扶养人之间签订的，由扶养人负担遗赠人的生养死葬，并享有受遗赠权利的协议。遗赠扶养协议有利于解决农村中对五保户的扶养及其遗产的处理问题。同时也有利于减轻国家和社会的负担，有利于减少继承纠纷，还有利于切实保障老年人的合法权益。遗赠扶养协议的签订应基于双方当事人的意思自治。在协议履行过程中，因意思发生变化，协议可以解除。我国《继承法》司法解释第五十六条规定："扶养人或集体组织与公民订有遗赠扶养协议，扶养人或集体组织无正当理由不履行，致协议解除的，不能享有受遗赠的权利，其支付的供养费用一般不予补偿；遗赠人无正当理由不履行，致协议解除的，则应偿还扶养人或集体组织已支付的供养费用。"

我国《继承法》司法解释第五条规定："被继承人生前与他人订有遗赠扶养协议，同时又立有遗嘱的，继承开始后，如果遗赠扶养协议与遗嘱没有抵触，遗产分别按协议和遗嘱处理；如果有抗触，按协议处理，与协议抵触的遗嘱全部或部分无效。"由此可知，遗赠扶养协议具有效力上的优先性。

生活实例

2007 年初，陈老伯的妻子因交通事故受伤瘫痪，卧床不起，陈老伯又年事已高，没有子女，眼看需要人照顾妻子，陈老伯联系上了王先生，希望王先生能够照顾陪伴妻子一段时间。同时在 2007 年 5 月 9 日陈老伯与王先生签订了一份协议，其主要内容为：陈老伯及其妻子现年事已高，身残体弱，无人照顾，同意由王先生照顾夫妻两人的生活及处理死后事宜，并在夫妻两人去世后将夫妻两人的一切财产（主要是陈老伯的房产）赠与王先生。同年 6 月 18 日，陈老伯将 60 万元银行存款交给王先生，目的是请王先生为其买房用于养老。可天不从人愿，陈老伯的妻子不久便去世了。陈老伯要求王先生将 60 万元返还，但王先生认为协议中已经写明将一切财产赠送与他，那这 60 万元理所应当也属于赠与，拒不返还。无奈之下，陈老伯只好到法院起诉，要求王先生返还 60 万元。

▲实例分析

案件中陈老伯与王先生所签订的协议属于什么性质的协议？

▲法律规定

1.《中华人民共和国继承法》

第三十一条规定:公民可以与扶养人签订遗赠扶养协议。按照协议,扶养人承担公民生养死葬的义务,享有受遗赠的权利。

▲法律讲解

案件中陈老伯与王先生所签订的协议是一份遗赠扶养协议。王先生认为在协议签订后该协议就已发生效力,自己对这60万元银行存款已经享有处分权利的这一观点是错误的,只有在陈老伯去世以后,该遗赠扶养协议中所述财产才归王先生所有。

同时,由于是王先生主张该笔银行存款是属于赠与,按照"谁主张谁举证"的原则,王先生有义务提供相关证据证明自己的主张,可现在王先生无法提交相应的证据证明,故无法认定该赠与存在。

本案中陈老伯将60万元银行存款交给王先生的本意是想让其为自己购买用于养老的房屋。两人虽然没有签订任何书面合同,但其实际上是形成了委托合同关系。依照相关法律规定,陈老伯作为委托人可以随时解除委托合同的,若给受托人造成损失应当负责赔偿。而作为受托人的王先生应当将该银行存款还给所有人陈老伯。因此,综上所述,法院应支持陈老伯的请求。

▲注意事项

遗赠扶养协议签订后,在受扶养人生存期内,扶养人负有扶养照顾的义务,在受扶养人死后,扶养人享有遗赠的权利。在扶养期间,受扶养人财产仍归受扶养人所有,其有权利合理处分自己的财产。

第三节　遗产的处理

继承从被继承人死亡时开始。死亡包括自然死亡和宣告死亡。遗产是公民死亡时遗留的个人合法财产。无民事行为能力人的继承权、受遗赠权,由他的法定代理人代为行使。限制民事行为能力人的继承权、受遗赠权,由他的法定代理人代为行使，或者征得法定代理人同意后行使。继承开始后，继承人放弃继承的，应当在遗产处理前，做出放弃继承的表示。没有表示的，视为接受继承。

生活实例

赵某9岁时父母离异，赵某随其母亲一起生活。赵某成年后娶妻生子。2012年赵某的生父病逝，依照赵某生父生前留下的遗嘱，赵某可以继承其全部的遗产，但赵某在得知此事后表示放弃继承权。事后赵某的妻子反对赵某放弃继承权。现赵某表示之前所为的放弃继承权表示不作数，遭到赵某生父法定继承人的反对。由此双方发生争执。

▲实例分析

赵某作为遗嘱继承人放弃继承是否能够反悔？

▲法律规定

1.《中华人民共和国继承法》

第二十五条规定：继承开始后，继承人放弃继承的，应当在遗产处理前，作出放弃继承的表示。没有表示的，视为接受继承。

2.最高人民法院《关于贯彻执行〈中华人民共和国继承法〉若干问题的意见》

第四十九条：继承人放弃继承的意思表示，应当在继承开始后、遗产分割前作出。遗产分割后表示放弃的不再是继承权，而是所有权。

第五十条：遗产处理前或在诉讼进行中，继承人对放弃继承翻悔的，由人民法院根据其提出的具体理由，决定是否承认。遗产处理后，继承人对放弃继承翻悔的，不予承认。

▲法律讲解

赵某如果是在遗产处理前，对放弃继承反悔的，放弃的是继承权，应当及时向人民法院提起诉讼，请求确认其继承权，法院可以根据其提出的具体理由决定是否承认。如果赵某是在遗产处理后反悔的，此时放弃的不是继承权，而是所有权，因此赵某对放弃继承反悔的，法院不予承认。

▲注意事项

继承人放弃继承权可以反悔，但是需要注意时间的限制，以及当初放弃继承权的具体理由。

我国《继承法》第七条规定："继承人有下列行为之一的，丧失继承权：(1)故意杀害被继承人的；(2)为争夺遗产而杀害其他继承人的；(3)遗弃被继承人的，或者虐待被继承人情节严重的；(4)伪造、篡改或者销毁遗嘱，情节严重的。"

对于无人继承又无人受遗赠的遗产，《继承法》第三十二条规定：归国家所有。死者生前是集体所有制组织成员的，归所在集体所有制组织所有。

遗产是被继承人生前所留的个人合法财产。如果被继承人生前还有税款、债务等尚未清偿的，则依法"继承遗产应当清偿被继承人依法应当缴纳的税款和债务，缴纳税款和清偿债务以他的遗产实际价值为限。超过遗产实际价值部分，继承人自愿偿还的不在此限。继承人放弃继承的，对被继承人依法应当缴纳的税款和债务可以不负偿还责任"。民间所说的"父债子偿"应该是以子女自愿偿还父亲生前债务为条件。如果子女不愿偿还父亲生前所欠债务，则仅以父亲的遗产实际价值为限，超出部分因人的死亡，债的关系消灭，债权债务不复存在。

需要注意的是，继承人中有缺乏劳动能力又没有生活来源的人，即使遗产不足清偿债务，也应为其保留适当遗产。

遗产已被分割而未清偿债务时，如有法定继承又有遗嘱继承和遗赠的，首先由法定继承人用其所得遗产清偿债务；不足清偿时，剩余的债务由遗嘱继承人和受遗赠人按比例用所得遗产偿还；如果只有遗嘱继承和遗赠的，由遗嘱继承人和受遗赠人按比例用所得遗产偿还。

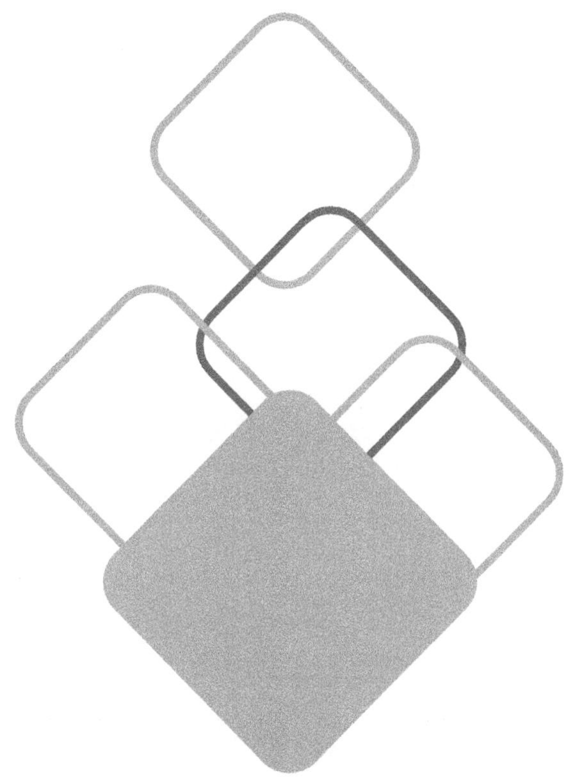

消费与交通篇

第一章　三类常见的合同

第一节　买卖合同

买卖是动态财产关系中最常见、最基本的交易方式，因此买卖合同便成为商品交换最基本、最重要、最有代表性的法律形式。我国法律对买卖合同所设置的法律规则，成为动态财产流转中交易形式的基本规则。

一、买卖合同的当事人及内容

（一）买卖合同的当事人及标的物

1. 当事人的相关要求

《中华人民共和国合同法》（以下简称《合同法》）第一百三十条规定，买卖合同是出卖人转移标的物的所有权于买受人，买受人支付价款的合同。其中依照约定交付标的物并转移标的物所有权的一方称为出卖人，支付价款的一方称为买受人。

对于买受人，除了某些具有特殊身份的人不得成为特定买卖合同中的买受人外，如监护人、拍卖人、公司的董事等，一般仅要求具备相应的民事行为能力。

对于出卖人，除须具备相应的民事行为能力之外，《合同法》第一百三十二条规定：出卖的标的物，应当属于出卖人所有或者出卖人有权处分。法律、行政法规禁止或者限制转让的标的物，依照其规定。据此规定，出卖人应是买卖合同标的物的所有人或有权处分人。但是《最高人民法院关于审理买卖合同纠纷案件适用法律问题的解释》第三条规定："当事人一方以出卖人在缔约时对标的物没有所有权或者处分权为由主张合同无效的，人民法院不予支持。出卖人因未取得所有权或者处分权致使标的物所有权不能转移，买受人要求出卖人承担违约责任或者要求解除合同并主张损害赔偿的，人民法院应予支持。"由此可知，要求出卖人为标的物的所有权人或是其他有处分权人之规定不影响买卖合同的效力认定，影响的仅仅是买卖合同的履行。

生活实例

2007 年，小高因无力偿还 10 万元的银行债务而欲将其自有的一套房屋出售。林冲听闻便找到小高的父亲老高协商买卖房屋的事宜，双方达成口头协议，约定：购房款为 15 万元，先由林冲现金支付 5 万元，再由林冲负责偿还小高所欠的 10 万元银行债务。协议达成后，林冲当日按约支付现金给老高，并装修入住该房屋，且其后按期偿还小高的银行贷款，直至 2016 年该银行贷款全部还清。然而，2016 年期间，小高及其家人却向林冲提出要求其搬离该房屋。无奈之下，林冲将老高和小高两人起诉到法院，要求确认房屋买卖合同有效，继续履行合同，并要求小高协助其办理房屋过户手续。在审理中，被告小高辩称：林冲与老高口头上约定的房屋买卖合同无效，而老高非房屋所有权人，亦无权出卖该房屋；林冲与小高之间不存在买卖合同关系，原告要求被告小高履行合同随附义务没有法律依据。

▲实例分析

老高将属于小高的房屋出售给林冲，二人之间的房屋买卖合同是否有效？

▲法律规定

1.《中华人民共和国合同法》

第五十一条规定：无处分权的人处分他人财产，经权利人追认或者无处分权的人订立合同后取得处分权的，该合同有效。

▲法律讲解

房屋登记在小高名下，老高非该房屋的所有权人，无权处分该房屋。因此，老高与林冲以口头形式达成的房屋买卖合同协议，属于无处分权人订立的合同。鉴于林冲已向老高、小高支付购房款并替小高清偿银行贷款，且已在涉案房屋居住多年的事实，足可以认定小高对老高无权处分涉案房屋的行为进行了追认。依照《合同法》第五十一条的规定，老高与林冲以口头形式达成的房屋买卖合同协议有效。由此，被告小高应协助原告林冲办理房屋的过户手续。

▲注意事项

除了《合同法》第五十一条规定的无权处分情形外，还要注意《最高人民法院关于审理买卖合同纠纷案件适用法律问题的解释》第三条，该条规定："当事人一方以出卖人在缔约时对标的物没有所有权或者处分权为由主张合同无效的，人民法院不予支持。出卖人因未取得所有权或者处分权致使标的物所有权不能转移，买受人要求出卖人承担违约责任或者要求解除合同并主张损害赔偿的，人民法院应予支持。"根据这一规定，当权利人拒绝追认时，则应区分两种不同的情况：

（1）若合同标的物的物权已发生变动，买受人已善意取得该标的物物权，那么权利人可以向无处分权人主张损害赔偿。

（2）若合同标的物的物权无法转移，买受人可以要求无处分权人承担违约责任或要求解除合同并主张损害赔偿。

2. 买卖合同的标的物

我国《合同法》并未对买卖合同的标的物进行任何明确的规定。结合司法实践，买卖合同的标的物可以是现实存在的物，也可以是将来产生的物；可以是特定物，也可以是不特定物。如果买卖合同的标的物是禁止流通物，该买卖合同应认定为无效合同。如果买卖合同的标的物是限制流通物，关键在于合同当事人的资格问题。若当事人能够事后取得相关经营资格的，合同可以认定为是有效的。若当事人不能够事后取得相关经营资格的，由于合同主体的不适格，合同应为无效。

(二)买卖合同的内容

买卖合同的内容主要由当事人约定，除了标的、数量和质量、价款、履行期限、履行地点、履行方式、违约责任、解决争议的方法等条款以外，买卖合同的当事人还可就包装方式、检验标准和方法、结算方式及合同使用的文字及其效力等内容进行约定。

《最高人民法院关于适用〈中华人民共和国合同法〉若干问题的解释(二)》(以下简称为"《合同法》司法解释(二)")第一条规定："当事人对合同是否成立存有争议，人民法院能够确定当事人名称或者姓名、标的和数量的，一般应当认定合同成立。但法律另有规定或者当事人另有约定的除外。"因此，标的、数量两个条款是买卖合同的必备条款。标的条款必须清楚地写明标的物的名称。标的物的数量要确切，应选择双方共同接受的计量单位。可以是通用的计量单位，也可以是行业或者交易习惯认可的计量单位。

其他非必备合同条款允许当事人事后补充协商；补充协商不成的，按照合同有关条款或者交易习惯确定；不能确定的，依照《合同法》第六十二条，适用下列规定：

(1)质量要求不明确的，按照国家标准、行业标准履行；没有国家标准、行业标准的，按照通常标准或者符合合同目的的特定标准履行。

(2)价款或者报酬不明确的，按照订立合同时履行地的市场价格履行；依法应当执行政府定价或者政府指导价的，在合同约定的交付期限内政府价格调整时，按照交付时的价格计价。逾期交付标的物的，遇价格上涨时，按照原价格执行；价格下降时，按照新价格执行。逾期提取标的物或者逾期付款的，遇价格上涨时，按照新价格执行；价格下降时，按照原价格执行。

(3)履行地点不明确的，给付货币的，在接受货币一方所在地履行；交付不动产的，在不动产所在地履行；其他标的，在履行义务一方所在地履行。

(4)履行期限不明确的，债务人可以随时履行，债权人也可以随时要求履行，但应当给对方必要的准备时间。

(5)履行方式不明确的,按照有利于实现合同目的的方式履行。

(6)履行费用的负担不明确的,由履行义务一方负担。

二、买卖合同的效力

(一)出卖人的合同义务

1. 交付标的物,并转移标的物的所有权于买受人

该项义务是出卖人的主合同义务,它由两个方面的内容组成:其一为交付标的物;其二为转移标的物的所有权于买受人。

(1)交付标的物。

交付标的物的方式有现实交付和观念交付两种。现实交付,即直接占有的转移,也就是出卖人将对标的物的占有实际移转给买受人,由买受人直接占有该标的物。

观念交付是指法律允许当事人通过特别的约定,不现实交付标的物,而采用一种变通的交付方法,来代替实际交付,主要有简易交付、指示交付和占有改定。简易交付是指标的物在合同订立之前已经依法被买受人占有的,出卖人无须再行实际交付,合同生效的时间为交付的时间。

例如,某宾馆为了 8 月 8 日的开业庆典,于 8 月 7 日向电视台租借一台摄像机。庆典之日,工作人员不慎摔坏了摄像机,宾馆决定按原价买下,以抵偿电视台的损失,遂于 8 月 9 日通过电话向电视台负责人表明此意,对方表示同意。8 月 15 日,宾馆依约向电视台支付了价款。则摄像机的所有权在 8 月 9 日双方达成合意之时便发生所有权转移。

指示交付是指标的物由第三人占有时,出卖人将其对第三人的返还请求权让与买受人,以代替交付。例如,甲将其出租的电视机卖给乙,由于租赁期未满,暂时无法收回电视机,甲可以把电视机的返还请求权让与乙,以代替电视机的实际交付。

占有改定是指买卖双方特别约定,标的物仍由出卖人继续占有,但是在买卖合意成立时视为交付,买受人取得间接占有。例如,甲将其所有的一套参考文献卖给乙,但是甲还想留这套书籍用一段时间,这时甲可以与乙再订立一份租赁或借用协议,由甲继续占有、使用该套书籍,乙对该套书籍进行

间接占有,以此来代替现实交付,乙取得该套书籍的所有权。也有人将占有改定称为继续占有。

此外还有以交付提取标的物的单证,以代替标的物现实交付的交付方式,比如交付仓单、提单及可转让的多式联运单据等。

《最高人民法院关于审理买卖合同纠纷案件适用法律问题的解释》第五条规定,标的物为无须以有形载体交付的电子信息产品,当事人对交付方式约定不明确,且依照《合同法》第六十一条的规定仍不能确定的,买受人收到约定的电子信息产品或者权利凭证即为交付。

同时,在现实生活中,还会出现"一物数卖"的情况,因此法律规定,如果同一标的物订立有多重买卖合同的,在买卖合同均有效的情况下,买受人均要求实际履行合同的,标的物为普通动产的,按照下列情形处理:

①先行受领交付的买受人请求确认所有权已经转移的,人民法院应予支持;

②均未受领交付,先行支付价款的买受人请求出卖人履行交付标的物等合同义务的,人民法院应予支持;

③均未受领交付,也未支付价款,依法成立在先合同的买受人请求出卖人履行交付标的物等合同义务的,人民法院应予支持。

标的物为同一船舶、航空器、机动车的,按照以下情形分别处理:

①先行受领交付的买受人请求出卖人履行办理所有权转移登记手续等合同义务的,人民法院应予支持;

②均未受领交付,先行办理所有权转移登记手续的买受人请求出卖人履行交付标的物等合同义务的,人民法院应予支持;

③均未受领交付,也未办理所有权转移登记手续,依法成立在先合同的买受人请求出卖人履行交付标的物和办理所有权转移登记手续等合同义务的,人民法院应予支持;

④出卖人将标的物交付给买受人之一,又为其他买受人办理所有权转移登记,已受领交付的买受人请求将标的物所有权登记在自己名下的,人民法院应予支持。

生活实例

郭某分别于2012年、2015年分两次向酉阳某房地产公司交纳7万元用于购买商品房一套，酉阳某房地产公司向郭某出具了房款收据，但双方一直未签订商品房买卖合同。2017年，万某与酉阳某房地产公司签订了商品房买卖合同，购买的正是郭某意欲购买的那一套商品房。万某在合同签订后，付清了购房款，并及时办理了网签和接房手续。郭某在知晓酉阳某房地产公司将商品房卖给万某后，于2017年11月强行进入案涉房屋内进行装修，以致引发郭某与万某纠纷。

▲实例分析

酉阳某房地产公司将同一套房屋分别卖给了郭某与万某，在两份合同均有效的情况下，哪份合同能够率先得到权益实现？

▲法律规定

1.《中华人民共和国物权法》

第十四条规定：不动产物权的设立、变更、转让和消灭，依照法律规定应当登记的，自记载于不动产登记簿时发生效力。

第十五条规定：当事人之间订立有关设立、变更、转让和消灭不动产物权的合同，除法律另有规定或者合同另有约定外，自合同成立时生效；未办理物权登记的，不影响合同效力。

2.《最高人民法院关于审理买卖合同纠纷案件适用法律问题的解释》

第九条规定：出卖人就同一普通动产订立多重买卖合同，在买卖合同均有效的情况下，买受人均要求实际履行合同的，应当按照以下情形分别处理：

(1)先行受领交付的买受人请求确认所有权已经转移的，人民法院应予支持；

(2)均未受领交付，先行支付价款的买受人请求出卖人履行交付标的物等合同义务的，人民法院应予支持；

(3)均未受领交付，也未支付价款，依法成立在先合同的买受人请求出卖人履行交付标的物等合同义务的，人民法院应予支持。

第十条规定：出卖人就同一船舶、航空器、机动车等特殊动产订立多重买卖合同，在买卖合同均有效的情况下，买受人均要求实际履行合同的，应当按照以下情形分别处理：

(1)先行受领交付的买受人请求出卖人履行办理所有权转移登记手续等合同义务的，人民法院应予支持；

(2)均未受领交付，先行办理所有权转移登记手续的买受人请求出卖人履行交付标的物等合同义务的，人民法院应予支持；

(3)均未受领交付，也未办理所有权转移登记手续，依法成立在先合同的买受人请求出卖人履行交付标的物和办理所有权转移登记手续等合同义务的，人民法院应予支持；

(4)出卖人将标的物交付给买受人之一，又为其他买受人办理所有权转移登记，已受领交付的买受人请求将标的物所有权登记在自己名下的，人民法院应予支持。

▲法律讲解

郭某、万某双方均未办理案涉房屋的房产证，因此需根据合同的实际履行情况来认定房屋的占有状况。原告万某不仅与酉阳某房地产公司签订了商品房买卖合同，而且还及时办理了网签和接房手续，可以证明万某与酉阳某房地产公司已实际履行了合同义务，完成了房屋交付，因房屋的转移占有与交付使用，具有明显的公示与公信的现实作用，故万某合法占有了案涉房屋。被告郭某虽交纳了部分房款，但是没有及时签订商品房买卖合同和办理接房入住手续，因此郭某强行进门装修的实际占有行为不具有合法性，构成了对万某合法占有的侵犯，万某有权要求郭某停止侵害，腾房走人。房地产商和郭某之间的纠纷，郭某可另行起诉。

▲注意事项

“一房二卖”所有权属于办理了产权过户登记的一方所有。双方均未办理过户登记的，应该按照房屋交付、房款支付等情况来判定何方权益可率先得到实现。

买卖双方对交付标的物的时间有约定的，按约定；没有约定或约定不明，不能达成补充协议的，可以随时交付，但应当给买受人必要的准备时间。出卖人多交标的物的，买受人可以接收或者拒绝接收多交的部分。买受人拒绝接收多交部分标的物的，可以代为保管多交部分标的物，并有权主张代为保管期间的合理费用。

(2)转移标的物的所有权于买受人。

《合同法》第一百三十三条规定，标的物的所有权自标的物交付时起转移，但法律另有规定或者当事人另有约定的除外。按照《物权法》的相关规定，动产，除法律有特别规定或当事人另有约定的以外，所有权随物的交付而转移。船舶、航空器、车辆等特殊类型的动产需要办理登记手续，未经登记的，不得对抗善意第三人。不动产经依法登记，发生效力，但法律另有规定的除外。《合同法》第一百三十七条还规定，出卖具有知识产权的计算机软件等标的物的，除法律另有规定或者当事人另有约定的以外，该标的物的知识产权不属于买受人。

2. 物的质量担保义务

《合同法》第一百五十三条规定，出卖人应当按照约定的质量要求交付标的物。出卖人提供有关标的物质量说明的，交付的标的物应当符合该说明的质量要求。该义务履行是否适格，关键在于是否达到标的物的质量标准。出卖人交付的标的物不符合质量要求的，买受人可以根据标的物的性质以及损失的大小，合理选择要求对方承担修理、更换、退货或者减少价款等违约责任。当事人有权主张以符合约定的标的物和实际交付的标的物按交付时的市场价值计算的差价返还。价款已经支付，买受人有权主张返还减价后多出部分的价款。

生活实例

2018年原告回先生在使用三星Note7手机充电时，手机发生自燃，烧毁了笔记本电脑一台，他以此为由，对三星(中国)投资有限公司(以下简称“三星中国公司”)、惠州三星电子有限公司、广州晶东贸易有限公司提起产品责任纠纷诉讼，请求更换或赔偿其因手机电池自燃毁损的笔记本电脑一台；确认三星中国公司构成欺诈，赔偿3倍购机款，赔礼道歉等。

原告认为，在Note7手机在国外接连发生燃烧事件后，被告三星中国公司仍于2016年9月2日和14日发布官方声明，称在中国市场发售的Note7国行版本，采用了不同的电池供应商，中国消费者可以放心购买使用。原告基于信任，于2018年9月25日购买Note7手机一台，但次日即发生自燃，被告构成欺诈，故请求3倍赔偿购机款。

被告三星中国公司、惠州三星公司辩称，Note7手机的国行版和海外版使用的电池是不同供应商的电池，在国行手机发生自燃事件后，已于2016年10月11日召回了全部国行版Note7手机。2017年1月23日三星公司得到调查结果，国行版手机和海外版手机采用的电池均存在缺陷，但该两款电池存在的缺陷不同，其公司在整个过程中不存在对原告的故意欺诈。

法院经审理认定，案涉手机存在产品缺陷，手机自燃是产品缺陷引起的。Note7手机在2016年7月21日取得中国强制性产品认证(CCC认证)，办理了相关手续，被允许在国内公开发售。被告三星中国公司在正式发售Note7手机之前，按照相关规定对手机进行了检测和备案。

▲实例分析

购买的手机因产品缺陷发生自燃，就此所造成的损失能否要求赔偿并主张三倍赔偿?

▲法律规定

1.《中华人民共和国合同法》

第一百一十一条规定:质量不符合约定的，应当按照当事人的约定承担违约责任。对违约责任没有约定或者约定不明确，依照本法第六十一条的规定仍不能确定的，受损害方根据标的的性质以及损失的大小，可以合理选择要求对方承担修理、更换、重作、退货、减少价款或者报酬等违约责任。

第一百五十三条规定:出卖人应当按照约定的质量要求交付标的物。出卖人提供有关标的物质量说明的，交付的标的物应当符合该说明的质量要求。

第一百五十四条规定:当事人对标的物的质量要求没有约定或者约定不明确，依照本法第六十一条的规定仍不能确定的，适用本法第六十二条第一项的规定。

第一百五十五条规定：出卖人交付的标的物不符合质量要求的，买受人可以依照本法第一百一十一条的规定要求承担违约责任。

2.《中华人民共和国消费者权益保护法》

第四十九条规定：经营者提供商品或者服务，造成消费者或者其他受害人人身伤害的，应当赔偿医疗费、护理费、交通费等为治疗和康复支出的合理费用，以及因误工减少的收入。造成残疾的，还应当赔偿残疾生活辅助具费和残疾赔偿金。造成死亡的，还应当赔偿丧葬费和死亡赔偿金。

第五十条规定：经营者侵害消费者的人格尊严、侵犯消费者人身自由或者侵害消费者个人信息依法得到保护的权利的，应当停止侵害、恢复名誉、消除影响、赔礼道歉，并赔偿损失。

第五十五条规定：经营者提供商品或者服务有欺诈行为的，应当按照消费者的要求增加赔偿其受到的损失，增加赔偿的金额为消费者购买商品的价款或者接受服务的费用的三倍；增加赔偿的金额不足五百元的，为五百元。法律另有规定的，依照其规定。

经营者明知商品或者服务存在缺陷，仍然向消费者提供，造成消费者或者其他受害人死亡或者健康严重损害的，受害人有权要求经营者依照本法第四十九条、第五十一条等法律规定赔偿损失，并有权要求所受损失二倍以下的惩罚性赔偿。

▲法律讲解

案涉手机存在产品缺陷，属于买卖的标的物质量违约，作为被告的三星中国公司依法理应向原告赔偿因手机自燃而受损的笔记本电脑，并且赔偿的笔记本电脑应是与受损笔记本电脑相同品牌、型号、配置的全新笔记本电脑，如无法赔偿，则向原告折价赔偿。

但三星中国公司在原告购买案涉手机时，取得了中国强制性产品认证(CCC 认证)，办理了相关手续，按照相关规定对手机进行了检测和备案，因此其并不知道 Note7 手机存在产品缺陷，不存在故意欺诈的主观过错。所以依法不支持原告要求赔偿 3 倍购机款的诉讼请求。

▲注意事项

买卖合同中有关标的物质量问题的法律规定，不仅《合同法》有规定，

《中华人民共和国消费者权益保护法》(以下简称《消费者权益保护法》)和《中华人民共和国食品安全法》(以下简称《食品安全法》)均有相关的规定，在选择适用法律时，不能所有相关的法律全部用上，只能选择某一个法律，以确保权益受损人权益得到救济的同时，不会因此而额外多获益。

3.权利的瑕疵担保义务

《合同法》第一百五十条规定，出卖人就交付的标的物，负有保证第三人不得向买受人主张任何权利的义务，但法律另有规定的除外。也就是说出卖人应保证所出卖的标的物不存在第三人享有全部或是部分所有权情形，不存在第三人享有抵押权、质权、留置权等他物权情形，没有侵害第三人的知识产权。依据《合同法》第一百五十一条的规定，买受人订立合同时知道或者应当知道第三人对买卖的标的物享有权利的，出卖人不承担权利瑕疵担保义务。

比如甲将私房抵押给乙并办理了登记手续，在抵押期间，甲将房屋卖给了丙但未告知丙抵押的事实，在甲丙办理房产过户登记的前一天，若甲清偿了对乙的债务，则甲对丙不负有权利瑕疵担保的义务。若甲未能清偿对乙的债务，则甲对丙负有权利瑕疵担保的义务。如果买受人有确切证据证明第三人可能就标的物主张权利的，可以在出卖人未提供适当担保时，行使合同履行的抗辩权，中止支付相应的价款。

4.交付有关单证和资料

出卖人应当按照约定或者交易习惯向买受人交付提取标的物单证以外的有关单证和资料。“提取标的物单证以外的有关单证和资料”，主要应当包括保险单、保修单、普通发票、增值税专用发票、产品合格证、质量保证书、质量鉴定书、品质检验证书、产品进出口检疫书、原产地证明书、使用说明书、装箱单等。具体要交付哪些单证与资料视买卖合同具体内容而定。

(二)买受人的义务

1.支付价款

支付价款是买受人的主要义务。在合同履行过程中，买受人支付价款义务会涉及下列几个事项：

(1)价款数额的确定。买受人应当按照约定的数额支付价款。不能确定数额的,按照订立合同时履行地的市场价格履行;依法应当执行政府定价或者政府指导价的,按照规定履行。

(2)价款的支付时间。买受人应当按照约定的时间支付价款。不能确定时间的,买受人应当在收到标的物或者提取标的物单证的同时支付。

(3)价款的支付地点。买受人应当按照约定的地点支付价款。不能确定的,买受人应当在出卖人的营业地支付,但约定支付价款以交付标的物或者交付提取标的物的单证为条件的,在交付标的物或者提取标的物单证的所在地支付。

(4)价款的支付方式。当事人可以在合同中约定价款的支付方式,但这种约定以不违反国家金融法律法规为限。

2.受领标的物

买受人有依照合同约定或者交易惯例受领标的物的义务。当然,买受人受领标的物以出卖人交付标的物符合合同约定为条件。如果出卖人交付的标的物不符合合同约定的,买受人有权拒绝接受。同时,根据我国《合同法》一百零一条的规定,买受人无正当理由拒绝受领标的物的,出卖人可以提存的方式交付。

3.及时检验出卖人交付的标的物

根据《合同法》第一百五十七条、第一百五十八条之规定,买受人收到标的物时应当在约定的检验期间内检验。没有约定检验期间的,应当及时检验。

当事人约定检验期间的,买受人应当在检验期间内将标的物的数量或者质量不符合约定的情形通知出卖人。买受人怠于通知的,视为标的物的数量或者质量符合约定。

当事人没有约定检验期间的,买受人应当在发现或者应当发现标的物的数量或者质量不符合约定的合理期间内通知出卖人。买受人在合理期间内未通知或者自标的物收到之日起两年内未通知出卖人的,视为标的物的数量或者质量符合约定,但对标的物有质量保证期的,适用质量保证期,不适用该两年的规定。出卖人知道或者应当知道提供的标的物不符合约定的,买受人不受前两款规定的通知时间的限制。

4.暂时保管及应急处置拒绝受领的标的物

在特定情况下，买受人对于出卖人所交付的标的物，虽可做出拒绝接受的意思表示，但有暂时保管及应急处置标的物的义务。但该义务一般与异地交付有关。因买卖双方并非同城，当买受人发现标的物质量不符合约定而拒绝受领时，一般应该暂时予以保管，但有权要求出卖人支付由此而产生的保管费用。

三、买卖合同中标的物的风险负担

买卖合同中标的物的风险指的是买卖合同的标的物由于不可归责于买卖合同双方当事人的事由毁损、灭失所造成的损失。风险负担是指该损失应由谁来承担。

我国《合同法》第一百四十二条规定："标的物毁损、灭失的风险，在标的物交付之前由出卖人承担，交付之后由买受人承担，但法律另有规定或者当事人另有约定的除外。"该条规定确立了风险负担以交付为一般规则。不论是动产还是不动产均适用该规则。房屋毁损、灭失的风险，在交付使用前由出卖人承担，在交付使用后由买受人承担，法律另有规定或当事人另有约定的除外。因此，房屋之类的不动产风险负担与产权登记没有关系，只和交付使用有关。房屋的交付使用一般以交房通知书上确认的交房时间为准。比如，购房者验了房，收了钥匙，从此刻开始，房屋因地震等不可归责于买卖双方当事人的事由而毁损、灭失的，该风险由购房者承担。此外，还需要注意的是：

(1)出卖人出卖的是交由承运人运输的在途标的物，《合同法》第一百四十四条规定，除当事人另有约定的以外，毁损、灭失的风险自合同成立时起由买受人承担。但是出卖人出卖交由承运人运输的在途标的物，在合同成立时知道或者应当知道标的物已经毁损、灭失却未告知买受人，买受人主张出卖人负担标的物毁损、灭失的风险的，应予支持。

(2)当事人没有约定交付地点或者约定不明确，标的物需要运输的，出卖人将标的物交付给第一承运人后，标的物毁损、灭失的风险由买受人承担。其中"标的物需要运输的"，是指标的物由出卖人负责办理托运，承运人系独立于买卖合同当事人之外的运输业者的情形。

（3）出卖人未以装运单据、加盖标记、通知买受人等可识别的方式清楚地将标的物特定于买卖合同，买受人有权主张不负担标的物毁损、灭失的风险。

（4）因买受人的原因致使标的物不能按照约定的期限交付的，买受人应当自违反约定之日起承担标的物毁损、灭失的风险。如《最高人民法院关于审理商品房买卖合同纠纷案件适用法律若干问题的解释》第十一条规定："对房屋的转移占有，视为房屋的交付使用，但当事人另有约定的除外。房屋毁损、灭失的风险，在交付使用前由出卖人承担，交付使用后由买受人承担；买受人接到出卖人的书面交房通知，无正当理由拒绝接收的，房屋毁损、灭失的风险自书面交房通知确定的交付使用之日起由买受人承担，但法律另有规定或者当事人另有约定的除外。"

（5）出卖人按照约定或者法律规定将标的物置于交付地点，买受人违反约定没有收取的，标的物毁损、灭失的风险自违反约定之日起由买受人承担。

（6）出卖人按照约定未交付有关标的物的单证和资料的，不影响标的物毁损、灭失风险的转移。

（7）因标的物质量不符合质量要求，致使不能实现合同目的的，买受人可以拒绝接受标的物或者解除合同。买受人拒绝接受标的物或者解除合同的，标的物毁损、灭失的风险由出卖人承担。

此外，标的物在交付之前产生的孳息，归出卖人所有，交付之后产生的孳息，归买受人所有。

生活实例

2014 年 7 月 8 日，淮安某商厦为答谢广大新老顾客的厚爱，举办了液晶电视试用买卖活动。活动期间，每天前 10 名顾客可以凭有效身份证件办理试用手续（名额用完为止）。试用期间无须支付任何费用。同日，陆某与该商厦签订了一份合同。合同约定，陆某所选用的液晶电视价值 2350 元，试用期为 7 天，自交付的次日起算。试用期内如若陆某同意购买应向商厦支付价款，不同意购买则应将所选商品归还商厦，无须支付任何费用。2014 年 7 月 13 日，陆某试用的液晶电视因意外遭雷击而损坏。次日，陆某找到商厦客服部协商,两方就彩电损坏所造成的损失由谁负担各执一词,后诉至法院。

▲实例分析

试用买卖期间,标的物毁损灭失的风险应由何方负担?

▲法律规定

1.《中华人民共和国合同法》

第一百七十条规定:试用买卖的当事人可以约定标的物的试用期间。对试用期间没有约定或者约定不明确,依照本法第六十一条的规定仍不能确定的,由出卖人确定。

第一百七十一条规定:试用买卖的买受人在试用期内可以购买标的物,也可以拒绝购买。试用期间届满,买受人对是否购买标的物未作表示的,视为购买。

▲法律讲解

依照法律,试用买卖只有在试用人表示购买的情况下,才会缔结买卖合同,产生买卖合同关系。试用期内试用人未作明确购买表示的,试用当事人之间是借用合同关系。本案中发生纠纷时,因陆某未作购买的明确意思表示,所以陆某与商厦之间属于借用合同关系。在借用合同关系存续期间,陆某所选的液晶彩电因遭雷击而损坏,理应由物的所有权人负担风险,也就是应由商厦这个彩电的所有权人来承担风险。

▲注意事项

试用买卖合同,在试用期当事人之间并非买卖合同关系,因此试用期间标的物的风险负担不能适用买卖合同风险负担的相关规则,而应该采用物权人负担规则。

第二节　租赁合同

一、租赁合同的效力

《合同法》第二百一十二条规定,租赁合同是出租人将租赁物交付承租人使用、收益，承租人支付租金的合同。租赁合同是有偿转让财产使用权的合同。《合同法》第二百一十四条规定，租赁期限不得超过二十年。超过二十年的，超过部分无效。租赁期间届满，当事人可以续订租赁合同，但约定的租赁期限自续订之日起不得超过二十年。

租赁期限六个月以上的，依法应当采用书面形式。当事人未采用书面形式的，视为不定期租赁。租赁期间届满，承租人继续使用租赁物，出租人没有提出异议的，原租赁合同继续有效，但租赁期限为不定期。不定期租赁合同，双方当事人有权随时解除合同。

租赁合同依法成立后具有法律约束力，其效力通过出租人与承租人所享有的权利与承担的义务予以表现。

（一）出租人的义务

1. 交付租赁物并在租赁期间保持租赁物符合约定用途的义务

《合同法》第二百一十六条规定："出租人应当按照约定将租赁物交付承租人，并在租赁期间保持租赁物符合约定的用途。"租赁合同是诺成性合同，只要双方当事人意思表示一致即告成立。因而交付租赁物便成为出租人在租赁合同成立生效后的一项基本义务。交付租赁物是指出租人将对租赁物的直接占有移转给承租人。出租人所交付的租赁物应当符合合同约定的使用收益目的，并且这种状态应该在整个租赁期内均是如此。如果出租人交付的租赁物不具有约定的性质，承租人可以向其主张违约责任。

2. 维修租赁物的义务

出租人应当履行租赁物的维修义务，但当事人另有约定的除外。承租人在租赁物需要维修时可以要求出租人在合理期限内维修。出租人未履行维修义务的，承租人可以自行维修，维修费用由出租人负担。因维修租赁物影响承租人使用的，应当相应减少租金或者延长租期。因可归责于承租人的事由导致租赁物损毁的，出租人仍应承担维修义务，除非双方当事人另有约定。但出租人有权请求承租人赔偿损失。

例如，甲将其所有的房屋出租给乙，双方书面约定租金为每年5万元，乙可以承租该房屋五年。房屋出租后的第二年，乙为了经营酒店，经甲同意，对该房屋进行了装修，共花费6万元。一天晚上，一辆失控的汽车撞到该房屋,致使其临街的玻璃墙毁损,肇事司机驾车逃逸,乙要求甲维修,甲拒绝,乙便自行花费1万元予以维修。这1万元的维修费用产生在租赁期间内,不是承租人的原因所导致,应该由出租人甲来承担。至于肇事司机的责任,出租人可通过侵权途径向其主张损害赔偿,但不能因为第三人过错来主张义务的免除。如果玻璃墙毁损是由于承租人乙自身的过错导致的,出租人仍然负有维修义务,但可以向承租人乙主张损害赔偿。

3.租赁物的瑕疵担保义务

出租人交付的租赁物应符合约定用途,得保证整个租赁期内承租人对租赁物的正常使用、收益。如果租赁物具有承租人不能正常使用、收益的瑕疵,则出租人应承担违约责任,承租人可以要求修理、更换、解除合同或者请求减少租金。若承租人在订立合同时明知租赁物存有瑕疵的,依照《合同法》第二百三十三条的规定,租赁物危及承租人的安全或者健康的,即使承租人订立合同时明知该租赁物质量不合格,承租人仍可解除合同。

4.租赁物的权利瑕疵担保义务

《合同法》第二百二十八条规定,因第三人主张权利,致使承租人不能对租赁物使用、收益的,承租人可以要求减少租金或者不支付租金。

第三人主张权利的,承租人应当及时通知出租人,承租人未能及时通知出租人的,因此给自己造成的损失,无权要求出租人承担。

(二)承租人的义务

1.支付租金的义务

承租人应当按照约定的期限支付租金。对支付期限没有约定或者约定不明确的,可以协议补充;不能确定的,租赁期间不满一年的,应当在租赁期间届满时支付;租赁期间一年以上的,应当在每届满一年时支付,剩余期间不满一年的,应当在租赁期间届满时支付。

承租人无正当理由未支付或者迟延支付租金的,出租人可以要求承租人在合理期限内支付。承租人逾期不支付的,出租人可以解除合同。

2.妥善使用租赁物的义务

承租人应当按照约定的方法使用租赁物。对租赁物的使用方法没有约定或者约定不明确的,可以协议补充;不能确定的,应当按照租赁物的性质使用。

承租人按照约定的方法或者租赁物的性质使用租赁物，致使租赁物受到损耗的，无须承担损害赔偿责任。若承租人未按照约定的方法或者租赁物的性质使用租赁物，致使租赁物受到损失的，出租人可以解除合同并要求赔偿损失。

3. 妥善保管租赁物的义务

承租人应当妥善保管租赁物，因保管不善造成租赁物毁损、灭失的，应当承担损害赔偿责任。承租人在租赁期间内占有租赁物，应当尽善良注意的义务保管租赁物。承租人未履行该义务造成租赁物毁损灭失的，应当承担损害赔偿责任。

4. 不得随意转租的义务

《合同法》第二百二十四条规定，承租人经出租人同意，可以将租赁物转租给第三人。承租人转租的，承租人与出租人之间的租赁合同继续有效，第三人对租赁物造成损失的，承租人应当赔偿损失。承租人未经出租人同意转租的，出租人可以解除合同。

转租是指承租人不退出租赁关系，而将租赁物出租给次承租人使用收益。在转租中，次承租人与承租人之间成立了一个新的租赁关系。在征得出租人同意的情况下，承租人转租的，即合法转租。未经出租人允许所进行的转租系违法转租。基于违法转租，出租人可以解除与承租人之间的租赁合同，承租人与次承租人之间的租赁合同也随之终止。

5. 不得随意对租赁物改善或在租赁物上增设他物的义务

承租人经出租人同意，可以对租赁物进行改善或者增设他物。承租人未经出租人同意，对租赁物进行改善或者增设他物的，出租人可以要求承租人恢复原状或者赔偿损失。

6. 返还租赁物的义务

租赁期间届满，承租人应该返还租赁物。返还的租赁物应当符合按照约定或者租赁物性质使用后的状态。承租人返还租赁物时应当保持租赁物的使用性能，但是属于符合约定或是正常使用后的合理损耗的，承租人对租赁物的返还仍视为适当履行。承租人逾期不及时返还租赁物的，出租人既可以基于租赁合同要求承租人返还，也可以因承租人失去合法占有的依据基于所有权要求承租人返还。

二、租赁合同的特别效力

(一)租赁权(债权)的物权化

《合同法》第二百二十九条规定,租赁物在租赁期间发生所有权变动的,不影响租赁合同的效力。根据该条规定,在租赁物所有权发生转移时,新所有人应该继续维持租赁物上承租人的使用收益状况,保持其使用收益的原貌,也就是说新所有人取代原所有人地位成为该租赁物的新的出租人。新所有人取得出租人地位后,其与原承租人之间的权利义务关系继续适用原租赁合同。

《最高人民法院关于审理城镇房屋租赁合同纠纷案件具体应用法律若干问题的解释》第二十条规定,租赁房屋在租赁期间发生所有权变动,承租人请求房屋受让人继续履行原租赁合同的,人民法院应予支持。但租赁房屋具有下列情形或者当事人另有约定的除外:(1)房屋在出租前已设立抵押权,因抵押权人实现抵押权发生所有权变动的;(2)房屋在出租前已被人民法院依法查封的。

生活实例

2016 年 7 月 10 日,在郑州一家公司担任行政管理职务的吴先生与房东赵某签订房屋租赁合同,双方约定:赵某将位于郑州市惠济区某小区的一套房屋租给吴先生,租期为一年;月租金为 3200 元,押一付三,按季度缴纳;吴先生承担租赁期内实际使用的全部水电气暖费、宽带费及物业费等费用。双方还约定,若房东赵某违约,则除退还押金外,还需支付给吴先生相应违约金。合同签订当天,吴先生就将头三个月租金及押金通过支付宝转账给了房东赵某,随后搬到了所租赁的房子内。孰料好景不长,五个月后的一天,吴先生下班后惊讶地发现,所租住房屋的门锁被换掉了。无家可归的吴先生选择了报警,后经警方调查得知,门锁竟是房东赵某更换的。原来,在吴先生毫不知情且租房合同未到期的情况下,赵某已将该套房子卖给了他人。无奈之下,"有家不能回"的吴先生只得从所租住的房子内搬出。随后吴先生便多次找房东赵某交涉,要求对方退还全部预付费用并赔偿违约金。赵某坚决不退。2018 年 8 月,吴先生将赵某起诉到了当地法院,请求法院依法判令房东赵某退还租金、宽带费等 7700 余元,并赔偿违约金、中介费等 4800 余元。

▲实例分析

租赁期间,租赁物所有权发生变动,未到期的租赁合同是否能继续履行?

▲法律规定

1.《中华人民共和国合同法》

第二百二十九条规定:租赁物在租赁期间发生所有权变动的,不影响租赁合同的效力。

▲法律讲解

吴先生与房东赵某的房屋租赁合同,在赵某出售租赁房屋时并未到期。依法,房屋所有权虽然发生了变动,但是吴先生与赵某间的房屋租赁合同仍然有效,不会因为房屋易主,合同效力就受到影响。因此,赵某在合同约定期限未到前私自换锁致使吴先生搬离涉案房屋,已构成违约。基于赵某的违约行为,吴先生要求退还租金、宽带费等 7700 余元,并赔偿违约金的诉请应该予以支持。

▲注意事项

租赁合同如果是在六个月以上的,一定要用书面形式签订。在租赁合同生效期间内,租赁物所有权发生变动,不影响承租人的权益,租赁合同仍然有效。

(二)房屋承租人的优先购买权

《合同法》第二百三十条规定,出租人出卖租赁房屋的,应当在出卖之前的合理期限内通知承租人,承租人享有以同等条件优先购买的权利。房屋承租人的优先购买权源于法律的规定,因此具有法定性。《最高人民法院关于审理城镇房屋租赁合同纠纷案件具体应用法律若干问题的解释》规定，出租人与抵押权人协议折价、变卖租赁房屋偿还债务，应当在合理期限内通知承租人。承租人在同等条件下有优先购买权。出租人委托拍卖人拍卖租赁房屋，应当在拍卖前5日通知承租人。承租人未参加拍卖的，视为承租人放弃优先购买权。

该解释第二十四条规定了以下情况承租人不得主张优先购买权：

(1)房屋共有人行使优先购买权的；

(2)出租人将房屋出卖给近亲属，包括配偶、父母、子女、兄弟姐妹、祖父母、外祖父母、孙子女、外孙子女的；

(3)出租人履行通知义务后，承租人在15日内未明确表示购买的；

(4)第三人善意购买租赁房屋并已经办理了登记手续的。

《最高人民法院关于审理城镇房屋租赁合同纠纷案件具体应用法律若干问题的解释》第二十一条规定，承租人请求出租人承担赔偿责任的，人民法院应予支持。但请求确认出租人与第三人签订的房屋买卖合同无效的，人民法院不予支持。

生活实例

2015年6月，广德县某中学因办公需要租赁了广德某置业公司位于广德县桃州镇的房屋。双方签订房屋租赁合同，约定租期自2015年6月18日至2021年6月17日，年租金30000元，租金前三个租赁年度保持不变，采用每年一付的方式向出租人预交下一年度的租金。合同中约定在租赁期内，如该房屋发生转让，出租方应及时通知承租方，本合同继续履行。承租方享有该房屋优先购买权。之后，该中学请装修公司对承租的房屋进行了装修装饰。2017年5月23日，置业公司将该中学承租的房屋卖给第三人。6月12日，置业公司电话告知该中学，要求其与新房东签订租赁合同。7月10日，该中学仍按约向置业公司支付了第三年度租金。该中学认为，置业公司在出卖房屋前未通知他们，侵犯了他们的优先购买权，构成违约，同时造成其利益受损。鉴于该房产已经变更过户，双方之间的合同已经无法履行，故起诉至广德法院，要求解除与置业公司的租赁合同并要求置业公司返还租金、赔偿装修损失及可得利益损失共计442680元。

▲实例分析

承租人广德县某中学的优先购买权是否受到侵犯？该中学的诉请能否得到法律的支持？

▲法律规定

1.《中华人民共和国合同法》

第二百三十条规定：出租人出卖租赁房屋的，应当在出卖之前的合理期限内通知承租人，承租人享有以同等条件优先购买的权利。

2.《最高人民法院关于审理城镇房屋租赁合同纠纷案件具体应用法律若干问题的解释》

第二十一条规定：出租人出卖租赁房屋未在合理期限内通知承租人或者存在其他侵害承租人优先购买权情形，承租人请求出租人承担赔偿责任的，人民法院应予支持。但请求确认出租人与第三人签订的房屋买卖合同无效的，人民法院不予支持。

▲法律讲解

依照法律，买卖不破租赁原则赋予承租人对抗新的所有权人的权利。租赁物在租赁期间内发生所有权变动并不能必然导致租赁合同的解除，因此原告中学要求解除合同并返还租金、赔偿装修损失的请求于法无据，不予支持。

被告置业公司未能举证证明其在出售案涉房屋之前的合理期限内通知了原告中学，原告亦未表示过放弃优先购买权，因此对原告以被告侵害其优先购买权为由主张损害赔偿予以支持。关于损害赔偿数额，法院认为，只有原告实际行使了优先购买权，即与出租方建立买卖关系并支付相应对价或支出一定成本后，原告才会取得诉争房屋所有权。侵害优先购买权的法律后果是赔偿损失，即优先购买权人要获得类似房屋所多支出的价款损失，以及在购买房屋过程中支出的费用损失。原告以房价统计数据证明房价涨幅主张赔偿的依据不足。因此，审理法院结合案件实际情况，参照案涉房屋租赁合同的约定，酌定被告赔偿原告30000元。

▲注意事项

承租人的优先购买权需在同等条件之下才能存在。而同等条件需要结合价格、支付方式、支付期限、房屋出售的整体或是部分等多个方面予以确定。承租人的优先购买权属于法定权利，即便当事人未在租赁合同中约定，也不影响该权利的享有。对于承租人优先购买权的损害赔偿，应该是承租人获得类似房屋多支出的价款损失及相关费用损失。

（三）同租人的继续租赁权

《合同法》第二百三十四条规定："承租人在房屋租赁期间死亡的，与其生前共同居住的人可以按照原租赁合同租赁该房屋。"该条是有关同租人继续租赁权的规定。同租人只需是与承租人生前共同居住的人，彼此之间的具体关系不问。《最高人民法院关于审理城镇房屋租赁合同纠纷案件具体应用法律若干问题的解释》第十九条规定："承租人租赁房屋用于以个体工商户或者个人合伙方式从事经营活动，承租人在租赁期间死亡、宣告失踪或者宣告死亡，其共同经营人或者其他合伙人请求按照原租赁合同租赁该房屋的，人民法院应予支持。"

三、租赁合同中的风险负担

在租赁期间内，因承租人保管不善而造成租赁物毁损灭失的，承租人应当承担损害赔偿责任。但因不可归责于租赁合同当事人的事由而导致租赁物毁损、灭失时，则发生与违约责任性质不同的租赁合同风险负担问题。

《合同法》第二百三十一条规定："因不可归责于承租人的事由，致使租赁物部分或者全部毁损、灭失的，承租人可以要求减少租金或者不支付租金；因租赁物部分或全部毁损、灭失，致使不能实现合同目的的，承租人可以解除合同。"由此，租赁合同的风险负担采用的规则是：谁是租赁物的所有人谁就是租赁物的风险负担人。

四、租赁合同的法定解除

租赁合同的解除除了约定解除、协议解除外，还有法定解除。因存有定期租赁合同和不定期租赁合同之分，法定解除权的规定亦有所不同。

（一）定期租赁合同的法定解除情形

1.出租人的法定解除权行使情形

（1）承租人未按照约定的方法或者租赁物的性质使用租赁物，致使租赁物受到损失的，出租人可以解除合同并要求赔偿损失。

（2）承租人未经出租人同意转租的，出租人可以解除合同。

（3）承租人无正当理由未支付或者迟延支付租金的，出租人可以要求承租人在合理期限内支付。承租人逾期不支付的，出租人可以解除合同。

（4）城镇房屋承租人擅自变动房屋建筑主体和承重结构或者扩建，在出租人要求的合理期限内仍不予恢复原状，出租人有权解除合同并要求赔偿损失。

2.承租人的法定解除权行使情形

（1）因不可归责于承租人的事由，致使租赁物部分或者全部毁损、灭失的，承租人可以要求减少租金或者不支付租金；因租赁物部分或者全部毁损、灭失，致使不能实现合同目的的，承租人可以解除合同。

（2）因租赁房屋被司法机关或者行政机关依法查封的，租赁房屋权属有争议的，租赁房屋具有违反法律、行政法规关于房屋使用条件强制性规定等原因，导致租赁房屋无法使用的，承租人有权解除合同。

（二）不定期租赁合同的任意解除情形

（1）没有约定租赁期或约定不明，无法达成补充协议的，又不能按照合同有关条款或者交易习惯确定的；

（2）租赁期为六个月以上，但没有采用书面形式的；

（3）租赁期间届满，承租人继续使用租赁物，出租人没有提出异议的。

第三节　旅客运输合同

旅客运输合同，简称客运合同，是指承运人将旅客及行李运送至约定地点，旅客支付票款的合同。客运合同的标的是运送旅客及其行李的运送行为。客运合同表现形式为客票,例如火车票、汽车票、飞机票、船票等。客票本身并不是客运合同,仅仅是客运合同订立的证明。与其他合同不同,客运合同在成立后、生效前,旅客可以任意解除合同,但旅客解除合同应该在承运人规定的时限内,并且还需要支付一定的费用。

《合同法》第二百九十三条的规定,客运合同自承运人向旅客交付客票时成立,但当事人另有约定或者另有交易习惯的除外。

客运合同依法成立后会产生旅客、承运人双方的权利和义务。

一、旅客的主要义务

(一)支付票款和托运行李的运杂费

《合同法》第二百九十四条规定:“旅客应当持有效客票乘运。旅客无票乘运、超程乘运、越级乘运或者持失效客票乘运的,应当补交票款,承运人可以按照规定加收票款。旅客不交付票款的,承运人可以拒绝运输。”

(二)按规定携带行李和儿童

旅客在运输中应当按照约定的限量携带行李。超过限量携带行李的,应当办理托运手续。旅客在乘坐运送设备过程中,有权免费携带一定重量的行李或是包裹,免费或是半价携带一名儿童。约定的限量取决于旅客与承运人之间的约定,铁道部、民航局、交通部对限量均有不同的规定。免费运送的物品,除应当考虑物品种类外,还应该考虑物品的范围。超出限量的,旅客应当办理托运手续。此处的托运不同于货物运输中的托运,此处的托运是依附于客运合同的,与旅客相联系,旅客到达目的地后即应返还其行李或是包裹。

(三)不得携带危险物品及其他违禁品

《合同法》第二百九十七条的规定,旅客不得随身携带或者在行李中夹带易燃、易爆、有毒、有腐蚀性、有放射性以及可能危及运输工具上人身和财产安全的危险物品或者其他违禁物品。旅客违反此义务的,承运人可以将违禁物品卸下、销毁或者送交有关部门。旅客坚持携带或者夹带违禁物品的,承运人应当拒绝运输。《中华人民共和国铁路法》《中华人民共和国民用航空法》等法律法规对此义务同样有规定。

违禁品指的是危险品和禁运品。危险品是指易燃、易爆、有毒、有腐蚀性、有放射性等一切可能危及运输工具上人身和财产安全的危险物品。危险品的品名由不同承运人的主管部门加以规定。禁运品是指不能运输或不能采取通常手段运输的物品，具体种类是由法律、行政法规规定的。

（四）服从承运人的指挥不得损坏承运人的运送工具和有关设施

在运输过程中，旅客应当服从承运人的指挥，尤其是发生意外事件时，旅客应该按照承运人的安排进行避险或是抢救。旅客有权使用承运人的运送工具及其相关设施，但是不得加以损坏，因旅客一方的过错而损坏运送设施的，旅客应向承运人承担赔偿责任。

二、承运人的主要义务

（一）按照约定完成旅客的运送

《合同法》第二百九十九条规定："承运人应当按照客票载明的时间和班次运输旅客。承运人迟延运输的，应当根据旅客的要求安排改乘其他班次或者退票。"承运人应当按照约定的运输工具完成旅客的运送，承运人擅自变更运输工具而降低服务标准的，应当根据旅客的要求退票或者减收票款；提高服务标准的，不应当加收票款。

承运人运送延误该如何处理，对此法律没有明确规定。2004 年国家民航总局公布了《航班延误经济补偿指导意见》。该指导意见主要包括以下内容：航空公司因自身原因造成航班延误标准分为两个：一个是延误 4 小时以上、8 小时以内；另一个是延误超过 8 小时以上。对于这两种情况，航空公司要对旅客进行经济补偿。补偿方式可以通过现金、购票折扣和返还里程等方式予以兑现。在航班延误的情况下，为了不再造成新的延误，经济补偿一般不在机场现场进行，航空公司可以采用登记、信函等方式进行；机场应该制止旅客在航班延误后，采取"罢乘""占机"等方式影响航班的正常飞行。同时允许各航空公司自行制订具体补偿标准和补偿方案。

（二）告知义务

《合同法》第二百九十八条规定："承运人应当向旅客及时告知有关不能正常运输的重要事由和安全运输应当注意的事项。"据此，在承运人运送旅客过程中，为了确保旅客的人身和财产安全，也为了确保能按照约定到达目的地，承运人必须告知旅客一些重要事项，例如安全运输注意事项、运输工具上的预防意外情况设备、意外事故发生的处理措施等。如遇足以影响正常运输的事由，无法按照约定的时间、班次、路线等进行运输时，承运人应该予以及时告知，以便旅客做出相应的处理从而尽可能避免或是减轻旅客的损失。

生活实例

2018年7月6日梁先生通过携程网平台购买了7月13日7:40由成都飞往上海的四川航空机票，票价为1100元(含燃油附加费50元)。7月13日，当梁先生抵达成都双流机场打印登机牌时，工作人员告知已经7:00整，打印登机牌系统已关闭，飞机起飞前45分钟不能打印登机牌，无法登机，梁先生可以选择改签或退票。后梁先生决定退票，携程网退还了原告684元，扣除了手续费等416元。梁先生认为整个过程航空公司未告知其飞机起飞前45分钟会停止办理登机手续，直到原告抵达柜台时才口头告知。梁先生以侵犯其知情权为由，将四川航空股份有限公司起诉到成都铁路运输法院，请求判令四川航空公司给付原告惩罚性经济赔偿等费用9500元，并退还其被扣除的416元手续费，共计9916元，并要求整改飞机起飞前45分钟停止办理登机手续的规定。

▲实例分析

飞机起飞前45分钟不能打印登机牌，无法登机这一事项，是否属于航空公司告知义务的履行范围？

▲法律规定

1.《中华人民共和国合同法》

第二百九十八条规定：承运人应当向旅客及时告知有关不能正常运输的重要事由和安全运输应当注意的事项。

▲法律讲解

法院审理认为，梁先生通过网络平台向四川航空公司预订机票，双方缔结了航空运输合同，该合同是双方的真实意思表示，合法有效。根据《合同法》第八条、第六十条的规定，双方均应履行各自义务。被告作为承运人，在原告订票成功后、航班起飞前，已通过携程网向原告发出过“提前2小时到机场值机”的通知短信，已经履行了合同的附随义务。提前45分钟停止办理登机手续是成都双流机场从公共利益出发，为了保证必要的安检时间，保障公共秩序和航空安全而做出的管理规定，作为受管理方的航空公司和所有旅客都必须遵守。被告在原告晚于停止办理时间到达的情况下未给原告办理登机手续并无不当。原告在收到携程网短信通知后，未按该通知“提前2个小时到机场”的要求到机场值机，也未能及时通过航空公司和携程网官网、客服电话等便捷途径对停止办理登机手续的时间进行确认，从而造成延误登机的后果，责任应由其自己承担。据此，法院驳回了原告的诉讼请求。

▲注意事项

不论是航班还是火车等承运人都有要旅客关于提前到达等的规定，这些规定更多是出于保障公共秩序和承运安全所做出的。为了方便旅客知晓这些规定，只要通过短信通知、官网、客服电话等方式予以告知，均属于对自身告知义务的履行。

（三）救助义务

《合同法》第三百零一条规定：“承运人在运输过程中，应当尽力救助患有急病、分娩、遇险的旅客。”在运输途中，不论是因为旅客自身的原因或是自身外的原因造成旅客生命、健康面临危险的，承运人都应该尽最大的努力，采取一切必要的手段去救助。如果承运人违反了该义务，旅客或其家属有权要求赔偿损失。

生活实例

符某于2017年两次因胸腔积液在哈尔滨住院治疗。随后被确诊为胸膜炎、胸腔积液、糖尿病、心力衰竭、心功能Ⅲ级、缺血性心脏病。2017年12月17日，符某乘坐H航空公司由哈尔滨飞往厦门的航班，该航班中途经停南昌。起飞后40分钟，符某在座位上晕倒，乘务员迅速广播找到旅客中的医务人员对符某进行救治。经服用速效救心丸后，符某意识恢复正常。机组人员遂安排其到头等舱休息，由乘务长单独服务，并安排机上的医生乘客陪护。其间乘务长多次询问符某是否需要就近备降或者是经停南昌时叫急救人员进行救治，符某表示自己已经好转，可以继续乘机。飞机经停南昌时，乘务长再次询问符某是否需要终止航程并提出帮其联系家属。符某表示其已恢复正常可继续乘机，无须就医。应符某要求，机组人员特向管理部门申请，让其留在飞机上休息。其间，符某并无不适反应，还能自己拿取行李，使用手机。第二航段起飞十分钟后，符某再次晕倒，乘务人员迅速展开救助，先后采取了心肺复苏、胸部按压、吸氧、注射肾上腺素等一系列措施，机长也迅速返航南昌将符某送医抢救。其后符某抢救无效死亡，医院出具的死亡证明为“猝死”。事后，死者之子小符向法院提起诉讼。小符认为，符某与H航空公司形成航空旅客运输合同，H航空公司未能将其安全送达目的地，构成根本违约，应对符某的死亡承担全部赔偿责任。

▲实例分析

H航空公司是否尽到了救助义务？

▲法律规定

1.《中华人民共和国合同法》

第三百零一条规定：承运人在运输过程中，应当尽力救助患有急病、分娩、遇险的旅客。

▲法律讲解

法院经审理认为，符某生前患有心力衰竭、心功能Ⅲ级、缺血性心脏病、糖尿病等疾病，结合在案的其他证据，应当认定符某系因自身健康问题引发死亡。H航空公司在整个过程中，已经尽到了充分的注意义务和救助义务，并不存在违约行为，根据《中华人民共和国合同法》第三百零一条、三百零二条的规定，小符的诉求不能成立，H航空公司不需承担赔偿责任。

▲注意事项

法律对承运人的救助义务标准是有合理的边界的。航空公司不具有专业性医学知识，其对乘客身体状况的关注所承担的仅是一般注意义务和合理的救助义务，对其要求过重的义务不切实际。在本案的救助过程中，H航空公司投入了大量人力、物力，空乘人员为符某调整座位、安排陪护、展开救助、申请特权等，劳心劳力全程照料，机长返航迫降时不得不清空燃油，更是产生了巨大的经济损失。在付出如此代价履行救助义务的情况下，如果承运人还需承担责任，势必对整个航空运输行业造成巨大的负面影响，迫使承运人通过限制乘机年龄、要求乘客提供健康证明等方式，挑选旅客、降低风险，损害整个社会出行的便捷性。

（四）保证旅客人身安全的义务

《合同法》第三百零二条的规定，承运人应当对运输过程中旅客的伤亡承担损害赔偿责任，但伤亡是旅客自身健康原因造成的或者承运人证明伤亡是旅客故意、重大过失造成的除外。前款规定适用于按照规定免票、持优待票或者经承运人许可搭乘的无票旅客。

承运人的主要义务就是将旅客安全运送到目的地，其间自然也包括了保证在运输途中旅客免遭各种损害。这样的法律要求在《中华人民共和国铁路法》等法律中也有规定，例如《中华人民共和国铁路法》第五十八条规定，因铁路行车事故及其他铁路运营事故造成人身伤亡的，铁路运输企业应当承担赔偿责任，如果人身伤亡是因不可抗力或者由于受害人自身的原因造成的，铁路运输企业不承担赔偿责任。

承运人不仅对持票乘运的旅客的人身安全负责，而且对经其许可搭乘的无票旅客的安全也应负责。旅客在运输途中伤亡的，对承运人享有损害赔偿请求权，旅客死亡时由其继承人承受。

生活实例

2017年8月17日早8时许，孙女士在长春桥站登上公交公司运营的涉诉公交车后被车门撞伤。事发现场的监控录像显示，孙女士上车前，公交车已站满乘客，前车门站立禁区内亦有若干乘客站立；站立禁区的部分乘客下车后，孙女士自前车门登上公交车，当时由站立禁区进入走廊的台阶上挤满乘客，难以通行；孙女士上车后即与另外一名乘客一起在站立禁区内站立，孙女士的左臂位于左侧栏杆与左侧车门之间；公交车在孙女士上车后4秒内关闭了车门，间隔约2秒再次打开车门；车门再次开启时左侧车门的外侧门边撞上孙女士的左手肘部，致使孙女士左前臂骨折。因交涉无果，孙女士起诉到法院，要求公交公司对其承担赔偿责任。

▲实例分析

在乘客承运过程中，乘客所遭受的人身损害能否由承运人公交公司承担？

▲法律规定

1.《中华人民共和国合同法》

第三百零二条的规定：承运人应当对运输过程中旅客的伤亡承担损害赔偿责任，但伤亡是旅客自身健康原因造成的或者承运人证明伤亡是旅客故意、重大过失造成的除外。

▲法律讲解

法院经审理认为：公交公司作为公交车的运营者，应当充分了解车门开合方式及站立禁区的安全隐患。孙女士上车前，涉诉公交车上的乘客已明显偏多，孙女士上车时台阶上仍站满乘客，客观上难以迅速离开站立禁区，涉诉公交车的司乘人员对乘客上车后需在站立禁区停留、存在受伤风险一节系属明知，应当在开关车门等操作中予以充分注意。但司乘人员并未进行及时、有效的疏导或提示，司机在关闭车门后再次重启车门也未做出任何提示，存在明显过错。

孙女士受车内环境所限难以自主调整站立位置。而车门开关过程仅需占用站立禁区的少量空间，公交公司较乘客对此有更加准确的认知，通过对特定区域或栏杆进行醒目标识，或在前车门安装监控、圆镜等设备及时掌握乘客方位，在开关门时给予乘客必要的提醒，均可以较低成本、有效地避免类似事故的发生。故法院认定公交公司处置不当系此次事故的直接原因，孙女士在站立禁区站立的事实不足以构成减轻公交公司侵权责任的合法抗辩事由，公交公司应就孙女士的损失承担全部赔偿责任。

▲注意事项

公交车在上下班高峰时期通常较为拥挤，选择让更多乘客上车的公交车公司及选择挤入公交车的乘客均应尽谨慎注意之义务，避免人身及财产损失。

（五）妥善保管旅客行李的义务

《合同法》第三百零三条规定，在运输过程中旅客自带物品毁损、灭失，承运人有过错的，应当承担损害赔偿责任。旅客托运的行李毁损、灭失的，当事人有约定的，按照约定；没有约定或约定不明的，当事人可以协商补充。仍不能确定的，按照交付或者应当交付时货物到达地的市场价格计算。法律、行政法规对赔偿额的计算方法和赔偿限额另有规定的，依照其规定。旅客托运的行李毁损、灭失是因不可抗力、货物本身的自然性质或者合理损耗造成的，承运人不需要承担损害赔偿责任。

第二章　格式条款与免责条款

第一节　格式条款

一、格式条款的特点

《合同法》第十二条规定，合同的内容由当事人约定，一般包括以下条款：(1)当事人的名称或者姓名和住所；(2)标的；(3)数量；(4)质量；(5)价款或者报酬；(6)履行期限、地点和方式；(7)违约责任；(8)解决争议的方法。这 8 个条款不是合同的必备条款，仅仅是一般条款。根据《最高人民法院关于适用〈中华人民共和国合同法〉若干问题的解释(二)》(以下简称“《合同法》司法解释(二)”)第一条的规定，合同主要条款是：当事人的姓名或名称、标的、数量。此外，当事人还可以参照各类合同的示范文本订立合同。

《合同法》第三十九条第二款规定，格式条款是指当事人为了重复使用而预先拟定，并在订立合同时未与对方协商的条款。格式条款具有如下的特征：

(一)由一方当事人预先拟定

格式条款在拟定时并没有征求对方当事人的意见。该种拟定，既可以是条款提供方一方亲自拟定，也可以是条款提供方采用第三人拟定好的格式条款。实际生活中，为了规范交易活动，行政主管部门或者行业协会组织会制订合同示范文本，该示范文本一旦为一方当事人采用，其效果等同于当事人的预先拟定，可构成格式条款。

（二）目的是重复使用

格式条款拟定的目的是重复使用。这种重复使用指的是适用对象的广泛性和使用时间的持久性。现今的市场经济活动中，经常存在某一个交易主体不断地与不特定的对象进行性质相同的交易，为节省谈判成本，降低交易费用，交易主体便把重复的交易内容固定下来，以便在今后的交易活动中直接使用。这正是格式条款重复使用的特性表现。

（三）在订立合同时未与对方协商

通常合同的订立，需要双方当事人反复协商，但是格式条款却未经协商，对对方当事人而言，要么接受，要么拒绝。典型的有供水、供电、供气、交通运输等公用企业及银行、保险公司等依法具有独占地位的经营者给消费者或者其他交易方所提供的格式条款。

二、格式条款提供者的注意和说明的义务

为了平衡谈判能力不对等的当事人之间在合同订立过程之中的利益，避免经济上的强者利用其优势地位在订立合同时强加其意志于相对人，《合同法》第三十九条确定了公平原则作为格式条款当事人权利义务衡量的准则。并且要求提供格式条款的一方应采取合理的方式提请对方注意免除或者限制其责任的条款，应按照对方的要求，对格式条款予以说明。格式条款提供者提请对方注意要以合理的方式，所谓以合理的方式提请对方注意，根据《合同法》司法解释（二）第六条的规定，是指提供格式条款的一方对格式条款中免除或者限制其责任的内容，在合同订立时采用足以引起对方注意的文字、符号、字体等特别标识，并按照对方的要求对该格式条款予以说明。并且要求提供格式条款一方对已尽合理提示及说明义务承担举证责任。所谓的按照对方的要求对有关条款进行说明，是指当相对方对免责条款涉及事项的内涵存有疑惑时，条款提供者应该明确解释该条款的含义，使对方明了情况。

生活实例

2012年9月8日7时许，李某驾驶轻型普通货车在家门口倒车时，由于疏忽大意，与在车辆后方左侧玩耍的自己的儿子发生碰撞，左后轮从儿子身上碾过，造成儿子当场死亡。该车2011年11月14日在某保险公司投保了机动车交通事故责任强制保险和5万元第三者责任险，事故发生于保险期内。事故发生后，该保险公司已按机动车交通事故责任强制保险赔偿了原告11000元，但拒绝赔偿第三者责任险。该保险公司的《机动车第三者责任保险条款》第五条约定，被保险机动车造成下列人身伤亡或财产损失，不论在法律上是否应当由被保险人承担赔偿责任，保险人均不负责赔偿：(一)……；(二)被保险机动车本车驾驶人及其家庭成员的人身伤亡、所有或代管的财产损失；(三)……。保险条款中已用黑体字突显责任免除条款字体，且在投保单投保人申明一栏中，投保人本人签名认可已仔细阅读保险条款，尤其是黑体字部分的条款内容，并对保险公司就保险条款内容的说明提示完全理解，没有异议。

▲实例分析

格式条款的提供者已经就格式条款尽了提醒注意义务后，该格式条款是否有效？

▲法律规定

1.《中华人民共和国保险法》

第十七条规定：订立保险合同，采用保险人提供的格式条款的，保险人向投保人提供的投保单应当附格式条款，保险人应当向投保人说明合同的内容。对保险合同中免除保险人责任的条款，保险人在订立合同时应当在投保单、保险单或者其他保险凭证上作出足以引起投保人注意的提示，并对该条款的内容以书面或者口头形式向投保人作出明确说明；未作提示或者明确说明的，该条款不产生效力。

2.《中华人民共和国合同法》

第三十九条规定：采用格式条款订立合同的，提供格式条款的一方应当遵循公平原则确定当事人之间的权利和义务,并采取合理的方式提请对方注意免除或者限制其责任的条款,按照对方的要求,对该条款予以说明。

3. 最高人民法院《关于适用〈中华人民共和国合同法〉若干问题的司法解释(二)》

第九条规定:提供格式条款的一方当事人违反合同法第三十九条第一款关于提示和说明义务的规定,导致对方没有注意免除或者限制其责任的条款,对方当事人申请撤销该格式条款的,人民法院应当支持。

▲法律讲解

法律规定提供格式条款的一方除了采取恰当的方式提示合同相对人注意外,还应当对其中涉及的概念、内容及其法律后果等以书面或者口头等形式向合同相对人或其代理人予以说明、解释,以使合同相对人明了该条款的真实含义和法律后果。

▲注意事项

实例中有争议的保险条款系由保险公司一方提供的格式条款,保险公司在与投保人订立保险合同前,应当遵循诚实信用、公平原则,对相关格式化免责条款向投保人明确说明。保险公司抗辩的保险单上以黑体字标明免责条款、在投保单投保人声明处打印好的重要提示及投保人签名的行为,仅仅能证明尽到了提醒投保人注意的义务,尚不足以证明其已就格式条款尽到明确说明义务。故该条款不产生效力。

此外,格式条款提供者的注意和说明的义务属于法定义务,有关当事人必须遵守。如果格式条款的提供者未将该条款予以明显标注,或者文字晦涩无法理解,便是违反了法律的规定。

三、格式条款的无效

《合同法》第四十条规定:“格式条款具有本法第五十二条和第五十三条规定情形的,或者提供格式条款一方免除其责任、加重对方责任、排除对方主要权利的,该条款无效。”《合同法》第五十二条是关于一般合同无效的情形的规定,第五十三条是关于一般合同中的免责条款无效的规定。具体来说，格式条款无效的情形主要有：

(1)一方以欺诈、胁迫的手段订立合同，损害国家利益；恶意串通，损害国家、集体或者第三人利益；以合法形式掩盖非法目的；损害社会公共利益；违反法律、行政法规强制性规定。具有这些情形的，格式条款统统无效。

(2)免除造成对方人身伤害的责任，或者免除因故意或者重大过失造成对方财产损失的责任，该格式条款无效。例如，“商品一旦售出，责任自负”的约定，该约定免除了条款制作人未来因商品质量问题而造成的人身或是财产损害责任，属于无效格式条款。需要注意的是对于人身损害，不论责任人主观态度如何，一旦责任免除，该格式条款便绝对无效；对于财产损害，只有在责任人具有故意或重大过失时，责任免除才会无效。

(3)免除条款制作人的责任，加重相对人的责任，排除对方的主要权利，该格式条款无效。格式条款双方当事人的权利义务应遵循公平原则，也就是双方当事人的利益应该是均衡的，不应存在格式条款提供者利用自身的谈判优势强加自己的意志于他人之上的状况。任何利用格式条款导致合同权利义务分配不均衡的约定均不受法律保护，一律无效。例如，商店与消费者约定：“本店售出的电视机保修期一律为三个月。”这个约定因违反了国家有关电视机实行“三包”的规定，排除了对方的主要权利而无效。

生活实例

2017年国庆期间，陈女士在某商场购买了一套“特例品”服装，等到陈女士付完款后却听到销售员补充的一句话：“特例商品售出不退不换！”陈女士着急了。之前在买该套服装的时候，陈女士便和销售员说明因为是给自己父亲买的不知道大小是否合适，当时销售员并未说明因为是特例商品不予退换。由此陈女士就“特例商品不退不换”这一规定与商场发生了争议。

▲实例分析

特例商品售出不退不换是否属于格式条款？该约定是否有效？

▲法律规定

1.《中华人民共和国合同法》

第三十九条第二款规定:格式条款是当事人为了重复使用而预先拟定,并在订立合同时未与对方协商的条款。

第四十条规定:格式条款具有本法第五十二条和第五十三条规定情形的,或者提供格式条款一方免除其责任、加重对方责任、排除对方主要权利的,该条款无效。

▲法律讲解

实例中"特例商品不退不换"属于商场一方为了反复使用预先拟定,并且在订立合同时未与消费者协商的条款,属于格式条款。而该格式条款通过"不退不换"的约定,一方面逃避了作为经营者应该承担的法定义务,减免了自身责任,另一方面又限制了消费者的权利,侵害了消费者的合法权益,构成《合同法》第四十条规定的免除自己责任、排除对方主要权利的情形。"特例商品不退不换"的格式条款理应无效。

▲注意事项

在日常生活中,除了在实例中出现的"特例商品不退不换"的约定外,还有"禁止自带酒水""包间设置最低消费""优惠券请在有效期内使用,过期作废""消毒餐具收费""收取酒水开瓶费"等类似的规定,均属于《合同法》第四十条规定的格式条款无效的情形。

此外,《合同法》第四十一条规定:"对格式条款的理解发生争议的,应当按照通常理解予以解释。对格式条款有两种以上解释的,应当作出不利于提供格式条款一方的解释。格式条款和非格式条款不一致的,应当采用非格式条款。"在生活实际中餐饮、美容美发、洗衣等涉及"预付费卡"的做法非常普遍,部分经营者在"预付费卡"背面印有"本卡最终解释权归本店所有"字样。但凡有这种约定的属于无效,并且依据《合同违法行为监督处理办法》的相关规定,工商行政管理部门还可以对该违法行为予以罚金处罚。

第二节　免责条款

一、免责条款的有效条件

免责条款常指当事人双方在合同中事先约定的、旨在限制或免除其未来责任的条款。交易活动总会产生风险，风险有不可预知性，交易当事人总希望能通过一定的方式将未来的风险加以适当控制，免责条款的运用，通过将风险在合同当事人之间进行分配，从而为一定程度上锁定风险提供了便利。只要免责条款经过当事人的认可，不违反社会公共利益，法律是承认免责条款的效力的。具体来说，确认免责条款有效的要件有：

第一，必须是双方当事人真实的意思表示。合同中所约定的全部条款都必须是双方当事人经过深思熟虑后形成的真实的意思表示，对合同的条款和内容表示接受。如果不是当事人真实的意思表示，其效力可能被撤销，也可能是无效。

第二，必须符合社会公共利益要求，不违反法律、行政法规的强制性规定。当事人订立的免责条款必须符合法律和社会公共利益，不能通过自行约定的条款排除法律的强制性规范的适用。例如在旅游合同中约定，游客在旅游期间一切人身损伤和财产损失一概与旅行社无关。该约定便严重违反了法律的规定，应归无效。同时免责条款还得符合公序良俗原则的要求。

第三，必须公平分配合同当事人间的风险。公平分配双方当事人之间的风险是免责条款的主要功能，也是其合理性因素之所在。现实交易中，大多数免责条款是在既有的价格、保险等机制的背景下合理锁定风险的措施。对未来民事责任的公平分配，可使交易主体较为精确地预算交易成本，一定程度上减少了消耗，从而可以实现最大化谋取利益。

需要说明的是，有时免责条款与格式条款具有重合性。例如餐厅墙上用明显字体悬挂一告示："请注意保管好自己随身携带的物品，若有失窃，本店概不负责。"该店堂告示既是格式条款，又是免责条款。当免责条款与格式条款重合时，该条款要同时遵守格式条款与免责条款的规定。

二、免责条款的无效

《合同法》第五十三条规定："合同中的下列免责条款无效：(1)造成对方人身伤害的；(2)因故意或者重大过失造成对方财产损失的。"由此可知，免责条款无效情形有：

(一)造成对方人身伤害的

现今社会，以人为本位，人身利益是最重要的利益，尤其生命健康权是人身权的核心权利。如果允许限制或免除一方当事人对另一方当事人人身伤害的责任，那就无异于纵容当事人利用合同这种形式合法地对另一方当事人的生命健康进行摧残，这不仅与保护公民人身权利的法律相悖，更与宪法原则相违背。造成对方人身伤害的，不管当事人主观意愿如何，只要有伤害事实，一旦有事先约定免责的，一律无效。

(二)因故意或者重大过失造成对方财产损失的

这一规定是由过错程度来控制免责条款效力的。因故意或重大过失造成他人财产损失既不符合社会道德，又违反了法律保护民事主体合法财产的规定，自然应该受到否定性的评价。因此不允许当事人通过事先约定加以免责。对于因一般轻微过失而造成的损害，虽同样应受到否定性评价，但因其对社会秩序、社会公共利益触及不多，影响甚微，因而允许由当事人自行协调。

生活实例

2017 年 12 月，张某等四人受雇为付某砍伐木材。开工前，付某与张某等四人签订了一份协议，除约定了砍伐地点、工钱、作业流程等事项外，协议里还特别备注了一条约定：此次施工过程中出现的任何人身及财产损失，付某概不负责。2018 年 1 月的一天晚上，张某在扛木装车的过程中，因跳板滑动而摔倒，又被木头砸伤左腿，后住院治疗。经鉴定，张某伤势构成十级伤残，并导致各类经济损失总计 2 万元。出院后，付某不愿对张某进行赔偿，无奈之下，张某将付某起诉到法院。

▲实例分析

付某与张某等四人签订的协议特别备注的约定“此次施工过程中出现的任何人身及财产损失，付某概不负责”是否有效？

▲法律规定

1.《中华人民共和国合同法》

第五十三条规定：合同中的下列免责条款无效：(1)造成对方人身伤害的；(2)因故意或者重大过失造成对方财产损失的。

2.《最高人民法院关于审理人身损害赔偿案件适用法律若干问题的解释》

第十一条第一款规定：雇员在从事雇佣活动中遭受人身损害，雇主应当承担赔偿责任。雇佣关系以外的第三人造成雇员人身损害的，赔偿权利人可以请求第三人承担赔偿责任，也可以请求雇主承担赔偿责任。雇主承担赔偿责任后，可以向第三人追偿。

▲法律讲解

付某与张某存在雇佣关系，双方合同中“此次施工过程中发生的任何人身及财产损失，付某概不负责”的约定违反法律规定，属无效条款，雇主付某应承担赔偿责任。同时，张某在做工时自身没有做好应有的防护，亦存在一定过错。张某的损失应由付某与张某分担。

▲注意事项

雇佣合同根据法律规定雇主承担的是无过错责任，但凡是在雇佣期间雇员遭受的损害，雇主都需要承担责任。因此雇主约定不承担任何雇佣期间雇员所遭受的损失有悖法律规定，该约定无效。

第三章 消费者权益

第一节 消费者权益保护法原理

现代社会中，消费者权益受侵害的问题已不仅仅是消费者个人的问题。而是日益成为严重的社会问题，为保护消费者的合法权益，维护社会经济秩序，促进社会主义市场经济健康发展，国家通过法律对消费者予以切实的保护实为必要。

一、消费者权益保护法的适用范围

我国《消费者权益保护法》第二条规定："消费者为生活消费需要购买、使用商品或者接受服务，其权益受本法保护；本法未作规定的，受其他有关法律、法规保护。"由此可知，《消费者权益保护法》主要调整为生活消费需要购买、使用商品或接受服务而产生的法律关系。消费者是指为生活消费需要而购买、使用商品或者接受服务的人。具体为：

1. 消费者购买、使用商品或者接受服务不以营利为目的

消费者购买、使用商品或者接受服务，并不是为了将这些商品或服务转售而营利，而是旨在满足个人或家庭的需要。因此，任何人只要购买、使用商品或接受服务的目的不是将商品或服务转售，不是专门从事商品交易活动，他便是消费者。

2.消费者是自然人

《消费者权益保护法》中的消费行为指的是自然人的消费，而不包括法人或其他经济组织的消费。之所以要对自然人这类消费者进行特别保护，是由于在消费法律关系中，自然人作为消费者不论是在经济实力、信息获取能力或法律救济能力等方面均处于弱势。

生活实例

2018年7月1日和7月5日，原告韩某分两次在被告李某的批发超市购买进口红酒，共计12瓶，每次购买6瓶。原告通过刷卡方式向被告支付酒款共计20160元，被告给原告开具了增值税发票。原告提供了购买过程的录像视频，拍摄的内容显示了原告进入被告店铺、购买进口红酒、被告取货、原告结账付款、被告向原告开具发票、原告携购买的红酒走出被告店铺，以及上车查验的全过程。在录像视频中原告向被告购买红酒时及上车后将所购红酒拿出检查，并将每瓶红酒酒瓶360度旋转拍摄，以显示酒瓶上均没有粘贴中文标签。录像显示，原告第一次购买的6瓶红酒，系被告从店内展示柜中所取，而非被告所称从整箱中所取。第二次的6瓶红酒，系被告整箱(6瓶)出售，视频显示箱体底部无被告所称粘贴中文标签。庭审中原告向法庭出示涉案的12瓶红酒的实物证据，没有中文标签和中文说明。被告提交的四份生效判决中，广东省珠海市香洲区人民法院2017年的某份判决称，查明原告在该院同时起诉了多个不同的被告，且均是以所购产品没有中文标签为由要求被告退还货款并支付货款十倍的赔偿，原告在多个案件中提交的证据形式也基本一致，据统计，该批案件数量在50宗以上，涉案标的达400万元以上。广东省珠海市斗门区人民法院的某两份民事判决、广东省珠海市中级人民法院的某份民事判决均驳回原告主张十倍赔偿的诉讼请求。被告认为原告系职业打假人，不属于《消费者权益保护法》中规定的消费者，理应驳回原告的诉请。

▲实例分析

职业打假人是否属于消费者，能否通过《消费者权益保护法》予以法律保护?

▲法律规定

1.《中华人民共和国消费者权益保护法》

第二条规定:消费者为生活消费需要购买、使用商品或者接受服务,其权益受本法保护;本法未作规定的,受其他有关法律、法规保护。

第六十二条规定:农民购买、使用直接用于农业生产的生产资料,参照本法执行。

2.《中华人民共和国食品安全法》

第二十五条规定:食品安全标准是强制执行的标准。除食品安全标准外,不得制定其他食品强制性标准。

第二十六条规定:食品安全标准应当包括下列内容:

(1)食品、食品添加剂、食品相关产品中的致病性微生物,农药残留、兽药残留、生物毒素、重金属等污染物质以及其他危害人体健康物质的限量规定;

(2)食品添加剂的品种、使用范围、用量;

(3)专供婴幼儿和其他特定人群的主辅食品的营养成分要求;

(4)对与卫生、营养等食品安全要求有关的标签、标志、说明书的要求;

(5)食品生产经营过程的卫生要求;

(6)与食品安全有关的质量要求;

(7)与食品安全有关的食品检验方法与规程;

(8)其他需要制定为食品安全标准的内容。

第六十七条规定:预包装食品的包装上应当有标签。标签应当标明下列事项:

(1)名称、规格、净含量、生产日期;

(2)成分或者配料表;

(3)生产者的名称、地址、联系方式;

(4)保质期;

(5)产品标准代号;

(6)贮存条件;

(7)所使用的食品添加剂在国家标准中的通用名称;

(8)生产许可证编号;

(9)法律、法规或者食品安全标准规定应当标明的其他事项。

专供婴幼儿和其他特定人群的主辅食品,其标签还应当标明主要营养成分及其含量。

食品安全国家标准对标签标注事项另有规定的,从其规定。

第九十七条规定:进口的预包装食品、食品添加剂应当有中文标签;依法应当有说明书的,还应当有中文说明书。标签、说明书应当符合本法以及我国其他有关法律、行政法规的规定和食品安全国家标准的要求,并载明食品的原产地以及境内代理商的名称、地址、联系方式。预包装食品没有中文标签、中文说明书或者标签、说明书不符合本条规定的,不得进口。

3.《最高人民法院关于审理食品药品纠纷案件适用法律若干问题的规定》

第三条规定:因食品、药品质量问题发生纠纷,购买者向生产者、销售者主张权利,生产者、销售者以购买者明知食品、药品存在质量问题而仍然购买为由进行抗辩的,人民法院不予支持。

第十五条规定:生产不符合安全标准的食品或者销售明知是不符合安全标准的食品,消费者除要求赔偿损失外,向生产者、销售者主张支付价款十倍赔偿金或者依照法律规定的其他赔偿标准要求赔偿的,人民法院应予支持。

▲法律讲解

判断一个自然人是不是消费者不以其主观状态为标准,而应以购买的商品的性质为标准,只要购买的商品是生活资料,就是《消费者权益保护法》所指的消费者。对于普通打假者打假多少次才能转变成职业打假者,难以给出统一的标准。即使是社会公认的职业打假者,只要购买的是生活资料,就不能改变其消费者的身份。任何一个消费者都有可能是潜在的打假者。打假获取的是合法利益,法院理应保护。如果不准知情的消费者打假,就会造成这样的结果:不知情的消费者不可能打假,而知情的消费者又不准打假,则制假售假行为可以堂而皇之地大行其道,有悖《消费者权益保护法》的立法宗旨。据此,原告的诉请理应得到支持。

▲注意事项

职业打假者不会因为其多次的打假经历而被否定其消费者的身份,尤其是在食品和药品领域。

二、消费者权益保护法的基本原则

1. 特别保护原则

特别保护原则就是《消费者权益保护法》对处于弱势地位的消费者给予特别保护的原则。这是由消费者利益的特殊性所决定的。消费者购买商品或接受服务是以满足其个人或家庭的生活需要为目的的,其在消费过程中既涉及经济利益,同时又直接关乎生存、生命安全与健康等利益,而生命权、健康权等作为人权的重要内容理应得到法律的特别保护。

在消费品交易中,经营者的利益可以得到即时的满足,而消费者的需求只有在交易完成、获得并使用消费品后才能得到满足,消费者实际上承担了较经营者更大的风险。此外,在消费品的科技含量越来越高,消费品的成分也日趋复杂的背景下,消费者由于缺乏辨别消费品的技术知识,很容易被虚假广告、标签或假商标欺骗。而且消费者个人的经济实力较低,普遍经不起长时间的人力、物力、财力消耗,因此,《消费者权益保护法》必须对消费者予以特殊的保护。当然,对消费者的特别保护是有合理限度的,不能超越我国经济社会发展及法治状况的实际。

2. 全面保护原则

全面保护原则是指《消费者权益保护法》为消费者提供立法、行政、司法、社会监督全方位的保护。具体为:

(1)立法方面。国家制定有关消费者权益的法律、法规、规章和强制性标准时,应当听取消费者和消费者协会等组织的意见与要求。国家采取措施,保障消费者依法行使权利、维护其自身的合法权益,同时依法维护经营者的合法权益。

(2)行政方面。各级人民政府应当加强领导,组织、协调、督促有关行政主管部门做好保护消费者合法权益的工作,落实保护消费者合法权益的职责。各级人民政府应当加强监督,预防危害消费者人身、财产安全行为的发生,及时制止危害消费者人身、财产安全的行为。各级人民政府工商行政管理部门和其他有关行政主管部门应当依据法律、法规的规定,在各自的职责范围内积极采取措施,保护消费者的合法权益。有关行政主管部门应当听取消费者及其组织对经营者的交易行为、商品和服务质量问题的意见,及时调查处理。有关国家机关应当依照法律、法规的规定,惩处经营者在提供商品和服务时侵害消费者合法权益的违法犯罪行为。

(3)司法方面。人民法院应当采取措施,方便消费者提起诉讼。对于符合《中华人民共和国民事诉讼法》(以下简称《民事诉讼法》)起诉条件的消费者权益争议,必须受理,并及时审理。此外,对于侵害消费者合法权益的行为,中国消费者协会及各省、自治区、直辖市设立的消费者协会可以向人民法院提起诉讼。

(4)社会监督方面。消费者享有对商品、服务及保护消费者权益工作进行监督的权利。消费者有权检举、控告侵害消费者权益的行为和国家机关及其工作人员在保护消费者权益工作中的违法失职行为,有权对保护消费者权益工作提出批评、建议。在此基础之上,《消费者权益保护法》支持消费者协会和其他消费者组织对商品和服务进行社会监督。大众传媒也应当做好维护消费者合法权益的宣传工作。

3.社会本位原则

社会本位原则强调对消费者权益的保护应以社会公共利益为出发点,目标在于社会利益的最大化。我国《消费者权益保护法》的核心和要旨便在于“维护社会经济秩序,促进社会主义市场经济健康发展”。《消费者权益保护法》虽着眼于对消费者的保护,但其根本立足点是为维护社会公共利益。消费者保护立法不仅在于矫正消费者与经营者之间的失衡状态,更是为了维护安定的社会经济秩序,促进社会的稳定发展。社会主义市场经济需要一个良好的消费环境,但在对消费者进行保护的同时,不能让经营者承担过重的负担。此外,消费者保护要和环境资源相协调。国家鼓励开展国民消费教育,普及科学、合理的消费观念,消费知识和消费者权益保护的法律知识。

第二节 消费者的权利

一、安全保障权

安全保障权，是消费者在消费过程中享有的最重要的权利。消费者购买商品、接受服务都是为了提高自己的生活质量、满足自己的一定需求，而这首先是建立在安全的基础之上的。我国《消费者权益保护法》第七条规定："消费者在购买、使用商品和接受服务时享有人身、财产安全不受损害的权利。"由此可知，我国消费者享有的安全权包括两个方面：

（一）人身安全权

人身安全权即消费者享有不因消费行为而使身体受到伤害或遭受其他危险的权利。其中，最为重要的是生命安全的保障。不能使消费者的生命受到威胁。消费者人身安全权的另一个重要方面就是身体健康权，身体健康权是消费者享有的基本权利，是消费者从事其他活动的前提。

（二）财产安全权

财产安全权即消费者享有不因消费商品或接受服务而使自己的其他财产受到任何损失的权利。此处的财产，是指消费者购买的商品以外的财产或者所接受的服务以外的其他财产，而不包括该商品或服务本身。

经营者应当保证其提供的商品或者服务符合保障人身、财产安全的要求，对于可能危及人身、财产安全的商品和服务，应当向消费者做出真实的说明和明确的警示，并说明和标明正确使用商品或者接受服务的方法及防止危害发生的方法。宾馆、商场、银行、机场等公共场所的经营者，应当对消费者尽到安全保障义务。

生活实例

2013 年 2 月 7 日中午，王某与好友一行 12 人前往江北区陆某餐饮店用餐。在餐饮店包房用餐期间，王某摔倒受伤，共用去医疗费26075.21元，出院诊断为右侧股骨颈损伤。王某找到餐饮店协商赔偿事宜无果，遂起诉到法院，要求餐饮店赔偿损失。原告主张陆某所经营的餐馆地面积有水渍或油污致其滑行摔倒。被告则辩称餐厅墙壁上贴有“小心地滑”警示标志，原告摔倒是自身雨天穿高跟鞋所致。

▲实例分析

顾客在餐厅就餐摔倒受伤，餐厅是否需要承担赔偿责任？

▲法律规定

1.《中华人民共和国消费者权益保护法》

第七条规定：消费者在购买、使用商品和接受服务时享有人身、财产安全不受损害的权利。

2.《最高人民法院关于审理人身损害赔偿案件适用法律若干问题的解释》

第六条规定：从事住宿、餐饮、娱乐等经营活动或者其他社会活动的自然人、法人、其他组织，未尽合理限度范围内的安全保障义务致使他人遭受人身损害，赔偿权利人请求其承担相应赔偿责任的，人民法院应予支持。

▲法律讲解

法院经审理认为，原告虽未能举示充分证据证明系陆某所经营的餐馆地面积有水渍或油污致其滑行摔倒，但其在陆某所经营的餐饮店内摔倒受伤属实，且原告并不存在故意摔倒的主观故意，陆某称已尽到合理限度范围内的安全保障义务，亦未能提供充分有效的证据予以证明，陆某所经营的餐饮店应对原告的损害后果承担相应的民事责任，故对其抗辩理由不予采信。而原告作为具有完全民事行为能力的成年人，雨天穿高跟鞋，未尽到高度的观察、注意、自我保护义务，对由此造成的损害后果自身有一定过错，应减轻陆某的赔偿责任。因此，法院确认由陆某承担70%的赔偿责任，原告自身承担30%的赔偿责任。

▲注意事项

经营者的安全保障义务应该是在“合理限度”内，应当根据与安全保障义务人所从事的营业或者其他社会活动相适应的安全保障义务的必要性和可能性，结合具体情况认定。判断的标准一般是：该安全保障义务人的行为是否符合法律、法规、规章或者特定的操作规程的要求，是否属于同类社会活动或者一个诚信善良的从业者应当达到的通常的程度，以及遇见可能性的大小。具体来说，经营者的安全保障义务一般包括维护、保管公共设施，保证产品质量和服务符合安全标准，及时发现安全隐患并采取妥善措施消除危险，对可能造成危险的设施、行为设置明显的标志并采取相应的保护措施。

二、知情权

我国《消费者权益保护法》第八条规定："消费者享有知悉其购买、使用的商品或者接受的服务的真实情况的权利。消费者有权根据商品或者服务的不同情况，要求经营者提供商品的价格、产地、生产者、用途、性能、规格、等级、主要成分、生产日期、有效期限、检验合格证明、使用方法说明书、售后服务，或者服务的内容、规格、费用等有关情况。"此条规定的就是消费者的知情权，也就是消费者在购买、使用商品或接受服务时享有获悉有关商品或服务的全面、真实信息的权利。

所谓全面，就是要提供所有与商品、服务有关的重要信息，这些信息的获得与否将直接影响到消费者能否有效地利用商品或接受服务，经营者不能只提供部分信息而隐藏其他信息。

所谓真实，就是消费者有权获取有关商品或服务的准确、客观的信息，该些信息不应含有任何欺诈性的内容。通常包括商品的价格、产地、生产者、用途、性能、规格、等级、主要成分、生产日期、有效期限、检验合格证明、使用方法说明书、售后服务，或者服务的内容、规格、费用等有关情况。

生活实例

2016 年 2 月 7 日除夕，邬某与家人吃完团圆饭后，搬出浏阳某烟花厂生产的"80 发扇形绿尾彩色雨棕榈"烟花，准备为节日增添喜庆。19 时 30 分，邬某点燃了烟花，惨剧也在瞬间发生——邬某被烟花喷出的火药射伤双眼。家人赶紧将邬某送进医院，虽经医院全力抢救，但还是右眼失明。案涉烟花经有关部门鉴定，存在标志缺陷。邬某与生产厂家协商赔偿未果，遂向法院提起侵权赔偿之诉。

▲实例分析

烟花存在标志缺陷，由此引发的人身损害，生产厂家是否需要承担赔偿责任？

▲法律规定

1.《中华人民共和国消费者权益保护法》

第八条规定：消费者享有知悉其购买、使用的商品或者接受的服务的真实情况的权利。

消费者有权根据商品或者服务的不同情况，要求经营者提供商品的价格、产地、生产者、用途、性能、规格、等级、主要成分、生产日期、有效期限、检验合格证明、使用方法说明书、售后服务，或者服务的内容、规格、费用等有关情况。

2.《中华人民共和国侵权责任法》

第四十一条规定：因产品存在缺陷造成他人损害的，生产者应当承担侵权责任。

▲法律讲解

被告浏阳某烟花厂生产的案涉烟花经鉴定存在未标注加工、安装方法，发射高度、辐射半径、火焰熄灭高度、燃放轨迹等信息标志不齐全和消费类字体高度未达标的缺陷问题。由于烟花爆竹是具有危险性的产品，故国家对烟花爆竹划分了四个级别，危险性由高到低依次为A、B、C、D。本案案涉烟花是B级八十发组合烟花，消费类别是专业燃放类。B级烟花是适用于空间大的开放空间燃放的产品，故标志是否齐全、字体高度是否达标对消费者认识产品的危险性是有影响的。原告在燃放烟花时，未仔细查看产品燃放说明及警示语，自身也存在过错。因此原告所遭受的损失，自身承担部分责任，被告承担剩余的赔偿责任。

▲注意事项

经营者在提供商品的价格、产地、生产者、用途、性能、规格、等级、主要成分、生产日期、有效期限、检验合格证明、使用方法说明书、售后服务，或者服务的内容、规格、费用等有关情况时，消费者自身也同样需要关注经营者所提供的相关情况，尤其是使用说明书等。

三、自主选择权

自主选择权，就是指消费者所享有的在消费过程中根据自己内心的真实意愿决定进行何种消费行为的自由。我国《消费者权益保护法》第九条规定："消费者享有自主选择商品或者服务的权利。消费者有权自主选择提供商品或者服务的经营者，自主选择商品品种或者服务方式，自主决定购买或者不购买任何一种商品、接受或者不接受任何一项服务。消费者在自主选择商品或者服务时，有权进行比较、鉴别和挑选。"

其中，"自主"强调的是消费者自己做主，不允许他人干涉。消费过程中，禁止经营者对消费者的意志施加任何强制力，阻碍消费者自行做出选择。消费者的自主选择权具体为：

(1)选择交易对象的自由。消费者有权选择提供商品或服务的经营者，选择和谁进行交易。

(2)选择商品、服务的自由。经营者提供的商品或服务是多种多样的，不同商品、服务的性能、特点又不尽相同，因此，消费者有权根据自身的需求在不同的商品、服务之间做出选择。经营者应当为消费者的比较、鉴别和挑选提供便利，不得设置种种障碍。

(3)选择是否进行交易的自由。消费者有权决定是否进行最终的交易，有权进行比较、鉴别和挑选。这也是消费者行使自主选择权的最高表现。对于通过网络销售、电视销售、电话销售、邮售等销售方式购买的商品，消费者有权在收到商品之日起 7 日内予以退货，但影响商品再次销售的除外，如消费者定做的商品、鲜活易腐的商品，在线下载或者消费者拆封的音像制品、计算机软件等数字化商品，交付的报纸、期刊。

生活实例

2018年5月8日某高校大学生浪浪签收了天猫小花店铺的包裹，但在试穿了所购连衣裙后，突然非常不喜欢，遂向店铺提出退货。店铺则以裙子不存在质量问题为由，拒绝了浪浪的退货要求。浪浪能退货成功吗？

▲实例分析

网购平台上的店铺以商品质量没有问题为由，拒绝买家大学生浪浪的退货请求是否符合法律的规定？

▲法律规定

1.《中华人民共和国消费者权益保护法》

第二十五条规定：经营者采用网络、电视、电话、邮购等方式销售商品，消费者有权自收到商品之日起七日内退货，且无需说明理由，但下列商品除外：

(1)消费者定作的；

(2)鲜活易腐的；

(3)在线下载或者消费者拆封的音像制品、计算机软件等数字化商品；

(4)交付的报纸、期刊。

除前款所列商品外，其他根据商品性质并经消费者在购买时确认不宜退货的商品，不适用无理由退货。

消费者退货的商品应当完好。经营者应当自收到退回商品之日起七日内返还消费者支付的商品价款。退回商品的运费由消费者承担；经营者和消费者另有约定的，按照约定。

▲法律讲解

《消费者权益保护法》第二十五条规定的便是网络购物反悔权。适用对象是经营者采用网络、电视、电话、邮购等方式销售的商品。期限是自收到商品或接受服务之日起七天内，且无须说明理由。大学生浪浪所购买的连衣裙不属于不能退货的商品范畴。根据《消费者权益保护法》第二十五条规定，此种退货不需要说明理由。因此，商家不能以商品质量为由拒绝浪浪的退货要求。

▲注意事项

对于网购中的“七天无理由退货”,要求退货的商品应完好。商标标识被摘、被剪,商品受污、受损,视为商品不完好。但消费者基于查验需要而打开商品包装,或者为确认商品的品质、功能而进行合理的调试不属于不完好。但是定做的、鲜活易腐的、在线下载或消费者拆封的音像制品、计算机软件等数字化商品,交付的报纸、期刊及其他根据商品性质并经消费者在购买时确认不宜退货的商品除外。

四、公平交易权

公平交易权是公平要求在消费者进行消费活动时的具体体现,是消费者所享有的,在购买商品或接受服务时从经营者那里获得公平的交易条件,从而达到公平交易结果的权利。消费活动既要实现交易过程的公平,也要实现交易结果的公平。我国《消费者权益保护法》第十条规定:“消费者享有公平交易的权利。消费者在购买商品或者接受服务时,有权获得质量保障、价格合理、计量正确等公平交易条件,有权拒绝经营者的强制交易行为。”具体为:

(1)质量方面。消费者有权获得质量有保障的商品或服务。经营者应当严把质量关,有关商品、服务有国家标准、行业标准,经营者应当保证达到这些标准,确保自己的商品、服务符合保障人身、财产安全的要求,不得生产、销售有缺陷的商品,商品应当具有正常的使用性能,对于有瑕疵的商品,经营者应当向消费者予以说明。

(2)价格方面。经营者应为消费者提供价格合理的商品和服务;不得在标价以外收取其他未予标明的费用。经营者不得利用虚假的或使人误解的标价手段,诱骗消费者与其进行交易,不得进行价格歧视。

(3)计量方面。经营者应当采取法定的计量单位,使用标准的计量器具,不得因计量错误而损害消费者的利益。允许计量上较小的误差存在。

(4)自愿交易。消费者有权根据自身的需求自愿选择是否购买商品或接受服务，拒绝经营者的强制交易行为。经营者的强制性交易行为可以暴力、殴打等方式表现；也可以辱骂、嘲讽等方式表现。除此之外，我国《产品质量法》《价格法》《计量法》等法律、法规对产品质量、价格、计量等方面同样做了规定。

生活实例

鸿运公司系某大型购物平台的所有者。在某一节假日时段，该购物平台显示鸿运公司的平板电脑每台价格为161.99元，于是，小张在该网站下单购买该产品1台，且在线支付货款161.99元。下单时，购物平台为小张发出了“检查订单”提示，写道：“当您选择了我们的商品和服务，即表示您已经接受了本公司的隐私声明和使用条件……您点击订单确认按钮后，我们将向您发送电子邮件或短信以确认我们已收到您的订单。我们向您发送电子邮件或短信，通知您商品已发货之后，我们和您之间的订购合同才成立。”不久之后，该网站给小张发送邮件称：“由于缺货，将无法满足您对该商品的订购意向；如果您就该商品已经完成付款，相应款项将退至您的账户余额或原支付卡中。”接着，鸿运公司又称，将平板电脑的价格标注为161.99元系操作错误，此价格并非平板电脑的真实售价。鸿运公司随后将161.99元货款退回给小张。小张诉至法院，要求鸿运公司赔偿购买差价1437元及维权费用。

▲实例分析

消费者小张在特定的节假日，因平板电脑低价而购买，但商家以合同未成立且价格系操作错误并非真实售价为由，主张仅仅退还原先的货款，法院会如何审理？

▲法律规定

1.《中华人民共和国合同法》

第四十二条规定：当事人在订立合同过程中有下列情形之一，给对方造成损失的，应当承担损害赔偿责任：

(1)假借订立合同，恶意进行磋商；

(2)故意隐瞒与订立合同有关的重要事实或者提供虚假情况；

(3)有其他违背诚实信用原则的行为。

▲法律讲解

首先,该合同未成立。本案中“检查订单”页面中约定消费者下单为要约,网站发出送货确认才构成承诺,现消费者购买商品,阅读使用条件并同意,视为双方就此达成合意。此虽属格式条款,但商家履行了告知义务,并以显著的方式提醒了消费者注意。本案中,消费者下单付款后,商家未发出发货确认,所以,该网络购物合同未成立。

其次,在合同签订过程中,鸿运公司存在过错。由于买卖双方的信息严重不对称,消费者小张无从知晓某种商品的库存,且该商品低价正处于特殊的节假日时段。作为网站经营者,鸿运公司有能力掌握商品的动态库存,在某种商品缺货的情况下应及时告知消费者并阻止消费者下单付款。鸿运公司在无法交付涉案商品的情况下仍接受消费者下单,且并未告知消费者商品标价错误,其行为存在过错,应承担相应的责任。

综上,法院认定因鸿运公司单方取消订单,致使小张丧失了以161.99元的价格购买到平板电脑的交易机会,判决鸿运公司向小张赔偿1台平板电脑正常销售价格1599元与161.99元之间的差价损失1437.01元及维权费用。

▲注意事项

我国《合同法》第四十二条规定了缔约过失责任,即在合同未成立、无效等情况下,有过错一方应承担的责任。因此,对于在签订合同过程中,由于商家的过错导致合同未成立的情况,买家有权要求商家赔偿差价以补足损失。同时,因为商家的过错,让消费者进行了公证和聘请了律师的,由此产生的律师费、公证费等消费者也同样有权要求商家承担。

五、依法求偿权

依法求偿权是在经营者对消费者利益造成损害之后的一种事后救济性权利。消费者在购买、使用商品或接受服务的过程中,受到人身、财产方面的损害,经营者有义务对此损害进行赔偿。我国《消费者权益保护法》第十一条规定:“消费者因购买、使用商品或者接受服务受到人身、财产损害的,享有依法获得赔偿的权利。”具体情形有：

(1)侵害了消费者的身体权与健康权。这包括造成了轻微的损害，也包括造成消费者残疾等严重损害消费者健康权的行为。

(2)侵害了消费者人格权等权益。例如因怀疑消费者偷拿物品而对消费者的身体及随身物品进行非法搜查、歧视性的待遇、非法收集或使用消费者个人信息等。对于经营者侵害消费者人格利益的违法行为，消费者可以要求经营者予以精神损害赔偿。

(3)对消费者的财产造成了损害。主要是指因经营者的行为或者经营者提供的商品、服务本身有缺陷等而造成消费者原本所有的财产的损害。

消费者行使依法求偿权，不仅可以要求经营者赔偿损失，还可以要求经营者修理、重做、退货、补足商品数量、退还货款、停止侵害、恢复名誉、赔礼道歉等。在有些情形下，消费者还可以要求经营者进行惩罚性赔偿。例如，经营者提供商品或服务时有欺诈行为的，应按照消费者的要求增加赔偿消费者受到的损失，增加赔偿的金额为消费者购买商品的价款或者接受服务的费用的3倍。

生活实例

“双十一”期间，冲冲公司在官网上发布的广告显示：某某时段A款充电宝特价49元。而当日在该时段，小王以69元的价格订购了该A款充电宝。提交订单后，小王没有细看价格便于当日通过支付宝向冲冲公司付款69元。小王收货后，才发现价格有误，在与冲冲公司的客服几次协商未果后，小王以冲冲公司实施价格欺诈为由诉至法院，要求撤销网络购物合同，适用“退一赔三”条款，由冲冲公司保底赔偿500元。

▲实例分析

充电宝原价69元，经营者在特定的时间将其价格设置为49元，以特价吸引消费者抢购，但消费者付款时随即变为原价。遇到这种情况，该如何处理？

▲法律规定

1.《中华人民共和国消费者权益保护法》

第十一条规定：消费者因购买、使用商品或者接受服务受到人身、财产损害的，享有依法获得赔偿的权利。

第五十五条规定：经营者提供商品或者服务有欺诈行为的，应当按照消费者的要求增加赔偿其受到的损失，增加赔偿的金额为消费者购买商品的价款或者接受服务的费用的三倍；增加赔偿的金额不足五百元的，为五百元。法律另有规定的，依照其规定。

经营者明知商品或者服务存在缺陷，仍然向消费者提供，造成消费者或者其他受害人死亡或者健康严重损害的，受害人有权要求经营者依照本法第四十九条、第五十一条等法律规定赔偿损失，并有权要求所受损失二倍以下的惩罚性赔偿。

▲法律讲解

首先，涉案网购合同已成立。虽然冲冲公司采取网络抢购的销售方式具有特殊性，也就是该广告与商品的抢购界面直接链接且消费者需在短时间内做出购买的意思表示，但小王在下单时确实和冲冲公司之间达成了合意且已付款，故合同是成立的。

其次，冲冲公司存在对消费者小王的故意欺诈。由于冲冲公司事先在网站上设定了较低的价格 49 元，也正是此较低的价格才让消费者进行购买，但其实际付款的价格却是 69 元，此前冲冲公司并未在网络上向消费者就该 69 元的购买条件做出声明，且其并无证据表明会存在事后返款等，所以 69 元的价款并非小王真实的意思表示，故认定冲冲公司存在欺诈消费者的嫌疑。

根据《消费者权益保护法》第五十五条的规定，法院判决冲冲公司保底赔偿小王 500 元，并退还货款 69 元；小王退还冲冲公司充电宝。

▲注意事项

价格欺诈的合同为可撤销合同，合同是否有效，选择权在消费者。假如出于某种原因，A 款充电宝升值了，花 69 元购买也是超值的，消费者当然可以选择让合同有效；假如是本案的情形，消费者有权选择撤销合同。在与店家协商过程中，要注意保存证据，如相关消费截图等。同时如果商家存在欺诈，可以要求“退一赔三”，赔偿款不足 500 元，可以得到保底的 500 元。

六、结社权

结社权是指消费者享有依法成立维护自身合法权益的社会组织的权利。我国《消费者权益保护法》第十二条规定：消费者享有依法成立维护自身合法权益的社会组织的权利。消费者组织的成立，不仅是维护消费者合法利益的手段，也有助于提高消费者的自我维权意识和能力。政府应为消费者行使该权利提供便利，对各消费者组织的活动进行指导，防止任何非法干涉消费者组织活动的行为。

七、受教育权

受教育权指消费者所享有的为了维护自身利益而获得与消费有关的知识的权利。我国《消费者权益保护法》第十三条规定："消费者享有获得有关消费和消费者权益保护方面的知识的权利。消费者应当努力掌握所需商品或者服务的知识和使用技能，正确使用商品，提高自我保护意识。"该条规定主要包括两方面：

(1)有关消费的理念和知识。我国《消费者权益保护法》第五条第三款规定，国家倡导文明、健康、节约资源和保护环境的消费方式，反对浪费。有关政府部门、消费者组织、经营者应当通过各种方式向消费者进行有关识别假冒伪劣商品、正确使用商品等的宣传，以增强消费者对有关消费知识的了解。

(2)有关消费者权益保护方面的知识。相关政府机关及消费者团体应当通过各种方式向消费者宣传事前能预防、事后能寻求各种救济来保护自身合法利益的知识。通过加强消费者教育，实现消费者与经营者之间的平衡，消除或减少消费者问题。

八、受尊重权与隐私权

我国《消费者权益保护法》第十四条规定："消费者在购买、使用商品和接受服务时，享有人格尊严、民族风俗习惯得到尊重的权利，享有个人信息依法得到保护的权利。"具体为：

（1）人格尊严受到尊重。要求在消费过程中，消费者不分性别、年龄、职业、民族、宗教信仰、财产状况、文化程度等，在基本业务平等权基础上享受经营者及其从业人员的基本尊重，不得侮辱消费者、搜查消费者的身体及携带的物品、限制消费者人身自由等。

（2）民族风俗习惯受到应有的尊重。消费者的民族风俗习惯受到尊重，要求在饮食、服饰、居住、婚葬、节庆、礼节、禁忌等方面，消费者应受到经营者及其从业人员的基本尊重。对于不同民族的消费者，应当给予应有的尊重，而不能有所歧视。

（3）个人信息受到保护。经营者收集消费者个人信息，应遵循合法、正当、必要的原则，不得泄露、出售或非法向他人提供消费者个人信息，未经消费者同意不得向其发送商业性信息。

九、监督权

我国《消费者权益保护法》第十五条规定："消费者享有对商品和服务以及保护消费者权益工作进行监督的权利。消费者有权检举、控告侵害消费者权益的行为和国家机关及其工作人员在保护消费者权益工作中的违法失职行为，有权对保护消费者权益工作提出批评、建议。"由此可见，我国消费者所享有的监督权包括两方面内容：

（1）对商品和服务进行监督。消费者在购买商品或接受服务的过程中，有权对商品和服务进行监督。消费者有权对商品和服务的质量、等级等进行检查，向经营者进行询问，要求经营者进行解释。当消费者发现商品质量存在问题时，有权向质量监督检验检疫部门、市场监督管理部门等反映，请求这些机关进行查处。

（2）对保护消费者利益的各种机构的监督。这些机构包括保护消费者利益的有关国家机关及其工作人员，也包括保护消费者利益的消费者组织。对经营者侵害消费者利益的行为视而不见，进行包庇，甚至同经营者勾结，从事种种损害消费者利益的行为，消费者有权对此进行检举、控告，提出自己的批评和建议。对于消费者的检举和控告，有关行政机关应当及时依法予以处理。

第三节　经营者的义务

经营者义务，是指经营者在向消费者提供商品或服务的过程中，对为了保护消费者的合法权益、维护市场经济秩序依法应当为或不为一定行为的约束。经营者所负有的义务对应的是消费者所享有的权利。

一、依法、依约履行义务

根据我国《消费者权益保护法》第十六条的规定，经营者向消费者提供商品或者服务，应当依照本法和其他有关法律、法规的规定履行义务。经营者和消费者有约定的，应当按照约定履行义务，但双方的约定不得违背法律、法规的规定。经营者向消费者提供商品或者服务，应当恪守社会公德，诚信经营，保障消费者的合法权益；不得设定不公平、不合理的交易条件，不得强制交易。

经营者向消费者提供商品或者服务，应当依照我国《消费者权益保护法》《产品质量法》《食品安全法》等法律、法规的规定履行义务。经营者和消费者可就双方交易的有关事项进行约定，但该约定不得违背法律、法规的规定。比如经营者同消费者约定，如果经营者的产品造成消费者人身损害的概不负责，这种约定即为无效。

二、接受监督的义务

我国《消费者权益保护法》第十七条规定，经营者应当听取消费者对其提供的商品或者服务的意见，接受消费者的监督。主要表现为：

(1)对经营者提供的商品和服务本身的监督。商品和服务的质量、等级、标准等直接关系到消费者的利益，关系到消费者消费目的能否得以实现。消费者在购买商品、接受服务的过程中，可以进行检查，可要求经营者予以说明。

(2)对经营者的服务态度等进行监督。有的经营者对消费者实行歧视，辱骂、诽谤消费者，对此消费者可向经营者提出意见，要求经营者改正，情节严重的可以主张损害赔偿。

(3)对与经营者有关的其他事项进行监督。消费者可对消费环境、经营场所的安全设施等进行监督。经营者应当认真对待消费者或消费者组织提出的意见,及时调查,及时改正,并向消费者或消费者组织进行说明。

三、安全保障的义务

我国《消费者权益保护法》第十八条规定:"经营者应当保证其提供的商品或者服务符合保障人身、财产安全的要求。对可能危及人身、财产安全的商品和服务,应当向消费者作出真实的说明和明确的警示,并说明和标明正确使用商品或者接受服务的方法以及防止危害发生的方法。宾馆、商场、餐馆、银行、机场、车站、港口、影剧院等经营场所的经营者,应当对消费者尽到安全保障义务。"具体为:

(1)符合一定的标准。经营者所提供的商品或服务应该达到相关规定标准。这些标准可为国家标准、行业标准、地方标准或企业标准。同时,标准又可分为强制性标准和推荐性标准。强制性标准优先于推荐性标准。没有相应标准的情况下,经营者应当保证商品、服务符合安全的要求。

(2)进行说明或警示。经营者在消费者购买商品或接受服务时,对商品或服务可进行口头说明,也可在商品上进行警示性标明。以确保消费者正确使用商品或者接受服务,防止危害发生。

(3)保障经营场所的安全。宾馆、商场、餐馆、银行、机场、车站、港口、影剧院等经营场所的经营者,应当对消费者尽到安全保障义务。该类经营者应采取相应的保障措施,确保自身经营场所、服务设施的安全。

生活实例

2012年9月,顾先生与妻子邵女士到某商场购物,不料在上楼时,运行中的自动扶梯骤停并发生抖动,夫妻俩双双滚落造成骨折。据顾先生回忆,当他和妻子乘坐商场的自动扶梯从二楼前往三楼时,电梯先是突然停顿,再剧烈抖动,顾先生和妻子顿时从电梯上滚落。事发后,商场紧急将顾先生夫妇送往医院抢救。经检查,顾先生左侧2根肋骨骨折,头皮挫裂伤,而妻子的伤势则更为严重:不仅右桡骨粉碎性骨折,而且原本就有的胸腔积液越发严重。经鉴定,顾先生妻子的伤已构成十级伤残。2013 年 3 月,顾先生夫妇向法院提起诉讼,除商场先行垫付的费用外,索赔近 25 万元。

▲实例分析

顾先生夫妇因商场自动扶梯故障所受到的损害能否向商场主张损害赔偿?

▲法律规定

1.《中华人民共和国消费者权益保护法》

第七条规定:消费者在购买、使用商品和接受服务时享有人身、财产安全不受损害的权利。

消费者有权要求经营者提供的商品和服务,符合保障人身、财产安全的要求。

第十一条规定:消费者因购买、使用商品或者接受服务受到人身、财产损害的,享有依法获得赔偿的权利。

第十八条规定:经营者应当保证其提供的商品或者服务符合保障人身、财产安全的要求。对可能危及人身、财产安全的商品和服务,应当向消费者作出真实的说明和明确的警示,并说明和标明正确使用商品或者接受服务的方法以及防止危害发生的方法。

宾馆、商场、餐馆、银行、机场、车站、港口、影剧院等经营场所的经营者,应当对消费者尽到安全保障义务。

2.《中华人民共和国侵权责任法》

第二条规定:侵害民事权益,应当依照本法承担侵权责任。

本法所称民事权益,包括生命权、健康权、姓名权、名誉权、荣誉权、肖像权、隐私权、婚姻自主权、监护权、所有权、用益物权、担保物权、著作权、专利权、商标专用权、发现权、股权、继承权等人身、财产权益。

第三条规定:被侵权人有权请求侵权人承担侵权责任。

第十六条规定:侵害他人造成人身损害的,应当赔偿医疗费、护理费、交通费等为治疗和康复支出的合理费用,以及因误工减少的收入。造成残疾的,还应当赔偿残疾生活辅助具费和残疾赔偿金。造成死亡的,还应当赔偿丧葬费和死亡赔偿金。

▲法律讲解

法院经审理后认为，商场违反了《中华人民共和国侵权责任法》(以下简称《侵权责任法》)、《消费者权益保护法》等法律的规定，未尽到合理限度范围内的安全保障义务。顾先生夫妇在商场内乘坐自动扶梯时，扶梯发生故障，致两人受伤，理应由商场承担侵权赔偿责任。虽然商场辩称事发时顾先生未扶自动电梯的扶手，但现有证据并不能证明顾先生夫妇自身存在过失。据此，法院根据证据材料、鉴定结论、相关标准等酌情确定了赔偿金额。一审判决商场赔偿顾先生夫妇总计 10 万余元。

▲注意事项

在商场、银行、车站等公共场所，该公共场所的经营者对场所内的消费者承担有合理限度范围内的安全保障义务。经营者在合理限度内，确保消费者不遭受来自经营者自身或是来自第三人的侵犯。

四、产品召回的义务

我国《消费者权益保护法》第十九条规定:“经营者发现其提供的商品或者服务存在缺陷，有危及人身、财产安全危险的，应当立即向有关行政部门报告和告知消费者，并采取停止销售、警示、召回、无害化处理、销毁、停止生产或者服务等措施。采取召回措施的，经营者应当承担消费者因商品被召回支出的必要费用。”

商品和服务的缺陷指的是商品或服务中存在不合理的危险，这种危险是商品或服务所固有的，即便消费者正确使用商品或接受服务，也不能避免损害发生。此种状况下，经营者须采取停止销售、警示、召回、无害化处理、销毁、停止生产或者服务等措施。近些年来，一些品牌汽车因自身设计生产的问题，屡屡发生汽车召回事件。但需注意的是，商品的召回旨在排除商品本身存在的安全隐患，而不是商品的更换。安全隐患排除后，商品需要归还消费者。由此产生的费用均由经营者承担。

五、提供真实、全面信息的义务

根据我国《消费者权益保护法》第二十条的规定，经营者向消费者提供有关商品或者服务的质量、性能、用途、有效期限等信息，应当真实、全面，不得作虚假或者引人误解的宣传。经营者对消费者就其提供的商品或者服务的质量和使用方法等问题提出的询问，应当作出真实、明确的答复。经营者提供商品或者服务应当明码标价。

消费领域信息不对称是个固有问题，法律要求经营者提供真实、全面的信息。经营者对信息的提供，既可以是自身主动真实、全面地告知消费者有关商品或者服务的质量、性能、用途、有效期限等信息；也可以是被动真实、明确地回答消费者提出的有关商品或者服务的质量和使用方法等问题。

同时，价格是消费者决定是否购买商品或接受服务的一个重要考虑因素，因此经营者理应明码标价。

生活实例

2015 年 9 月，张某与锐达汽车销售公司（以下简称锐达公司）签订汽车销售合同并支付购车款 103 万元。随后，锐达公司将该车及《货物进口证明书》、随车检验单等一并交付给了张某。新车到手后，张某陆续缴纳购置税、车船税，以及办理交强险、商业险等，总共花费 10 万余元，但是在办理车辆注册登记时，却遇到了麻烦。原来，锐达公司提供的随车文件中，《货物进口证明书》上标注的货名、产地与《车辆一致性证书》上标注的不一致，车辆管理部门因采集不到车辆技术参数，无法为该车办理注册登记。“花了这么多钱买的车，又费了一番功夫缴税、办保险等，最后却不能上路！”得知无法办理车辆注册登记后，张某愤愤不平地找锐达公司理论，想要把车退了，遭到对方拒绝，遂诉至法院。

▲实例分析

销售商提供的《货物进口证明书》上标注的货名、产地与《车辆一致性证书》上标注的不一致，导致采集不到车辆技术参数，无法办理车辆注册登记，消费者能否要求解除合同,退车退款?

▲法律规定

1.《中华人民共和国消费者权益保护法》

第二十条的规定:经营者向消费者提供有关商品或者服务的质量、性能、用途、有效期限等信息,应当真实、全面,不得作虚假或者引人误解的宣传。

经营者对消费者就其提供的商品或者服务的质量和使用方法等问题提出的询问,应当作出真实、明确的答复。

经营者提供商品或者服务应当明码标价。

2.《中华人民共和国合同法》

第九十四条规定:有下列情形之一的,当事人可以解除合同:

(1)因不可抗力致使不能实现合同目的;

(2)在履行期限届满之前,当事人一方明确表示或者以自己的行为表明不履行主要债务;

(3)当事人一方迟延履行主要债务,经催告后在合理期限内仍未履行;

(4)当事人一方迟延履行债务或者有其他违约行为致使不能实现合同目的;

(5)法律规定的其他情形。

▲法律讲解

作为经营者的锐达公司依法应提供真实、全面的购车信息,应该确保其所提供的汽车文件手续没有问题,不存在瑕疵。但是实际情况是锐达公司提供的《货物进口证明书》上标注的货名、产地与《车辆一致性证书》上标注的不一致,导致无法采集车辆技术参数,无法办理车辆注册登记。锐达公司未能提供真实、全面的信息,构成违约,该违约行为使消费者张某购车目的落空,无法实现合同目的。法院最终判决解除双方签订的汽车销售合同,张某将车辆归还锐达公司,锐达公司返还张某购车款 103 万元及相应利息,并赔偿张某相关损失共计 10 万余元。

▲注意事项

消费者因经营者提供的不实、不全面信息导致消费目的无法实现的,有权主张交易合同的解除。

六、真实标示的义务

我国《消费者权益保护法》第二十一条规定："经营者应当标明其真实名称和标记。租赁他人柜台或者场地的经营者，应当标明其真实名称和标记。"

由于经营同一种商品或提供同类型服务的经营者很多，不准确标明经营者的名称，极易引起消费者的误解。在现实生活中，许多经营者通过各种方式"傍名牌"，以混淆视听，欺骗消费者。如仿冒"康师傅"的"庚帅傅""康帅博""廉师傅"；仿冒"脉动"的"脉劫""脉劲"；仿冒"营养快线"的"营养快线"；仿冒"耐克 NIKE"的"HIKE"；等等。这些仿冒他人商标的经营者采用诸如此类的混淆手段，故意误导消费者，不仅侵害了消费者的利益，而且损害了被仿冒商标持有人的利益。

为了保护消费者的利益，经营者应当标明其真实名称和标记。租赁他人柜台或者场地的经营者，应当标明其真实名称和标记。有的经营者租赁其他经营者的柜台或者场地进行经营，出租者可能是具有一定知名度的大企业，而承租者为了借用出租者的商业信誉等方面的优势，往往不标明自己的真实名称，使消费者误认为该经营者是知名度、信誉度较高的企业而与之进行交易，这事实上是一种误导，侵犯了消费者的知情权，必须予以禁止。

七、提供票证的义务

我国《消费者权益保护法》第二十二条规定："经营者提供商品或者服务，应当按照国家有关规定或者商业惯例向消费者出具发票等购货凭证或者服务单据；消费者索要发票等购货凭证或者服务单据的，经营者必须出具。"

发票等购货凭证、服务单据是消费者履行付款义务后由经营者出具的，是证明双方间存有某种合同关系的凭证。同时该类票证也是消费者向经营者主张权利的依据。当消费者购买的商品出现质量问题时，可以此为据向经营者要求修理、更换或者退货。

此外，发票还具有纳税凭证的特殊性，也就是若经营者不向消费者出具发票，还可能会使国家税源流失。

八、质量保证的义务

根据我国《消费者权益保护法》第二十三条的规定，经营者应当保证在正常使用商品或者接受服务的情况下其提供的商品或者服务应当具有的质量、性能、用途和有效期限；但消费者在购买该商品或者接受该服务前已经知道其存在瑕疵，且存在该瑕疵不违反法律强制性规定的除外。

经营者以广告、产品说明、实物样品或者其他方式表明商品或者服务的质量状况的，应当保证其提供的商品或者服务的实际质量与表明的质量状况相符。

经营者提供的机动车、计算机、电视机、电冰箱、空调器、洗衣机等耐用商品或者装饰装修等服务，消费者自接受商品或者服务之日起六个月内发现瑕疵，发生争议的，由经营者承担有关瑕疵的举证责任。

生活实例

2016 年的“双十一”，谢先生在天猫商城的某旗舰店购买了阿胶糕 20 盒，价格 1940 元。因食用后身体不舒服，经朋友告知，可能买到了假阿胶。2016 年 12 月 1 日，谢先生委托山东出入境检验检疫局检验检疫技术中心对所购阿胶糕进行鉴定。检测中心出具检测报告载明：样品名称胶城阿胶固元膏，1 盒/500g，样品状态固态，生产单位某公司，样品标志 20161003，检测项目为驴源性成分鉴定、牛源性成分鉴定，鉴定结果均为检出，检测方法均为 FA574。而某公司的所售商品配料表并没有标明牛源性成分。谢先生查阅了《中华人民共和国药典》，其中记载：阿胶为马科动物驴的干燥皮或鲜皮经煎煮、浓缩制成的固体胶。因此某公司所售阿胶糕里掺杂有牛的成分，属于掺杂掺假，谢先生要求某公司退货退款 1940 元并十倍赔偿 19400 元。

▲实例分析

阿胶糕查出牛源性成分，消费者讨十倍赔偿能获支持吗？

▲法律规定

1.《中华人民共和国消费者权益保护法》

第二十三条第二款规定：经营者以广告、产品说明、实物样品或者其他方式表明商品或者服务的质量状况的，应当保证其提供的商品或者服务的实际质量与表明的质量状况相符。

2.《中华人民共和国食品安全法》

第四条规定：食品生产经营者对其生产经营食品的安全负责。

食品生产经营者应当依照法律、法规和食品安全标准从事生产经营活动，保证食品安全，诚信自律，对社会和公众负责，接受社会监督，承担社会责任。

第一百四十八条规定：消费者因不符合食品安全标准的食品受到损害的，可以向经营者要求赔偿损失，也可以向生产者要求赔偿损失。接到消费者赔偿要求的生产经营者，应当实行首负责任制，先行赔付，不得推诿；属于生产者责任的，经营者赔偿后有权向生产者追偿；属于经营者责任的，生产者赔偿后有权向经营者追偿。

生产不符合食品安全标准的食品或者经营明知是不符合食品安全标准的食品，消费者除要求赔偿损失外，还可以向生产者或者经营者要求支付价款十倍或者损失三倍的赔偿金；增加赔偿的金额不足一千元的，为一千元。但是，食品的标签、说明书存在不影响食品安全且不会对消费者造成误导的瑕疵的除外。

▲法律讲解

法院审理后认为：涉案阿胶糕正面竖写“阿胶固元膏”，侧面是文字“阿胶·核桃仁·黑芝麻”及相应的图片，背面为文字“阿胶固元膏，配料黑芝麻、阿胶、冰糖、核桃仁、红枣、黄酒”。根据《中华人民共和国药典》，阿胶为马科动物驴的干燥皮或鲜皮经煎煮、浓缩制成的固体胶。根据《山东省食品药品监督管理局关于进一步加强阿胶糕类食品生产许可工作有关问题的通知》，阿胶糕类产品是指以阿胶、核桃仁、黑芝麻、红枣、枸杞或其他可用于食品的普通食品原料为原料，添加冰糖、黄酒等辅料，经原料熬制、冷却、切片、包装等加工工艺而制成的块状或者片状并在食品名称中提及阿胶的即食产品，如阿胶糕、阿胶固元膏、阿胶核桃膏等。生产阿胶所用原料必须为驴皮，严禁存有和使用其他动物皮。阿胶的成分应该仅为驴源性成分，不应包含牛源性成分。牛源性成分不是阿胶糕的必备原料和辅料。涉案阿胶糕的配料及企业标准中载明的原料为黑芝麻、阿胶、冰糖、核桃仁、红枣、黄酒，也不包含牛源性成分。现涉案阿胶糕被检测出牛源性成分，证明该阿胶糕掺入除阿胶、黑芝麻、冰糖、核桃仁、红枣、黄酒之外的其他物质，某公司不能对牛源性成分的存在予以合理说明。因此，法院最终认定某公司在阿胶糕中检测出牛源性成分存在掺杂掺假行为。

法院最终支持了谢先生退货退款、十倍赔偿的诉讼请求。

▲注意事项

经营者食品原料掺杂惨假，构成对质量保证义务的违反，理应承担十倍赔偿责任。

九、"三包义务"

根据我国《消费者权益保护法》第二十四条的规定，经营者提供的商品或者服务不符合质量要求的，消费者可以依照国家规定、当事人约定退货，或者要求经营者履行更换、修理等义务。没有国家规定和当事人约定的，消费者可以自收到商品之日起七日内退货；七日后符合法定解除合同条件的，消费者可以及时退货，不符合法定解除合同条件的，可以要求经营者履行更换、修理等义务。由此产生的运输等必要费用由经营者承担。经营者的这一义务被称为"三包义务"。

在我国，消费者购买商品或者服务后，在使用或享受的过程中，如果有任何质量问题，在一定的期限内均可要求经营者采取相应的补救性措施。经营者采取的这种补救性措施主要是包修、包换和包退，也即"三包"。进行退货、更换、修理的，经营者应当承担运输等必要费用。

十、依法使用格式条款的义务

我国《消费者权益保护法》第二十六条规定："经营者在经营活动中使用

格式条款的，应当以显著方式提请消费者注意商品或者服务的数量和质量、价款或者费用、履行期限和方式、安全注意事项和风险警示、售后服务、民事责任等与消费者有重大利害关系的内容，并按照消费者的要求予以说明。

经营者不得以格式条款、通知、声明、店堂告示等方式，作出排除或者限制消费者权利、减轻或者免除经营者责任、加重消费者责任等对消费者不公平、不合理的规定，不得利用格式条款并借助技术手段强制交易。

格式条款、通知、声明、店堂告示等含有前款所列内容的，其内容无效。”

十一、尊重消费者的义务

我国《消费者权益保护法》第二十七条规定：“经营者不得对消费者进行侮辱、诽谤，不得搜查消费者的身体及其携带的物品，不得侵犯消费者的人身自由。”

公民享有人格尊严不受侵犯的权利，这是《中华人民共和国宪法》（以下简称《宪法》）所赋予的基本权利。不允许经营者对消费者进行侮辱、谩骂，或者故意捏造并散布虚构的事实进行诽谤，公然贬低、损害消费者的人格，破坏消费者的名誉。

我国《宪法》第三十七条明确规定：“禁止非法搜查公民的身体。”在我国，只有公安机关和人民检察院在刑事侦查中才能对公民进行搜查，其他任何机关、单位和个人都无权对公民的人身和住宅进行搜查。

我国《宪法》第三十七条还规定：“中华人民共和国公民的人身自由不受侵犯。任何公民，非经人民检察院批准或者决定或者人民法院决定，并由公安机关执行，不受逮捕。禁止非法拘禁和以任何方法非法剥夺或者限制公民的人身自由……”人身自由是公民享有其他权利的基本前提，经营者不得以任何理由限制消费者的人身自由。

十二、保护消费者个人信息的义务

我国《消费者权益保护法》第二十九条规定：“经营者收集、使用消费者个人信息，应当遵循合法、正当、必要的原则，明示收集、使用信息的目的、方式和范围，并经消费者同意。经营者收集、使用消费者个人信息，应当公开其收集、使用规则，不得违反法律、法规的规定和双方的约定收集、使用信息。

经营者及其工作人员对收集的消费者个人信息必须严格保密，不得泄露、出售或者非法向他人提供。经营者应当采取技术措施和其他必要措施，确保信息安全，防止消费者个人信息泄露、丢失。在发生或者可能发生信息泄露、丢失的情况时，应当立即采取补救措施。

经营者未经消费者同意或者请求，或者消费者明确表示拒绝的，不得向其发送商业性信息。”

我国《民法总则》明确规定，个人信息受法律保护。经营者在提供商品或者服务时，可能需要向消费者收集有关信息的，要依法、正当。比如旅店需要入住的客人提供相关的个人信息，此时旅店经营者在收集消费者该类信息时只能是为了管理的需要，不能挪为他用。

经营者在向消费者收集个人信息时，应当明示收集、使用信息的目的、方式和范围，以确保消费者能够据此决定是否提供个人信息。消费者有选择是否提供相关信息的权利。经营者应当采取技术措施和其他必要措施，确保信息安全，防止消费者个人信息的泄露、丢失，禁止出售消费者个人信息。

经营者未经消费者同意或者请求，或者消费者明确表示拒绝的，不得向其发送商业性信息。经营者利用互联网等通信网络以电子邮件、快件和短信服务等方式传播广告或者商业信息，应当符合国家有关规定。

第四节　消费者权益保护

一、我国消费者权益保护机构

消费者权益保护状况直接关系到消费者的权益能否真正得到实现，在我国，保护消费者权益的国家机构包括立法机构、行政机构和司法机构。

（一）消费者权益保护的立法机构

1. 全国人民代表大会及其常务委员会

我国最重要的立法机构是全国人民代表大会及其常务委员会，所制定的法律的效力仅次于宪法，如《消费者权益保护法》，其他相关法律，如《中华人民共和国反不正当竞争法》《中华人民共和国食品安全法》《中华人民共和国广告法》等。

2.国务院

国务院制定的具有保护消费者权益功能的行政法规包括《中华人民共和国电信条例》《建设工程质量管理条例》《旅行社条例》《国内交通卫生检疫条例》《中华人民共和国价格管理条例》等。

3.国务院各部委

如原国家工商行政管理总局与原国家医药管理总局于1995年颁布了《医疗器械广告审查办法》，原国家工商行政管理总局于1996年制定了《欺诈消费者行为处罚办法》，国家发改委、原国家旅游局、原国家工商行政管理总局联合制定了《关于规范酒店客房市场价格的意见》等。

4.省级人民代表大会及其常务委员会

各省、市、直辖市人大及其常委会制定的相关地方性法律，如《江西省保护消费者合法权益条例》《浙江省保护消费者合法权益条例》《福建省实施〈中华人民共和国消费者权益保护法〉办法》等。

5.地方人民政府

如北京市政府于1996年制定了《北京市实施〈食盐加碘消除碘缺乏危害管理条例〉办法》、天津市政府于1994年发布了《关于加强市场管理稳定市场物价的通知》等。

（二）消费者权益保护的行政机构

消费者权益保护的行政机构有国家市场监督管理总局等。

（三）消费者权益保护的司法机构

从狭义上讲，司法机构是指各级人民法院和各级人民检察院，在广义上，也包括公安机关，它也行使着一定的司法权。

二、我国的消费者组织

我国《消费者权益保护法》第十二条规定："消费者享有依法成立维护自

身合法权益的社会组织的权利。”根据《消费者权益保护法》第三十六条、第三十七条、第三十八条的规定，消费者协会和其他消费者组织是依法成立的对商品和服务进行社会监督的保护消费者合法权益的社会组织。消费者协会履行下列公益性职责：

(1)向消费者提供消费信息和咨询服务，提高消费者维护自身合法权益的能力，引导文明、健康、节约资源和保护环境的消费方式；

(2)参与制定有关消费者权益的法律、法规、规章和强制性标准；

(3)参与有关行政部门对商品和服务的监督、检查；

(4)就有关消费者合法权益的问题，向有关部门反映、查询，提出建议；

(5)受理消费者的投诉，并对投诉事项进行调查、调解；

(6)投诉事项涉及商品和服务质量问题的，可以委托具备资格的鉴定人鉴定，鉴定人应当告知鉴定意见；

(7)就损害消费者合法权益的行为，支持受损害的消费者提起诉讼或者依照本法提起诉讼；

(8)对损害消费者合法权益的行为，通过大众传播媒介予以揭露、批评。

消费者协会应当认真履行保护消费者合法权益的职责，听取消费者的意见和建议，接受社会监督。依法成立的其他消费者组织依照法律、法规及其章程的规定，开展保护消费者合法权益的活动。消费者组织不得从事商品经营和营利性服务，不得以收取费用或者其他牟取利益的方式向消费者推荐商品和服务。与此同时，各级人民政府对消费者协会履行职责应当予以必要的经费等支持。

三、消费争议解决的原则

(一)国家支持原则

消费者具有分散性、弱势性等特点，消费者合法权益容易受到不法侵害。我国《消费者权益保护法》第五条规定：“国家保护消费者的合法权益不受侵害。国家采取措施，保障消费者依法行使权利，维护消费者的合法权益。国家倡导文明、健康、节约资源和保护环境的消费方式，反对浪费。”

(二)便利当事人原则

便利当事人原则是指在消费争议解决程序设置及纠纷解决活动中，应方便当事人行使权利，保障当事人的程序权利和实体权利。消费争议解决制度设计，应尽量从便利当事人出发，节约当事人成本，方便当事人及时、高效解决争议。

（三）社会保护原则

我国《消费者权益保护法》第六条规定："保护消费者合法权益是全社会的共同责任。国家鼓励、支持一切组织和个人对损害消费者合法权益的行为进行社会监督。大众传播媒介应当做好维护消费者合法权益的宣传，对损害消费者合法权益的行为进行舆论监督。"

社会保护原则的实质，就是动用社会力量对经营者及其他实际或可能侵害消费者的行为进行预防、控制、规范和监督，动员消费者协会、政府职能部门、新闻媒体等社会力量及时有效解决消费争议，维护消费者的合法权益。

四、消费者求偿对象的确定规则

（一）消费者求偿对象确定的一般规则

（1）消费者在购买、使用商品时，其合法权益受到损害的，可以向销售者要求赔偿。销售者赔偿后，属于生产者的责任或者属于向销售者提供商品的其他销售者的责任的，销售者有权向生产者或者其他销售者追偿。

（2）消费者或者其他受害人因商品缺陷造成人身、财产损害的，可以向销售者要求赔偿，也可以向生产者要求赔偿。属于生产者责任的，销售者赔偿后，有权向生产者追偿。属于销售者责任的，生产者赔偿后，有权向销售者追偿。

（3）消费者在接受服务时，其合法权益受到损害的，可以向服务者要求赔偿。

（二）消费者求偿对象确定的特殊规则

（1）消费者在购买、使用商品或者接受服务时，其合法权益受到损害，因原企业分立、合并的，可以向变更后承受其权利义务的企业要求赔偿。

（2）使用他人营业执照的违法经营者提供商品或者服务，损害消费者合法权益的，消费者可以向其要求赔偿，也可以向营业执照的持有人要求赔偿。

(3)消费者在展销会、租赁柜台购买商品或者接受服务,其合法权益受到损害的,可以向销售者或者服务者要求赔偿。展销会结束或者柜台租赁期满后,也可以向展销会的举办者、柜台的出租者要求赔偿。展销会的举办者、柜台的出租者赔偿后,有权向销售者或者服务者追偿。

(4)消费者通过网络交易平台购买商品或者接受服务,其合法权益受到损害的,可以向销售者或者服务者要求赔偿。网络交易平台提供者不能提供销售者或者服务者的真实名称、地址和有效联系方式的,消费者也可以向网络交易平台提供者要求赔偿;网络交易平台提供者做出更有利于消费者的承诺的,应当履行承诺。网络交易平台提供者赔偿后,有权向销售者或者服务者追偿。

网络交易平台提供者明知或者应知销售者或者服务者利用其平台侵害消费者合法权益,未采取必要措施的,依法与该销售者或者服务者承担连带责任。

(5)消费者因经营者利用虚假广告或者其他虚假宣传方式提供商品或者服务,其合法权益受到损害的,可以向经营者要求赔偿。广告经营者、发布者发布虚假广告的,消费者可以请求行政主管部门予以惩处。广告经营者、发布者不能提供经营者的真实名称、地址和有效联系方式的,应当承担赔偿责任。

广告经营者、发布者设计、制作、发布关系消费者生命健康商品或者服务的虚假广告,造成消费者损害的,应当与提供该商品或者服务的经营者承担连带责任。

社会团体或者其他组织、个人在关系消费者生命健康商品或者服务的虚假广告或者其他虚假宣传中向消费者推荐商品或者服务,造成消费者损害的,应当与提供该商品或者服务的经营者承担连带责任。

五、消费争议解决的主要途径

我国《消费者权益保护法》第三十九条规定:消费者和经营者发生消费者权益争议的,可以通过下列途径解决:

（一）与经营者协商和解

消费者购买商品后，发现商品的质量不合格，或者在接受服务时，对服务质量、态度不满意，可以直接与经营者进行交涉，说明情况，提供证据，表明态度，友好协商，提出合理要求，促使纠纷及时解决。建立在自愿、平等、合法基础上的协商和解对消费纠纷双方来说，是一种高效、便捷的争议解决途径，是消费纠纷解决最理想的方式。有效的和解协议受到法律的承认与保护。

（二）请求消费者协会或者依法成立的其他调解组织调解

消费者争议调解是应当事人请求而进行，在消费者协会或者依法成立的其他调解组织的主持下，由纠纷双方当事人就有关争议问题进行自愿协商，达成协议，从而解决纠纷的一种方式。

（三）向有关行政部门投诉

我国《消费者权益保护法》明确规定，消费者合法权益受到侵害后，根据商品和服务消费争议的性质，可以向工商、物价、技术监督、标准、计量、商标、卫生等相关行政主管部门投诉。相关行政主管部门可以在其职责范围内，依法做出处理，维护消费者的合法权益。行政机关对消费者的投诉，应本着保护消费者合法权益的宗旨，依法及时、高效处理有关消费者权益争议。

（四）根据与经营者达成的仲裁协议提请仲裁机构仲裁

《中华人民共和国仲裁法》（以下简称《仲裁法》）第二条规定，平等主体的公民、法人和其他组织之间发生的合同纠纷和其他财产权益纠纷，可以仲裁。可见，消费者可就因消费合同引发的纠纷和因涉及消费者民事权益引发的侵权纠纷提起仲裁。但是消费争议仲裁的一个前提条件是，双方在购买商品或服务的合同里约定了仲裁条款，或者事后双方达成书面仲裁协议。对于仲裁裁决，当事人应当履行。一方当事人不履行的，另一方当事人可以依照《民事诉讼法》的有关规定向人民法院申请执行。

（五）向人民法院提起诉讼

诉讼是消费者提请人民法院通过司法审判程序解决消费争议的司法救济途径，是维护消费者利益的最后保障。当权益受到严重侵害，甚至人身和重大财产受到侵害时，消费者可以向人民法院提起诉讼，请求法律保护。对于侵害众多消费者合法权益的行为，中国消费者协会及在省、自治区、直辖市设立的消费者协会，可以向人民法院提起诉讼。消费争议诉讼是消费者权益纠纷处理过程中一个重要环节，也是对消费者权益纠纷案件的最终处理。诉讼是人民法院代表国家行使审判权的体现，是最为权威的一种争议解决方式，其判决结果具有强制执行的效力。

第四章 机动车交通事故责任

第一节 机动车交通事故的认定

一、机动车交通事故的界定

交通事故包括道路交通事故、水路交通事故、航空事故、铁路事故。道路交通事故是指车辆在道路上因过错或者意外造成人身伤亡或者财产损失的事件。《中华人民共和国道路交通安全法》(以下简称《道路交通安全法》)第二条规定:"中华人民共和国境内的车辆驾驶人、行人、乘车人以及与道路交通活动有关的单位和个人,都应当遵守本法。"机动车交通事故是指机动车在道路上造成他人人身伤亡与财产损害的事件。

二、机动车交通事故的归责原则

根据《道路交通安全法》第七十六条的规定,机动车发生交通事故造成人身伤亡、财产损失的,由保险公司在机动车第三者责任强制保险责任限额范围内予以赔偿;不足的部分,按照下列规定承担赔偿责任:

(1)机动车之间发生交通事故的,由有过错的一方承担赔偿责任;双方都有过错的,按照各自过错的比例分担责任。

(2)机动车与非机动车驾驶人、行人之间发生交通事故,非机动车驾驶人、行人没有过错的，由机动车一方承担赔偿责任；有证据证明非机动车驾驶人、行人有过错的，根据过错程度适当减轻机动车一方的赔偿责任；机动车一方没有过错的，承担不超过百分之十的赔偿责任。

交通事故的损失是由非机动车驾驶人、行人故意碰撞机动车造成的，机动车一方不承担赔偿责任。

三、机动车交通事故责任的构成条件

（一）造成他人损害

“机动车造成他人损害”中的“他人”，可以是其他机动车上的人员、非机动车驾驶人、行人，也可以是本车上的人员。“损害”包括人身伤亡和财产损失。其中人身伤亡引发的损害既包括财产损害，也包括精神损害。

（二）机动车还处于运行中

机动车，是指以动力装置驱动或者牵引，上道路行驶的供人员乘用或者用于运送物品以及进行工程专项作业的轮式车辆。非机动车，是指以人力或者畜力驱动，上道路行驶的交通工具，以及虽有动力装置驱动但设计最高时速、空车质量、外形尺寸符合有关国家标准的残疾人机动轮椅车、电动自行车等交通工具。

机动车交通事故必须是机动车“在道路上”给他人造成了损害。道路，根据《道路交通安全法》的规定，是指公路、城市道路和虽在单位管辖范围但允许社会机动车通行的地方，包括广场、公共停车场等用于公众通行的场所。

（三）损害是由于机动车的运行所导致

受害人的损害必须是由于机动车的运行所导致。也就是，机动车运行所形成的危险现实化而造成了他人损害。至于损害是否因在机动车之间、机动车与非机动车或行人之间发生物理上的接触所致，在所不问。

（四）机动车之间发生交通事故时，行为人应具有过错

只有加害人对于损害发生具有过错时，才承担赔偿责任。司法实践中，法院是以公安机关道路交通管理部门的交通事故责任认定书作为确定发生交通事故的机动车双方有无过错及各自过错大小的主要依据。

第二节　机动车交通事故责任的责任主体

根据《道路交通安全法》第七十六条的规定，原则上机动车交通事故责任主体是机动车的所有人。我国实行机动车登记制度，机动车经公安机关交通管理部门登记后，方可上道路行驶。任何单位或个人在购买机动车后，都应当依据法律的规定办理机动车所有权注册登记或转移登记。因此，判断某人是否是机动车的所有人可以依据机动车在机动车管理机关的登记。

一、特殊情况下责任主体的认定

(一)转让机动车所有权而未办理所有权转移登记的

我国《侵权责任法》第五十条规定："当事人之间已经以买卖等方式转让并交付机动车但未办理所有权转移登记，发生交通事故后属于该机动车一方责任的，由保险公司在机动车强制保险责任限额范围内予以赔偿。不足部分，由受让人承担赔偿责任。"

《最高人民法院关于审理道路交通事故损害赔偿案件适用法律若干问题的解释》(以下简称《道路交通事故司法解释》)第四条规定："被多次转让但未办理转移登记的机动车发生交通事故造成损害，属于该机动车一方责任，当事人请求由最后一次转让并交付的受让人承担赔偿责任的，人民法院应予支持。"

(二)因租赁、借用等使得机动车所有人与使用人不是同一人的

我国《侵权责任法》第四十九条规定：因租赁、借用等情形机动车所有人与使用人不是同一人时，发生交通事故后属于该机动车一方责任的，由保险公司在机动车强制保险责任限额范围内予以赔偿。不足部分，由机动车使用人承担赔偿责任；机动车所有人对损害的发生有过错的，承担相应的赔偿责任。

《最高人民法院关于审理道路交通事故损害赔偿案件适用法律若干问题的解释》(以下简称《道路交通事故司法解释》)第一条规定:“机动车发生交通事故造成损害,机动车所有人或者管理人有下列情形之一,人民法院应当认定其对损害的发生有过错,并适用侵权责任法第四十九条的规定确定其相应的赔偿责任:

(1)知道或者应当知道机动车存在缺陷,且该缺陷是交通事故发生原因之一的;

(2)知道或者应当知道驾驶人无驾驶资格或者未取得相应驾驶资格的;

(3)知道或者应当知道驾驶人因饮酒、服用国家管制的精神药品或者麻醉药品,或者患有妨碍安全驾驶机动车的疾病等依法不能驾驶机动车的;

(4)其它应当认定机动车所有人或者管理人有过错的。”

由此可知,机动车所有人在出租、出借时,如果未尽到一定的注意义务,对所有的机动车造成的交通事故仍会因存有过错而需要承担赔偿责任。

生活实例

王先生将其从租赁公司租赁的车辆注册为从事营运的网约车。2019 年 3 月中旬,王先生在驾车营运过程中与李先生驾驶的车辆发生交通事故。经交通管理部门认定,王先生负全部责任。王先生的车辆在保险公司投保交强险和商业第三者责任险。后李先生将王先生及其车辆的保险公司起诉至法院,要求赔偿修车费 5000 元。

针对原告李先生的诉求,王先生辩称,他所驾车辆在保险公司投保了交强险和商业第三者责任险,应当由保险公司承担赔偿责任。被告保险公司辩称,王先生私自改变车辆性质将非营运性质的车辆用于从事营运活动,属于商业第三者责任险免赔事由,故不同意赔偿。

▲实例分析

将通过租赁方式取得使用权的汽车投入营运,由此造成的损失由何方承担?

▲法律规定

1.《中华人民共和国侵权责任法》

第四十九条规定：因租赁、借用等情形机动车所有人与使用人不是同一人时，发生交通事故后属于机动车一方责任的，由保险公司在机动车强制保险责任限额范围内予以赔偿。不足部分，由机动车使用人承担赔偿责任；机动车所有人对损害的发生有过错的，承担相应的赔偿责任。

▲法律讲解

本案中，王先生所驾驶车辆系从租赁公司租赁而来，王先生为承租人。王先生在车辆行驶中因自身的过错导致交通事故发生，给李先生造成了财产损害，依法应该由保险公司在机动车强制保险责任限额范围内予以赔偿。不足部分，由王先生承担赔偿责任；租赁公司对损害的发生有过错的，承担相应的赔偿责任。

但是鉴于王先生所驾的租赁车辆属于非营运性质，却被作为网约车用于营运，改变了车辆使用性质，导致被保险机动车危险程度显著增加而未通知保险公司，保险公司提交的保险条款及投保单足以证实该公司已尽到作为保险人的提示及明确说明的义务，故保险公司有权拒绝就商业第三者责任险范围内赔偿。对于李先生超出交强险的损失应由王先生赔偿。租赁公司没有过错，不需要承担赔偿责任。

最后，法院判决保险公司在交强险范围内赔偿李先生2000元，王先生赔偿李先生3000元。

▲注意事项

租赁、借用等情形下，发生的机动车交通事故，其责任扣除保险公司承担的机动车强制险责任限额部分，一般由机动车使用人承担。

（三）借用他人身份证购买机动车的

出借身份证之人仅仅是名义上的机动车所有人，无法对该机动车进行控制并享有利益，因此不应承担赔偿责任。基于公平原则，应由实际使用与控制机动车的人，即借用他人身份证的购车人承担侵权责任。

（四）机动车被盗抢的

我国《侵权责任法》第五十二条规定，盗窃、抢劫或者抢夺的机动车发生交通事故造成损害的，由盗窃人、抢劫人或者抢夺人承担赔偿责任。保险公司在机动车强制保险责任限额范围内垫付抢救费用的，有权向交通事故责任人追偿。

（五）转让拼装或已经达到报废标准的机动车时，转让人与受让人负连带责任

我国《道路交通安全法》第十六条规定，任何单位或者个人不得有下列行为：

(1)拼装机动车或者擅自改变机动车已登记的结构、构造或者特征；

(2)改变机动车型号、发动机号、车架号或者车辆识别代号；

(3)伪造、变造或者使用伪造、变造的机动车登记证书、号牌、行驶证、检验合格标志、保险标志；

(4)使用其他机动车的登记证书、号牌、行驶证、检验合格标志、保险标志。

《侵权责任法》第五十一条规定："以买卖等方式转让拼装或者已达到报废标准的机动车，发生交通事故造成损害的，由转让人和受让人承担连带责任。"

法律明确禁止任何单位或个人拼装机动车。禁止买卖达到报废标准的机动车。一旦发生交通事故，交易双方当事人需要承担连带责任。

（六）未经允许驾驶他人机动车造成损害的，驾驶人承担责任

《道路交通事故司法解释》第二条规定，未经允许驾驶他人机动车发生交通事故造成损害，当事人依照《侵权责任法》第四十九条的规定请求由机动车驾驶人承担赔偿责任的，人民法院应予支持。机动车所有人或者管理人有过错的，承担相应的赔偿责任，但机动车属于被盗窃、抢劫或者抢夺的除外。

（七）机动车挂靠的，挂靠人与被挂靠人承担连带责任

机动车挂靠，指的是为了满足法律或地方政府对车辆运输经营管理的需要，个人将自己出资购买的机动车挂靠于某个具有运输经营权的公司，向该公司缴纳或不缴纳一定的管理费用，由该公司为挂靠车主代办各种相应的法律手续。

《道路交通事故司法解释》第三条规定："以挂靠形式从事道路运输经营

活动的机动车发生交通事故造成损害，属于该机动车一方责任，当事人请求由挂靠人和被挂靠人承担连带责任的，人民法院应予支持。”

（八）套牌机动车的，应由套牌车的所有人或管理人承担责任

套牌机动车指的是悬挂与他人机动车牌照的号码相同的伪造号牌的机动车。套牌行为是严重的违法行为。《道路交通事故司法解释》第五条规定，套牌机动车发生交通事故造成损害，属于该机动车一方责任，当事人请求由套牌机动车的所有人或者管理人承担赔偿责任的，人民法院应予支持；被套牌机动车所有人或者管理人同意套牌的，应当与套牌机动车的所有人或者管理人承担连带责任。

（九）驾驶培训或试乘时发生交通事故的，由驾校或提供试乘服务者承担责任

《中华人民共和国道路交通安全法实施条例》第二十条规定：学习机动车驾驶，应当先学习道路交通安全法律、法规和相关知识，考试合格后，再学习机动车驾驶技能。在道路上学习驾驶，应当按照公安机关交通管理部门指定的路线、时间进行。在道路上学习机动车驾驶技能应当使用教练车，在教练员随车指导下进行，与教学无关的人员不得乘坐教练车。学员在学习驾驶中有道路交通安全违法行为或者造成交通事故的，由教练员承担责任。

《道路交通事故司法解释》第七条规定：“接受机动车驾驶培训的人员，在培训活动中驾驶机动车发生交通事故造成损害，属于该机动车一方责任，当事人请求驾驶培训单位承担赔偿责任的，人民法院应予支持。”

生活实例

2017年2月15日11时许，学员曾某某驾驶教练车沿成都市温江区锦绣大道行驶至温江区锦绣大道南段时，临时停车打开驾驶室门时未认真观察，与宋某某驾驶的直行至此的电动自行车相撞，致两车受损、宋某某受伤，此次事故经交警大队做出的道路交通事故认定书认定，吴某某（教练车教练）承担本次交通事故的全部责任，曾某某无责任，宋某某无责任。宋某某受伤后即被送往成都市第五人民医院住院治疗。肇事车辆系成都市金泰马

企业管理有限公司(以下简称金泰马公司)所有车辆,吴某某为金泰马公司员工。该教练车在中国人民财产保险股份有限公司成都市温江支公司处购买了机动车交通事故责任强制保险及商业第三者责任险(保险限额为100万元且不计免赔)。由于赔偿事宜协商无果,宋某某诉请法院请求赔偿。

▲实例分析

学员在驾驶培训期间发生机动车交通事故,给他人造成的损害应如何承担?

▲法律规定

1.《最高人民法院关于审理道路交通损害赔偿案件适用法律若干问题的解释》

第七条规定:接受机动车驾驶培训的人员,在培训活动中驾驶机动车发生交通事故造成损害,属于该机动车一方责任,当事人请求驾驶培训单位承担赔偿责任的,人民法院应予支持。

▲法律讲解

温江法院审理认为,成都市公安局温江区分局交通警察大队做出的道路交通事故认定书,其责任划分正确,应为合法有效。被告吴某某系被告金泰马公司助考员,事故发生时正在从事职务行为,故本次道路交通事故造成的相应损失由金泰马公司承担赔偿责任。

教练车是用于机动车驾驶人员的考试车辆,被告保险公司在该车辆投保时已审核车辆使用性质,且购买了机动车交通事故责任强制保险和商业第三者责任险,故对原告的损失由被告保险公司在机动车交通事故责任强制保险责任限额内优先对原告进行赔付,不足部分由被告金泰马公司承担全部赔偿责任,并由被告保险公司在商业第三者责任险范围内代被告金泰马公司赔付。

▲注意事项

学员在接受机动车驾驶培训时发生交通事故造成损害,属于该机动车一方责任,由驾驶培训单位承担赔偿责任。

试乘是机动车销售商为了推销产品而提供的一种服务，虽然免费，但根本目的是推销产品。因此不能因为无偿而减轻责任或限制责任的成立。《道路交通事故司法解释》第八条规定："机动车试乘过程中发生交通事故造成试乘人损害，当事人请求提供试乘服务者承担赔偿责任的，人民法院应予支持。试乘人有过错的，应当减轻提供试乘服务者的赔偿责任。"如果试乘人造成车外人员伤害或者其他机动车损害的，应由机动车一方承担责任。

二、机动车第三者责任强制保险

机动车第三者责任强制保险指的是以汽车所有人或使用人对汽车事故被侵权人应当承担的损害赔偿责任为标的的责任保险。我国《道路交通安全法》第十七条规定："国家实行机动车第三者责任强制保险制度，设立道路交通事故社会救助基金。具体办法由国务院规定。"机动车第三者责任强制保险是法律要求每位机动车所有人必须参加的保险。根据《道路交通事故司法解释》的规定，未依法投保交强险的机动车发生交通事故造成损害，当事人请求投保义务人在交强险责任限额范围内予以赔偿的，人民法院应予支持。投保义务人和侵权人不是同一人，当事人请求投保义务人和侵权人在交强险责任限额范围内承担连带责任的，人民法院应予支持。

当被保险人的机动车发生交通事故致人损害时，被保险人在机动车第三者责任强制险范围内免除赔偿责任。《道路交通事故司法解释》第十八条规定："有下列情形之一导致第三人人身损害，当事人请求保险公司在交强险责任限额范围内予以赔偿，人民法院应予支持：(1)驾驶人未取得驾驶资格或者未取得相应驾驶资格的；(2)醉酒、服用国家管制的精神药品或者麻醉药品后驾驶机动车发生交通事故的；(3)驾驶人故意制造交通事故的。保险公司在赔偿范围内向侵权人主张追偿权的，人民法院应予支持。追偿权的诉讼时效期间自保险公司实际赔偿之日起计算。"

生活实例

2018年12月2日下午，陈某某无证驾驶一辆轻型普通货车，在行驶途中因操作不当撞倒停靠在道路左侧的张某某及其骑乘的摩托车，造成张某某八级伤残，住院治疗45天。陈某某所驾驶的车辆在某保险公司投有交强险。经当地公安局交通警察大队认定，陈某某应承担事故的全部责任，张某某无责任。张某某为维护自身合法权益，依法将陈某某、保险公司诉至法院。

被告陈某某辩称，事故发生在保险期间，应由保险公司予以赔付。

被告保险公司辩称其非交通事故侵权人且车辆驾驶人陈某某未取得有效机动车驾驶证，故不承担赔偿责任及诉讼费用。

▲实例分析

无证驾驶机动车导致他人损害，保险公司是否需要承担保险责任？

▲法律规定

1.《最高人民法院关于审理道路交通损害赔偿案件适用法律若干问题的解释》

第十八条规定：有下列情形之一导致第三人人身损害，当事人请求保险公司在交强险责任限额范围内予以赔偿，人民法院应予支持：

(1)驾驶人未取得驾驶资格或者未取得相应驾驶资格的；

(2)醉酒、服用国家管制的精神药品或者麻醉药品后驾驶机动车发生交通事故的；

(3)驾驶人故意制造交通事故的。

保险公司在赔偿范围内向侵权人主张追偿权的，人民法院应予支持。追偿权的诉讼时效期间自保险公司实际赔偿之日起计算。

▲法律讲解

依照《道路交通事故司法解释》的规定，驾驶人未取得驾驶资格导致第三人人身损害，当事人请求保险公司在交强险责任限额范围内予以赔偿，人民法院应予支持。本案中被告陈某某的情形就属于此种情况。保险公司依照法律规定，应在交强险责任限额范围内对原告张某某的人身损害予以赔偿，不足部分由陈某某予以赔偿。

最终，法院判决被告保险公司在交强险限额内赔偿原告张某某118478元，因被告陈某某已经给付原告张某某53491.2元，故被告保险公司支付原告张某某赔偿金113683.5元，支付被告陈某某赔偿金4794.5元。

▲注意事项

即便机动车所有人或是使用人对交通事故发生承担全部责任，但是不能因此免除保险公司就交强险限额范围内的保险赔付义务。

我国《侵权责任法》第五十三条规定："机动车驾驶人发生交通事故后逃逸，该机动车参加强制保险的，由保险公司在机动车强制保险责任限额范围内予以赔偿；机动车不明或者该机动车未参加强制保险，需要支付被侵权人人身伤亡的抢救、丧葬等费用的，由道路交通事故社会救助基金垫付。道路交通事故社会救助基金垫付后，其管理机构有权向交通事故责任人追偿。"

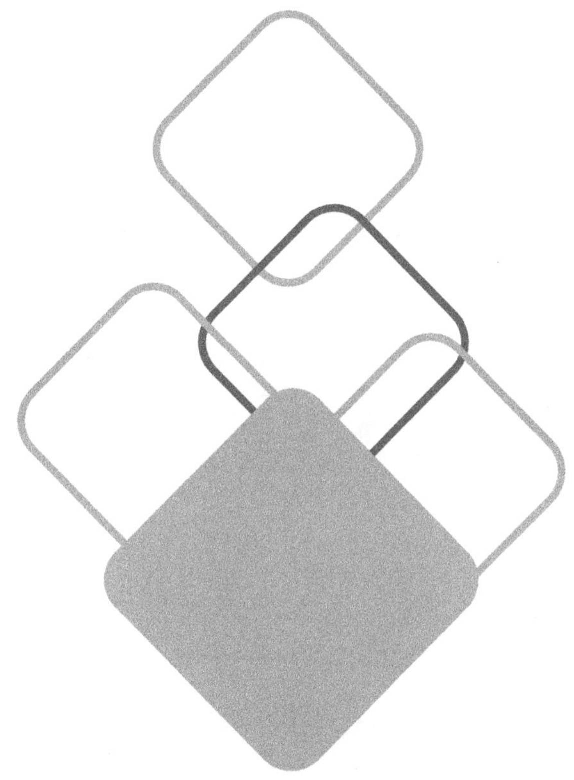

创业与就业篇

第一章　劳动合同法

第一节　劳动合同的订立

一、劳动合同法的适用范围

《中华人民共和国劳动合同法》(以下简称《劳动合同法》)第二条规定:“中华人民共和国境内的企业、个体经济组织、民办非企业单位等组织(以下称用人单位)与劳动者建立劳动关系,订立、履行、变更、解除或者终止劳动合同,适用本法。国家机关、事业单位、社会团体和与其建立劳动关系的劳动者,订立、履行、变更、解除或者终止劳动合同,依照本法执行。”第九十八条规定:“本法自 2008 年 1 月 1 日起施行。”据此,我国《劳动合同法》是从 2008 年 1 月 1 日起开始生效实施,在我国境内,具体适用范围为:

(一)直接适用《劳动合同法》的用人单位

直接适用《劳动合同法》的用人单位有我国境内的企业、个体经济组织、民办非企业单位等组织,包括依法成立的会计师事务所、律师事务所等合伙组织和基金会。

1.企业

企业是指从事产品生产、流通或服务性活动等实行独立经济核算的经济单位，包括各种所有制类型的企业，如工厂、农场、公司等。

2. 个体经济组织

个体经济组织是指个体工商户，也就是在法律允许的范围内，依法经核准登记，从事工商业经营的自然人。个体工商户可以起字号。

3. 民办非企业单位

根据我国《民办非企业单位登记管理暂行条例》第二条的规定，民办非企业单位是指企业事业单位、社会团体和其他社会力量以及公民个人利用非国有资产举办的，从事非营利性社会服务活动的社会组织。民办非企业单位具有民间性、社会性、公益性和非营利性的特点，主要分布在教育、科技、文化、卫生、体育、社会福利等领域，如民办学校、民办医院、民办图书馆、民办博物馆、民办科技馆等。

4. 其他组织

其他组织主要包括合伙组织和基金会。

（二）依照《劳动合同法》执行的国家机关、事业单位、社会团体

《关于贯彻执行〈中华人民共和国劳动法〉若干问题的意见》指出："中国境内的企业、个体经济组织在劳动法中被称为用人单位。国家机关、事业组织、社会团体和与之建立劳动合同关系的劳动者依照劳动法执行。根据劳动法的这一规定，国家机关、事业组织、社会团体应当视为用人单位。"同样地，《劳动合同法》第二条第二款中规定的与劳动者建立劳动关系的国家机关、事业单位、社会团体，也应当视为用人单位。

1. 国家机关

国家机关是指从事国家管理或者行使国家权力，以国家预算作为独立的活动经费的中央和地方各级国家机关，包括各级国家权力机关（人大机关）、行政机关、审判机关、检察机关、军事机关及政协等。国家机关录用公务员和聘任制公务员适用《中华人民共和国公务员法》（以下简称《公务员法》），不适用《劳动合同法》。但是国家机关招用工勤人员，应当与之建立劳动关系，签订劳动合同，适用《劳动合同法》。

2. 事业单位

事业单位是指为了社会公益目的，由国家机关举办或者其他组织利用

国有资产举办的，从事教育、科技、文化、卫生等活动的社会服务组织。国家通过编制管理实现对事业单位人员的配置和调控。

按照国家财政拨款的多少，可以将事业单位分为三种：全额拨款的事业单位、差额拨款的事业单位和自收自支的事业单位。事业单位是否适用《劳动合同法》，可以分为三种情况：

第一，具有管理公共事务职能的事业单位除招用工勤人员外，不适用《劳动合同法》。具有管理公共事务职能的事业单位由国家财政全额拨款。《公务员法》第一百一十二条规定："法律、法规授权的具有公共事务管理职能的事业单位中除工勤人员以外的工作人员，经批准参照本法进行管理。"

第二，实行企业化管理的事业单位适用《劳动合同法》。实行企业化管理的事业单位，国家不再核拨事业经费，自收自支，自负盈亏。实行企业化管理的事业单位被视为企业，该单位非工勤人员和工勤人员都适用《劳动合同法》。

第三，大多数事业单位，如医院、学校、科研机构等的情况比较复杂，要区分情况对待。有的劳动者如工勤人员，与单位签订的是劳动合同，应当适用《劳动合同法》。有的劳动者与单位签订的是聘用合同，就要遵循《劳动合同法》第九十六条的规定："事业单位与实行聘用制的工作人员订立、履行、变更、解除或者终止劳动合同，法律、行政法规或者国务院另有规定的，依照其规定；未作规定的，依照本法有关规定执行。"

3.社会团体

依据《社会团体登记管理条例》第二条的规定，社会团体是指中国公民自愿组成，为实现会员共同意愿，按照其章程开展活动的非营利性社会组织。社会团体大体可以分为以下三类：

第一类，党派团体，包括各民主党派（8个民主党派分别是中国国民党革命委员会、中国民主同盟、中国民主建国会、中国民主促进会、中国农工民主党、中国致公党、九三学社、台湾民主自治同盟），其工作人员是公务员，适用《公务员法》。但党派团体招用工勤人员，应当签订劳动合同，适用《劳动合同法》。

第二类，工会、共青团、妇联、工商联等人民团体和群众团体，文学艺术联合会、足球协会等文化艺术体育团体，法学会、医学会等学术研究团体，各种行业协会等社会经济团体。虽然《公务员法》没有对这些社会团体进行明确规定，但实践中对于列入国家编制序列的社会团体，其工作人员是参照《公务员法》进行管理的。但列入国家编制序列的社会团体招用工勤人员，应当签订劳动合同，适用《劳动合同法》。

第三类，除上述以外的多数社会团体。如果用人单位与劳动者订立的是劳动合同则应当适用《劳动合同法》。

（三）用人单位的分支机构

用人单位设立的分支机构，是指用人单位依其意志，在用人单位的内部设立的，并用以执行用人单位的部分业务的相对独立机构。分支机构不具有法人资格。《中华人民共和国劳动法》（以下简称《劳动法》）对用人单位分支机构未做明确的规定。而《中华人民共和国劳动合同法实施条例》（以下简称《劳动合同法实施条例》）第四条专门对用人单位的分支机构进行了规定："劳动合同法规定的用人单位设立的分支机构，依法取得营业执照或者登记证书的，可以作为用人单位与劳动者订立劳动合同；未依法取得营业执照或者登记证书的，受用人单位委托可以与劳动者订立劳动合同。"

（四）非法用工主体

我国《劳动合同法》第九十三条规定："对不具备合法经营资格的用人单位的违法犯罪行为，依法追究法律责任，劳动者已经付出劳动的，该单位或者其出资人应当依照本法有关规定向劳动者支付劳动报酬、经济补偿、赔偿金；给劳动者造成损害的，应当承担赔偿责任。"第九十四条规定："个人承包经营违反本法规定招用劳动者，给劳动者造成损害的，发包的组织与个人承包经营者承担连带赔偿责任。"该条所规定的发包的组织，是指属于《劳动合同法》第二条规定范围内的、实行承包经营责任制的企业等经济组织。

（五）劳动者

劳动者指的是达到法定的劳动年龄，依法享有劳动能力的自然人。通常情况下，法定劳动年龄为16周岁到60周岁。此外，最高人民法院《关于审理劳动争议案件适用法律若干问题的解释（三）》第七条规定："用人单位与其招用的已经依法享受养老保险待遇或领取退休金的人员发生用工争议，向人民法院提起诉讼的，人民法院应当按劳务关系处理。"第八条规定："企业停薪留职人员、未达到法定退休年龄的内退人员、下岗待岗人员以及企业经营性停产放长假人员，因与新的用人单位发生用工争议，依法向人民法院提起诉讼的，人民法院应当按劳动关系处理。”

最高人民法院《关于审理劳动争议案件适用法律若干问题的解释(四)》第十四条规定：“外国人、无国籍人未依法取得就业证件即与中国境内的用人单位签订劳动合同，以及香港特别行政区、澳门特别行政区和台湾地区居民未依法取得就业证件即与内地用人单位签订劳动合同，当事人请求确认与用人单位存在劳动关系的，人民法院不予支持。持有《外国专家证》并取得《外国专家来华工作许可证》的外国人，与中国境内的用人单位建立用工关系的，可以认定为劳动关系。”

在我国，不适用《劳动合同法》的自然人包括：公务员和比照实行公务员制度的事业组织及社会团体的工作人员，农村劳动者(乡镇企业职工和进城务工、经商的农民除外)、现役军人、家庭保姆、利用业余时间勤工助学的在校生。

生活实例

郭某系南京市某职业高级中学2008届毕业生。2007年10月郭某在实习期间，至江苏益丰大药房连锁有限公司(简称益丰公司)进行求职登记，经益丰公司人力资源部和总经理审核，同意试用。2007年10月30日双方签订劳动合同，自2007年10月30日起至2010年12月30日止。2008年7月，益丰公司以对双方是否存在劳动关系持有异议为由，申请劳动仲裁申请，请求确认双方之间的劳动关系不成立。劳动仲裁委以郭某系在校学生，不符合就业条件，不具有建立劳动关系的主体资格，双方之间的争议不属于劳动争议处理范围为由，决定终结了仲裁活动。郭某对此不服，诉至法院。

▲实例分析

即将毕业的大专院校在校学生以就业为目的与用人单位签订的劳动合同是否受到法律的保护？

▲法律规定

1. 劳动部《关于贯彻执行〈中华人民共和国劳动法〉若干问题的意见》

第四条规定：公务员和比照实行公务员制度的事业组织和社会团体的工作人员，以及农村劳动者（乡镇企业职工和进城务工、经商的农民除外）、现役军人和家庭保姆等不适用劳动法。

第十二条规定：在校生利用业余时间勤工助学，不视为就业，未建立劳动关系，可以不签订劳动合同。

▲法律讲解

原告与被告益丰公司签订劳动合同时已年满 19 周岁，符合《劳动法》规定的就业年龄，具备与用工单位建立劳动关系的行为能力和责任能力。原告郭某于被告益丰公司处劳动的行为不属于上述《意见》第十二条规定的情形。该条规定针对的是学生仍以在校学习为主，不以就业为目的，利用业余时间在单位进行社会实践打工补贴学费、生活费的情形。勤工助学和实习时，学生与单位未建立劳动关系，可以不签订劳动合同，不需要明确岗位、报酬、福利待遇等。本案中，郭某的情形显然不属于勤工助学或实习。郭某在登记求职时已完成了全部学习任务，明确向益丰公司表达了求职就业愿望，双方签订了劳动合同。郭某在与益丰公司签订劳动合同后，亦按照规定内容为益丰公司付出劳动，益丰公司向郭某支付劳动报酬，并对其进行管理，这完全符合劳动关系的本质特征。

原告郭某签约时虽不具备被告益丰公司要求的录用条件，但郭某在填写益丰公司求职人员登记表时，明确告知了益丰公司其系 2008 届毕业生，2007 年是学校规定的实习年，自己可以正常上班，但尚未毕业。益丰公司对此情形完全知晓，双方在此基础上就应聘、录用达成一致意见，签订劳动合同。因此，劳动合同的签订是双方真实意思的表示，不存在欺诈、隐瞒事实或胁迫等情形，并没有违反法律、行政法规的规定。且郭某已于 2008 年 7 月取得毕业证书。

综上，郭某与益丰公司间的劳动合同有效。

▲注意事项

一般情况下，在校大学生勤工助学、实习都不会与单位产生劳动合同关系，只属于雇佣关系或者帮工关系，但是如果是以就业为目的签订的劳动合同，则是受到法律保护的，可被认定为有效。

二、劳动合同的分类

以合同期限为标准，劳动合同可分为三类：固定期限劳动合同、无固定期限劳动合同和以完成一定工作任务为期限的劳动合同。

（一）固定期限劳动合同

固定期限劳动合同，又称定期劳动合同，是指用人单位与劳动者约定合同终止时间的劳动合同。用人单位与劳动者协商一致，可以订立固定期限劳动合同。固定期限劳动合同终止时，是否续订在很大程度上取决于用人单位。

（二）无固定期限劳动合同

无固定期限劳动合同，又称不定期劳动合同，是指用人单位与劳动者约定无确定终止时间的劳动合同。用人单位与劳动者协商一致，可以订立无固定期限劳动合同。从就业保障的角度，无固定期限劳动合同对劳动者更有利，尤其可防止用人单位在使用完劳动者“黄金年龄段”后不再使用劳动者。我国《劳动合同法》第十四条规定，无固定期限劳动合同，是指用人单位与劳动者约定无确定终止时间的劳动合同。用人单位与劳动者协商一致，可以订立无固定期限劳动合同。有下列情形之一，劳动者提出或者同意续订、订立劳动合同的，除劳动者提出订立固定期限劳动合同外，应当订立无固定期限劳动合同：

（1）劳动者在该用人单位连续工作满十年的；

（2）用人单位初次实行劳动合同制度或者国有企业改制重新订立劳动合同时，劳动者在该用人单位连续工作满十年且距法定退休年龄不足十年的；

（3）连续订立二次固定期限劳动合同，且劳动者没有本法第三十九条和第四十条第一项、第二项规定的情形，续订劳动合同的。

用人单位自用工之日起满一年不与劳动者订立书面劳动合同的，视为用人单位与劳动者已订立无固定期限劳动合同。

（三）以完成一定工作任务为期限的劳动合同

以完成一定工作任务为期限的劳动合同，是指用人单位与劳动者约定以某项工作的完成为合同期限的劳动合同。用人单位与劳动者协商一致可以订立以完成一定工作任务为期限的劳动合同。此类合同实际上也是一种定期的劳动合同。

三、劳动合同的订立

(一)劳动合同的形式

我国《劳动合同法》第三条规定:“订立劳动合同应当遵循合法、公平、平等自愿、协商一致、诚实信用的原则。”

我国《劳动合同法》第十六条规定:“劳动合同由用人单位与劳动者协商一致,并经用人单位与劳动者在劳动合同文本上签字或者盖章生效。劳动合同文本由用人单位和劳动者各执一份。”

我国《劳动合同法》第十条规定:“建立劳动关系,应当订立书面劳动合同。已建立劳动关系,未同时订立书面劳动合同的,应当自用工之日起一个月内订立书面劳动合同。用人单位与劳动者在用工前订立劳动合同的,劳动关系自用工之日起建立。”

(二)未订立书面劳动合同的法律后果

我国《劳动合同法》第八十二条规定:“用人单位自用工之日起超过一个月不满一年未与劳动者订立书面劳动合同的,应当向劳动者每月支付二倍的工资。用人单位违反本法规定不与劳动者订立无固定期限劳动合同的,自应当订立无固定期限劳动合同之日起向劳动者每月支付二倍的工资。”

我国《劳动合同法实施条例》第五条规定:“自用工之日起一个月内,经用人单位书面通知后,劳动者不与用人单位订立书面劳动合同的,用人单位应当书面通知劳动者终止劳动关系,无需向劳动者支付经济补偿,但是应当依法向劳动者支付其实际工作时间的劳动报酬。”

第六条规定:“用人单位自用工之日起超过一个月不满一年未与劳动者订立书面劳动合同的,应当依照劳动合同法第八十二条的规定向劳动者每月支付两倍的工资,并与劳动者补订书面劳动合同;劳动者不与用人单位订立书面劳动合同的,用人单位应当书面通知劳动者终止劳动关系,并依照劳动合同法第四十七条的规定支付经济补偿。前款规定的用人单位向劳动者每月支付两倍工资的起算时间为用工之日起满一个月的次日，截止时间为补订书面劳动合同的前一日。”

第七条规定：“用人单位自用工之日起满一年未与劳动者订立书面劳动合同的，自用工之日起满一个月的次日至满一年的前一日应当依照劳动合同法第八十二条的规定向劳动者每月支付两倍的工资，并视为自用工之日起满一年的当日已经与劳动者订立无固定期限劳动合同，应当立即与劳动者补订书面劳动合同。”

综上可知，不订立书面形式劳动合同的法律后果见表1。

表1 不订立书面形式劳动合同的法律后果一览表

时间段	用人单位未与劳动者订立书面劳动合同的法律后果	劳动者不与用人单位订立书面劳动合同的法律后果
自用工之日起1个月内	法律没有明确规定。因为这1个月是宽限期，用人单位在此期间未与劳动者订立书面劳动合同并不违法。	用人单位应当书面通知劳动者终止劳动关系，不需要向劳动者支付经济补偿，但应当依法向劳动者支付其实际工作时间的劳动报酬。
自用工之日起超过1个月，不满1年	用人单位应当向劳动者每月支付2倍的工资，起算时间为用工之日起满1个月的次日，截止时间为补订书面劳动合同的前一日，并与劳动者补订书面劳动合同。	用人单位应当书面通知劳动者终止劳动关系，并依照《劳动合同法》第四十七条的规定支付经济补偿。
自用工之日起满1年	用人单位自用工之日起满1个月的次日至满1年的前一日应当向劳动者每月支付两倍的工资，并视为自用工之日起满1年的当日已经与劳动者订立无固定期限劳动合同，应当立即与劳动者补订书面劳动合同。	法律没有明文规定

生活实例

被告单晶晶于2011年6月30日入职原告泛太物流公司，担任人力行政部员工，其月工资标准为税前4000元，税后实发金额3652.94元，泛太物流公司支付单晶晶工资至2011年7月31日。被告单晶晶主张原告泛太物流公司未与其签订书面劳动合同，泛太物流公司提出单晶晶入职后该公司与其签订了3年期的劳动合同，因单晶晶负责保管员工档案，其离职时擅自将劳动合同等材料带走。对此泛太物流公司提供了单晶晶的《工作职责》为证，上述材料载明："2011年7月7日经理分配给我的工作如下：员工投诉；……；员工档案管理：档案转我处后，审表格、审手续；……"上述内容下方有单晶晶签字，并写明2011年7月7日，单晶晶否认自己负责员工档案管理，亦否认《工作职责》中的签字系自己书写，经法院释明，单晶晶不申请对上述签名是否为自己书写进行司法鉴定。另查，案件审理中，单晶晶提交了《员工录用审批表》及《公司物品申请表》的原件，其中《员工录用审批表》载明："姓名单晶晶、性别女、部门人力行政部、工作地点北京……聘用期限自2011年7月1日起至2014年7月1日止共叁年，试用期自2011年7月1日起至2011年9月30日止，共叁月；试用期待遇：基本工资1500元、岗位工资1500元、各项补贴500元、加班工资500元，合计4000元。转正后待遇：……，合计5000元。"审批表下方"人力资源部意见"以及"总经理批示"栏分别有相关负责人及法定代表人苏树平的签字。其中《公司物品申请表》载明单晶晶2011年7月开始社保增加，邮箱地址亦已载明，并由总部行政负责人、办事处人事负责人以及信息部门经办人签字确认，其中信息一栏注明"域账号、邮箱登录后请修改密码"。泛太物流公司提出上述审批表及申请表与劳动合同同时存放于单晶晶的员工档案中，上述材料原件在单晶晶手中的事实本身即说明了单晶晶负责保管档案并带走劳动合同的事实。单晶晶提出上述两份材料系泛太物流公司的杨富清为让自己了解工作职能而交给自己的，事后未要回，故原件由自己保管。

被告单晶晶与原告泛太物流公司均认可双方已经解除劳动关系，但就最后工作时间、解除劳动关系时间及经过存在争议。单晶晶提出其最后工作至2011年8月30日，当日泛太物流公司无故口头告知与其解除劳动关系，对此单晶晶未提供证据佐证。泛太物流公司主张单晶晶最后工作至2011年7月29日，并于2011年8月17日向该公司负责人发送邮件申请辞职，故双方劳动关系于2011年8月17日因单晶晶辞职而解除。泛太物流公司对上述主张提供2011年6月、7月的考勤汇总表及该公司相关负责人于

2011年8月17日收取的单晶晶通过电子邮箱发送的邮件为证。上述考勤汇总表无单晶晶签字确认，且未显示2011年7月底以后的出勤情况；上述邮件内容为："各位泛太公司领导：我于2011年6月30日入职泛太公司。约定试用期三个月。现因我个人不认同公司的企业文化，特向各位提出辞职。单晶晶2011年8月17日。"单晶晶否认考勤汇总表的真实性，认可发送上述电子邮件的电子邮箱系自己入职时注册的邮箱，但否认该邮件系由其本人发送的，并提出泛太物流公司的网管人员掌握自己的邮箱地址及密码，上述邮件内容完全有可能系泛太物流公司自己发送的。

另查，被告单晶晶的档案现仍存放于原告泛太物流公司集体存档户内。

再查，被告单晶晶曾以要求确认与原告泛太物流公司于2011年6月30日至2011年8月30日期间存在劳动关系，并要求该公司支付解除劳动关系经济补偿金、2011年7月30日至2011年8月30日期间未签订劳动合同的二倍工资差额、2011年8月1日至2011年8月30日工资、延迟转移档案损失，以及要求泛太物流公司办理档案转移手续等为由，向北京市海淀区劳动争议仲裁委员会提出申诉，仲裁委员会做出裁决如下：(1)确认2011年6月30日至2011年8月30日期间单晶晶与泛太物流公司存在事实劳动关系；(2)自本裁决书生效之日起七日内，泛太物流公司向单晶晶一次性支付解除劳动关系经济补偿金2000元；(3)自本裁决书生效之日起七日内，泛太物流公司向单晶晶一次性支付2011年7月30日至2011年8月30日期间未签订劳动合同二倍工资差额3652.94元；(4)自本裁决书生效之日起七日内，泛太物流公司向单晶晶一次性支付2011年8月1日至2011年8月30日拖欠工资税前4000元；(5)自本裁决书生效之日起七日内，泛太物流公司为单晶晶办理档案转移手续；(6)驳回单晶晶的其他申请请求。泛太物流公司不服上述裁决第一至五项内容，于法定期限内提起诉讼；单晶晶同意仲裁结果。

▲实例分析

被告单晶晶的离职时间及录用审批表能否作为劳动合同？

▲法律规定

1.《中华人民共和国劳动合同法》

第三十条第一款规定：用人单位应当按照劳动合同约定和国家规定，向劳动者及时足额支付劳动报酬。

第五十条第一款规定：用人单位应当在解除或者终止劳动合同时出具解除或者终止劳动合同的证明，并在十五日内为劳动者办理档案和社会保险关系转移手续。

第八十二条规定：用人单位自用工之日起超过一个月不满一年未与劳动者订立书面劳动合同的，应当向劳动者每月支付二倍的工资。

用人单位违反本法规定不与劳动者订立无固定期限劳动合同的，自应当订立无固定期限劳动合同之日起向劳动者每月支付二倍的工资。

《中华人民共和国劳动法》

第十六条规定：劳动合同是劳动者与用人单位确立劳动关系、明确双方权利和义务的协议。

建立劳动关系应当订立劳动合同。

▲法律讲解

被告单晶晶于 2011 年 6 月 30 日入职原告泛太物流公司，双方建立劳动关系。

(1)关于被告单晶晶最后工作时间及双方解除劳动关系的时间及原因。

法院认为，原告泛太物流公司提出单晶晶于 2011 年 8 月 17 日通过电子邮件提出辞职，单晶晶虽否认上述邮件系其本人发送，但其认可发送该邮件的电子邮箱系其本人申请注册的，其虽提出泛太物流公司掌握该邮箱地址及密码，但未提供证据佐证其上述主张；同时，单晶晶作为具备完全行为能力的自然人应当对其个人邮箱密码负有安全保密义务，依据常理该密码不应由第三人知悉，且单晶晶持有的《公司物品申请表》中亦已注明要求其登陆修改初始密码，故法院确认该邮件的证明力，进而采纳泛太物流公司的主张即双方劳动合同于 2011 年 8 月 17 日因单晶晶提出辞职而解除。

鉴于此，法院认定单晶晶与泛太物流公司之间于 2011 年 6 月 30 日至 2011 年 8 月 17 日期间存在劳动关系，据此，泛太物流公司应向单晶晶支付 2011 年 8 月 1 日至 2011 年 8 月 17 日期间的税前工资 2390.8 元(计算方式：4000÷21.75×13)，无须继续支付 2011 年 8 月 18 日至 2011 年 8 月 30 日的工资。该公司无须向其支付解除劳动关系的经济补偿金 2000 元。

(2)关于未签订劳动合同的二倍工资差额。

原告泛太物流公司提出曾与被告单晶晶订立书面劳动合同,单晶晶负责保管员工档案并借此将所签订的劳动合同取走。对此法院认为,依据泛太物流公司提供的《工作职责》的内容,单晶晶负责公司员工的档案管理工作,其虽否认负责上述工作,且否认《工作职责》中自己签字的真实性,但经法院释明,其未申请对上述签字的真伪进行鉴定,应当承担上述事实不能查明的不利法律后果,即法院对《工作职责》的证明力予以确认,采信泛太物流公司关于单晶晶负责员工档案管理的主张,但仅凭借单晶晶负责保管档案以及其持有部分泛太物流公司文件的事实并不足以证实泛太物流公司曾与单晶晶签订有书面劳动合同书。反而,单晶晶持有的《员工录用审批表》中明确约定了其工作部门、工作地点、聘用期限、试用期、工资待遇等,并附有泛太物流公司法定代表人苏树平的签字,上述审批表内容已经具备劳动合同的要件,特别是上述《员工录用审批表》现由单晶晶持有并由其作为证据提供,即其认可上述审批表的内容,因此法院认为该审批表具有劳动合同的性质。

由此单晶晶要求泛太物流公司支付2011年7月30日至2011年8月30日期间未签订劳动合同的二倍工资差额,其中2011年7月30日至2011年8月17日期间系包含在上述审批表所载明的合同期限内,其中2011年8月17日后双方已经解除劳动合同关系,因此泛太物流公司无须支付上述期间二倍工资差额。

鉴于双方劳动关系已经解除,而被告单晶晶档案现仍存放于原告泛太物流公司集体存档户内,依据相关法律规定,泛太物流公司有义务为单晶晶办理档案转移手续,其要求由单晶晶自行办理档案转移手续没有法律依据,法院不予支持。

综上,海淀区人民法院做出如下判决:

第一,确认被告单晶晶与原告泛太物流公司于2011年6月30日至2011年8月17日期间存在劳动关系;

第二,原告泛太物流公司于本判决生效后七日内给付被告单晶晶2011年8月1日至2011年8月17日期间工资2390.80元;

第三,原告泛太物流公司于本判决生效后七日内为被告单晶晶办理档案转移手续；

第四，原告泛太物流公司无须向被告单晶晶支付解除劳动关系经济补偿金2000元；

第五，原告泛太物流公司无须向被告单晶晶支付2011年7月30日至2011年8月30日未签订劳动合同二倍工资差额3652.94元。

▲注意事项

劳动合同的书面形式，不是只有劳动合同书一种形式，其他相关的材料也可以证明劳动合同关系的存在，比如《员工录用审批表》等。

三、劳动合同的内容

（一）劳动合同的必备条款

我国《劳动合同法》第十七条规定："劳动合同应当具备以下条款：(1)用人单位的名称、住所和法定代表人或者主要负责人；(2)劳动者的姓名、住址和居民身份证或者其他有效身份证件号码；(3)劳动合同期限；(4)工作内容和工作地点；(5)工作时间和休息休假；(6)劳动报酬；(7)社会保险；(8)劳动保护、劳动条件和职业危害防护；(9)法律、法规规定应当纳入劳动合同的其他事项。劳动合同除前款规定的必备条款外，用人单位与劳动者可以约定试用期、培训、保守秘密、补充保险和福利待遇等其他事项。"

由此可知，劳动合同分为必备条款与约定条款。其中必备条款中的"工作内容"包括劳动者从事劳动的工种、岗位和劳动定额、产品质量的要求等。"劳动条件"是指用人单位为劳动者提供的正常工作所必需的条件，包括劳动工具、劳动场所等。"法律、法规规定应当纳入劳动合同的其他事项"，如《中华人民共和国职业病防治法》(以下简称《职业病防治法》)第三十三条规定："用人单位与劳动者订立劳动合同(含聘用合同，下同)时，应当将工作过程中可能产生的职业病危害及其后果、职业病防护措施和待遇等如实告知劳动者，并在劳动合同中写明，不得隐瞒或者欺骗。"《中华人民共和国安全生产法》第四十九条规定："生产经营单位与从业人员订立的劳动合同，应当载明有关保障从业人员劳动安全、防止职业危害的事项，以及依法为从业人员办理工伤保险的事项。”

我国《劳动合同法》第八十一条规定：“用人单位提供的劳动合同文本未载明本法规定的劳动合同必备条款或者用人单位未将劳动合同文本交付劳动者的，由劳动行政部门责令改正；给劳动者造成损害的，应当承担赔偿责任。”需要注意的是，劳动合同中缺少必备条款中的一些条款并不必然导致劳动合同的无效。

我国《劳动合同法》第十八条规定：“劳动合同对劳动报酬和劳动条件等标准约定不明确，引发争议的，用人单位与劳动者可以重新协商；协商不成的，适用集体合同规定；没有集体合同或者集体合同未规定劳动报酬的，实行同工同酬；没有集体合同或者集体合同未规定劳动条件等标准的，适用国家有关规定。”

（二）劳动合同的约定条款

劳动合同的约定条款，为防止用人单位滥用约定条款，我国《劳动合同法实施条例》第十三条规定：“用人单位与劳动者不得在劳动合同法第四十四条规定的劳动合同终止情形之外约定其他的劳动合同终止条件。”实际生活中，常见的约定条款大致如下：

1.试用期

我国《劳动合同法》第十九条规定：“劳动合同期限三个月以上不满一年的，试用期不得超过一个月；劳动合同期限一年以上不满三年的，试用期不得超过二个月；三年以上固定期限和无固定期限的劳动合同，试用期不得超过六个月。同一用人单位与同一劳动者只能约定一次试用期。以完成一定工作任务为期限的劳动合同或者劳动合同期限不满三个月的，不得约定试用期。试用期包含在劳动合同期限内。劳动合同仅约定试用期的，试用期不成立，该期限为劳动合同期限。”

同时，我国《劳动合同法》第二十条规定：“劳动者在试用期的工资不得低于本单位相同岗位最低档工资或者劳动合同约定工资的百分之八十，并不得低于用人单位所在地的最低工资标准。”

第八十三条规定：“用人单位违反本法规定与劳动者约定试用期的，由劳动行政部门责令改正；违法约定的试用期已经履行的，由用人单位以劳动者试用期满月工资为标准，按已经履行的超过法定试用期的期间向劳动者支付赔偿金。”

2. 培训和服务期

培训条款是指用人单位与劳动者在劳动合同中约定由用人单位为劳动者提供专项培训费用，对其进行专业技术培训的条款。专项培训一般并非用人单位的法定义务，因此一般要同时约定劳动者的服务期。

服务期是指用人单位和劳动者在劳动合同签订之时或劳动合同履行的过程之中，用人单位出资招用、培训或者提供特殊待遇后，经双方协商一致确定的一个服务期限。服务期的本质与劳动合同期限并无太大区别，但由于用人单位提供的专项培训并非法定义务，双方为此约定服务期纯属其意思自治范围，应予许可。只有在用人单位为员工提供了特殊待遇或出资招用、培训的情况下，才有权设定服务期，进而约定违约金。从服务期的目的来分析，它更多的是为了保护用人单位的合法权益。

生活实例

袁军生经过恒利发公司组织培训 10 天，顺利通过考试，于 2008 年 6 月 15 日应聘进入恒利发公司。入职前，袁军生根据恒利发公司的要求递交一份申请书，其中载明：“本人于 2008 年 6 月 15 日到厦门市恒利发集装箱储运有限公司应聘考试。因本人以前没有开过集装箱牵引车，不会倒车，特申请恒利发集装箱储运有限公司给我一个实习的机会。本人学会后与公司签订劳动合同，若本人没有与公司签订合同或者在合同期满前离职或辞职的，本人自愿赔偿公司自己在实习期间的车辆油料及车辆损耗费计人民币叁仟圆整(3000 元)。”2008 年 6 月 19 日，袁军生与恒利发公司签订劳动合同，其中约定：劳动合同期限自 2008 年 6 月 19 日起，至 2010 年 6 月 18 日止，袁军生从事驾驶员岗位。袁军生于 2008 年 9 月 29 日向恒利发公司提出离职申请，2008 年 10 月 29 日劳动合同期限未届满即辞职离开恒利发公司。2009 年 7 月 7 日，恒利发公司向厦门市海沧区劳动争议仲裁委员会提起仲裁，请求裁决由袁军生赔偿恒利发公司培训费用及车辆损耗费 3000 元。厦门市海沧区劳动争议仲裁委员会于 2009 年 8 月 6 日裁决，袁军生应支付恒利发公司服务期尚未履行部分所应分摊的培训费用2375元。袁军生不服该仲裁裁决，遂向法院提起诉讼。

▲**实例分析**

如何区别单位所提供的培训是职业培训还是专项技术培训？

▲**法律规定**

1.《中华人民共和国劳动法》

第六十八条规定：用人单位应当建立职业培训制度，按照国家规定提取和使用职业培训经费，根据本单位实际，有计划地对劳动者进行职业培训。

从事技术工种的劳动者，上岗前必须经过培训。

2.《中华人民共和国劳动合同法》

第二十二条规定：用人单位为劳动者提供专项培训费用，对其进行专业技术培训的，可以与该劳动者订立协议，约定服务期。

劳动者违反服务期约定的，应当按照约定向用人单位支付违约金。违约金的数额不得超过用人单位提供的培训费用。用人单位要求劳动者支付的违约金不得超过服务期尚未履行部分所应分摊的培训费用。

用人单位与劳动者约定服务期的，不影响按照正常的工资调整机制提高劳动者在服务期期间的劳动报酬。

第二十三条规定：用人单位与劳动者可以在劳动合同中约定保守用人单位的商业秘密和与知识产权相关的保密事项。

对负有保密义务的劳动者，用人单位可以在劳动合同或者保密协议中与劳动者约定竞业限制条款，并约定在解除或者终止劳动合同后，在竞业限制期限内按月给予劳动者经济补偿。劳动者违反竞业限制约定的，应当按照约定向用人单位支付违约金。

第二十五条规定：除本法第二十二条和第二十三条规定的情形外，用人单位不得与劳动者约定由劳动者承担违约金。

▲**法律讲解**

本案争议的焦点在于袁军生与恒利发公司在申请书中约定如袁军生提前辞职应当赔偿公司车辆油料及车辆损耗费3000元是否合法的问题。《劳动合同法》第二十二条规定的“专业技术培训”与《劳动法》第六十八条规定的“职业培训”存有区别。

《劳动法》中所规定的职业培训是用人单位有责任为职工提供的必要的职业培训，以提高劳动者的劳动技能或使劳动者更好地胜任其本职工作，用人单位不能为此与劳动者约定违约金。

根据本案当事人的约定，袁军生在应聘时没有开过集装箱牵引车，不会倒车，恒利发公司给予袁军生一个实习的机会，袁军生学会后与恒利发公司签订劳动合同。据此，袁军生本身是具有驾驶资格和驾驶技术的，只是没有开过集装箱牵引车，上岗前需要进行培训。恒利发公司给予袁军生的实习机会实际上兼有岗前培训和试用期的性质，其性质上应属于职业培训而非专业技术培训。

袁军生在实习过程中需要花费一定的油料，造成车辆磨损，但上述损耗系驾驶实习过程中必然发生的花费和消耗。依据一般常理，该情形下的油料消耗和车辆磨损显然无法等同于专项培训费用。因此，本案不属于《中华人民共和国劳动合同法》规定的“由用人单位提供专项培训费用对劳动者进行专业技术培训的情形”。

恒利发公司与袁军生关于提前辞职应当赔偿公司车辆油料及车辆损耗费的约定，违反了法律关于用人单位不得与劳动者约定违约金的强制性规定，应认定该约定无效。

▲注意事项

在社会实际中需要注意区分《劳动合同法》第二十二条规定的“专业技术培训”与《劳动法》第六十八条规定的“职业培训”。对此，法律并未做出明确的区分规定，在司法审判实践中，法官在认定某项培训是企业平常对劳动者进行的职业培训还是专业技术培训时，一般会考虑以下几个方面：

一是培训的内容和目的。

职业培训的内容一般以劳动者从事日常工作所需要的知识、技能为主，主要目的是提高劳动者的日常劳动效率和劳动质量。专业技术培训的内容则较为专业，一般有很强的针对性，如培训专门的人员负责设备的操作和维护、培训劳动者获得相应的资质证书或从业资格等，培训的内容一般是劳动者事前并未具备的知识或技能；或劳动者虽具有相应基础，但并未深入掌握以及尚无法熟练运用的特殊知识和技能。培训的目的是使劳动者能胜任更高层次或更加专业的工作。

二是培训的对象。

职业培训的范围一般没有特殊限制，可能包括单位的全体劳动者或者从事某一工种的全体员工，是普及型的培训。专业技术培训的对象是个别的劳动者，而且通常是用人单位经过严格挑选后确定的人员，是专业型和个体型的培训。

三是培训的形式。

职业培训一般无须专门脱产进行，通常是利用工作的空余时间进行集中授课、集中训练，或者边工作边接受训练，占用正常工作时间较少。专业技术培训由于培训的内容比较专业和复杂，通常要劳动者脱产进行学习和进修，培训的时间较长。

四是培训的费用。

职业培训的费用应由用人单位纳入日常的职工教育经费中支出，具体分摊到每一名员工的金额一般都不会太高。专业技术培训所需要支付的培训费用通常较高，且用人单位可能还需要为此另外付出交通费、食宿费、培训津贴等附加费用，上述培训费和开支需要用人单位纳入专项培训费用和预算进行开支。

3.保密与竞业禁止

劳动关系的实质即劳动者以取得劳动报酬为对价，将其劳动力交付用人单位使用，用人单位将劳动力与生产资料相结合的劳动过程中产生的社会关系。因此劳动者已经就业，其生存权和劳动权已得到保障。如没有法定或约定的原因，劳动者不能够再将其劳动力交付他人使用，尤其是从事与用人单位进行竞争的职务。在劳动关系存续期间掌握商业秘密的职工为用人单位的利益而持有该秘密，在劳动关系存续期间或劳动关系消灭后的合理期限内，未经用人单位明示或默示同意，无权使用或者披露。这是劳动者因劳动合同的诚实信用原则而产生的附随义务，违反保密义务就是对忠诚义务的违反。

最高人民法院《关于审理劳动争议案件适用法律若干问题的解释(四)》

对竞业限制做了如下规定：

(1)未事先约定经济补偿情形下经济补偿的计算标准。当事人在劳动合同或者保密协议中约定了竞业限制，但未约定解除或者终止劳动合同后给予劳动者经济补偿，劳动者履行了竞业限制义务，要求用人单位按照劳动者在劳动合同解除或者终止前十二个月平均工资的30％按月支付经济补偿的，人民法院应予支持。前述规定的月平均工资的30％低于劳动合同履行地最低工资标准的，按照劳动合同履行地最低工资标准支付。

(2)解除劳动合同情形下竞业限制协议的效力。当事人在劳动合同或者保密协议中约定了竞业限制和经济补偿，当事人解除劳动合同时，除另有约定外，用人单位要求劳动者履行竞业限制义务，或者劳动者履行了竞业限制义务后要求用人单位支付经济补偿的，人民法院应予支持。

(3)劳动者解除竞业限制约定的权利。当事人在劳动合同或者保密协议中约定了竞业限制和经济补偿，劳动合同解除或者终止后，因用人单位的原因导致三个月未支付经济补偿，劳动者请求解除竞业限制约定的，人民法院应予支持。

(4)用人单位解除竞业限制协议的权利。在竞业限制期限内，用人单位请求解除竞业限制协议的，人民法院应予支持。在解除竞业限制协议时，劳动者请求用人单位额外支付劳动者三个月的竞业限制经济补偿的，人民法院应予支持。

(5)竞业限制义务的继续履行。劳动者违反竞业限制约定，向用人单位支付违约金后，用人单位要求劳动者按照约定继续履行竞业限制义务的，人民法院应予支持。

生活实例

2000年6月7日，原告李伟与被告佩里公司签订了2000年6月7日至2001年6月6日的劳动合同，约定原告保守被告的商业秘密，否则承担违约损害赔偿责任。原告在于同日签订的《雇佣和保守机密合同书》中承诺："由于和PJI(即被告)的雇佣关系而到手的情报，全部作为保密事项以及专用情况来保存，此合约视情况有适用范围上的变更，但适用于后面的各项事宜：

与顾客相关的情报、支付体系、合约事项、营业额、出版或程序资料，以及服务和产品的金额。在雇佣期间到手的情报，如有故意或在没有得到许可而给第三者看到的情况，将处以革职处分；基于上述原因被革职的同时，对自己的行为所造成的损害同意负责赔偿损失，赔偿损失所负担金额以策划、合约或者是将来的合约的履行期间，根据 PJI 的一般业务报酬金额为标准或者更多。"同日，原告还冒用其弟李辉签名向被告出具了担保其不发生损害被告利益的行为的保证书。

此前，即 2000 年 6 月 6 日，原告与同被告经营相同业务的案外人瀚泰企业咨询(上海)有限公司(以下简称瀚泰公司)签订了自 2000 年 6 月 7 日开始生效的、有效期为 1 年的《兼职协议书》，约定原告为瀚泰公司的兼职业务员，原告为瀚泰公司所签的咨询合约按咨询费的 20％提成。还约定："乙方(原告)进公司前事先通知管理部主管，不影响其他员工工作，不得长时间逗留。"

但原告未将此事实告知被告。2000 年 7、8 月，原告曾负责联系被告与上海通力塑料制品有限公司(以下简称通力公司)及上海金马电器有限公司(以下简称金马公司)之间的国际标准体系认证咨询业务。2000 年 8 月 18 日通力公司为委托瀚泰公司协助建立国际标准体系签订合同，约定通力公司向瀚泰公司分四次支付含认证费在内的费用；通过认证日的第四期付款为 15000 元，共计 40000 元。2000 年 9 月 5 日，金马公司因同样原因也与瀚泰公司签订合同，约定了相同的付款方式，其中证书拿到后的第四期付款为 13500 元，咨询费为 31500 元，共计 45000 元。原告在其笔记本中有关七家成交公司的记录中注明："……(6)'通力塑料'(咨＋认)￥40000 元；(7)'金马电器'(咨＋认)￥45000 元。"

2000 年 9 月 15 日，原告对被告做出"为了弥补对公司造成的损失，决定补偿公司所发的全部工资费用、十二家公司咨询费用"的承诺。同日，被告书面通知原告即日起解除双方的劳动合同。双方劳动关系存续期间，原告已领取 2000 年 6 月 7 日至同年 7 月底的工资、交通费共计 2403.75 元，但被告尚未支付原告 2000 年 8 月份工资、交通费 123075 元及次月 15 日之前的工资。

被告佩里公司与原告李伟就上述纠纷分别于 2000 年 11 月 10 日及

2000年11月13日提起劳动争议仲裁。原告对仲裁裁决不服，提起诉讼。

▲实例分析

原告李伟作为被告佩里公司的职工，不仅恶意向被告隐瞒其同时在与被告经营相同业务的瀚泰公司兼职之事实，而且冒用其弟李辉的签名，向被告就担保不发生损害被告利益之行为出具保证书。在双方劳动关系存续期间，原告实施了将被告之客户擅自介绍给被告竞争对手的行为，该行为是否构成对竞业禁止的违反？

▲法律规定

1.《中华人民共和国劳动合同法》

第二十三条规定：用人单位与劳动者可以在劳动合同中约定保守用人单位的商业秘密和与知识产权相关的保密事项。

对负有保密义务的劳动者，用人单位可以在劳动合同或者保密协议中与劳动者约定竞业限制条款，并约定在解除或者终止劳动合同后，在竞业限制期限内按月给予劳动者经济补偿。劳动者违反竞业限制约定的，应当按照约定向用人单位支付违约金。

第二十四条规定：竞业限制的人员限于用人单位的高级管理人员、高级技术人员和其他负有保密义务的人员。竞业限制的范围、地域、期限由用人单位与劳动者约定，竞业限制的约定不得违反法律、法规的规定。

在解除或者终止劳动合同后，前款规定的人员到与本单位生产或者经营同类产品、从事同类业务的有竞争关系的其他用人单位，或者自己开业生产或者经营同类产品、从事同类业务的竞业限制期限，不得超过二年。

▲法律讲解

竞业禁止行为可分为职工在职期间的竞业禁止与劳动关系终止后的竞业禁止。本案涉及的是职工在职期间的竞业禁止。本案原告李伟与被告佩里公司间签订的《雇佣和保守机密合同书》，对商业秘密的范围、双方的权利与义务做了明确约定。原告李伟无视该约定，违反该约定，在与原告存有劳动合同关系期间，不仅从事了职工在职期间竞业禁止的行为或不履行保密义务的行为，而且还将在为被告提供劳动期间，将其因工作关系而知悉的商业秘密披露给所兼职的单位，构成恶意窃取被告公司商业秘密。依法，被告有权单方解除双方的劳动合同，并且因商业秘密的泄露而遭受的经济损失，有权要求原告李伟承担损害赔偿责任。因此，原告李伟须退还已领取的工资 2403.75 元，并赔偿被告经济损失 71500 元。

▲注意事项

员工违反竞业禁止的规定，如果兼职单位存在过错的，应承担连带赔偿责任。同时针对劳动关系终止后的竞业禁止，因为限制了劳动者的就业权，法律规定劳动者在解除或者终止劳动合同后，到与本单位生产或者经营同类产品、从事同类业务的有竞争关系的其他用人单位，或者自己开业生产，或者经营同类产品、从事同类业务的竞业限制期限，不得超过两年。

4.补充保险和福利待遇

用人单位与劳动者可以约定对劳动者的补充保险。用人单位补充保险是指由用人单位根据自身经济实力，在国家规定的实施政策和实施条件下为本单位职工所建立的一种辅助性的保险，包括补充养老保险和补充医疗保险等。补充养老保险制度通常是指企业年金，依靠企业和个人缴费筹资，通过个人账户管理，养老金待遇与缴费挂钩，完全积累。

用人单位与劳动者可以约定对劳动者的福利待遇。福利待遇，一般称作职工福利，又称职业福利或劳动福利，是指用人单位和有关社会服务机构为满足劳动者生活的共同需要和特殊需要，在工资和社会保险之外向职工及其亲属提供一定货币、实物、服务等形式的物质帮助，其中包括为减少劳动者生活费用开支和解决劳动者生活困难而提供的各种补贴；为方便劳动者生活和减轻职工家务负担而提供的各种生活设施和服务；为活跃劳动者文化生活而提供的各种文化设施和服务。

（三）限制和禁止约定的劳动合同条款

限制约定的劳动合同条款主要包括违约金和赔偿金条款，也就是约定不履行劳动合同而应支付违约金或赔偿金的合同条款，它包括对违约金或赔偿金的支付条件、项目、范围和数额等内容的约定。

生活实例

2003 年 7 月 18 日，吴林与谭氏官府菜餐饮发展有限责任公司签订聘用协议，约定聘用吴林为该公司顾问及四川长富集团副总经理；吴林负责“谭氏官府菜”的开发研究、菜品创新、厨艺人员的培训及各分店谭氏官府菜大厨人员的担保。聘用期限为 2003 年 7 月 10 日至 2013 年 7 月 9 日，为期 10 年。协议约定，在聘用期限内，公司向吴林提供年薪 30 万元、一套面积达 230 平方米价值上百万元的住房和一辆雅阁轿车（实际上提供的是一辆宝马轿车）。

吴林向该公司承诺，在聘用期内，对菜品开发中的技术保密，未经公司许可，技术资料不得外传、外泄及传授他人；除人力不可抗拒的因素外，吴林不得在聘用期内无故离职，否则“公司有权追究其违约责任和经济责任，并承担 500 万元经济损失”。

2004 年 6 月底，吴林突然单方面离开了该公司，随后又将住房、轿车交还给了公司。在无法挽留吴林的情况下，双方闹到了成都市劳动仲裁委员会。2004 年 12 月 30 日，仲裁委下达了裁决书，裁决吴林以现金形式一次性支付谭氏官府菜违约金 250 万元。吴林不服，向当地法院提起诉讼。

▲实例分析

劳动者与用人单位约定的违约金条款是否有效？

▲法律规定

1.《中华人民共和国劳动合同法》

第二十二条规定：用人单位为劳动者提供专项培训费用，对其进行专业技术培训的，可以与该劳动者订立协议，约定服务期。

劳动者违反服务期约定的，应当按照约定向用人单位支付违约金。违约金的数额不得超过用人单位提供的培训费用。用人单位要求劳动者支付的违约金不得超过服务期尚未履行部分所应分摊的培训费用。

用人单位与劳动者约定服务期的，不影响按照正常的工资调整机制提高劳动者在服务期期间的劳动报酬。

第二十三条规定：用人单位与劳动者可以在劳动合同中约定保守用人单位的商业秘密和与知识产权相关的保密事项。

对负有保密义务的劳动者，用人单位可以在劳动合同或者保密协议中与劳动者约定竞业限制条款，并约定在解除或者终止劳动合同后，在竞业限制期限内按月给予劳动者经济补偿。劳动者违反竞业限制约定的，应当按照约定向用人单位支付违约金。

第二十五条规定：除本法第二十二条和第二十三条规定的情形外，用人单位不得与劳动者约定由劳动者承担违约金。

▲法律讲解

我国《劳动合同法》除了对服务期与竞业禁止有违约金的规定，有关劳动合同其他领域能否适用违约金未做明文规定。因此，本案中劳动者与用人单位之间违约金的约定是否合法有效，关键在于是否违背了相关法律、法规的规定。法院审理认为，吴林被谭氏官府菜公司聘用后，主要负责“谭氏官府菜”的开发研究、菜品创新、厨艺人员培训等重要工作，掌握着“谭氏官府菜”的核心技术，其无故离职的行为不仅违反了聘用协议的约定，并将对谭氏官府菜公司的正常经营活动和经济效益在一定程度和范围内产生不利影响，必然导致谭氏官府菜公司遭受经济损失。据此，法院支持了仲裁裁决，判决吴林一次性赔偿谭氏官府菜 250 万元。

▲注意事项

本案中的这个厨师所获得的工资待遇，远远高于一个普通劳动者的工资待遇。同时他担任的职务，涉及比较重要的技术领域，那么与这个高报酬相适应的，当然就应该是高风险。承担 250 万元的违约金不违背法律的禁止性规定，同时也不违反公平的原则。但这不适用于普通的劳动者。因为在劳动合同关系中，一般的劳动者属于弱势群体，所以法律应当侧重于保护，关于普通劳动者的违约行为的违约金约定，应当考虑劳动者具体的收入，不宜规定得过高，如果规定得过高，劳动者一方有权利要求予以减少或者是予以免除。

目前，国内已经有些城市专门对劳动合同违约金做出规定，比如像北京市就规定劳动者向用人单位支付的违约金最多不得超过本人解除劳动合同前12个月的工资总额。但是，那些没有对违约金做出明确规定的城市，一旦发生争议，违约金是否过高，界定起来就非常麻烦，所以劳动者在签订劳动合同的时候，一定要慎重。

禁止性条款，如我国《劳动合同法》第九条规定："用人单位招用劳动者，不得扣押劳动者的居民身份证和其他证件，不得要求劳动者提供担保或者以其他名义向劳动者收取财物。"因此，生活实际中用人单位要求劳动者交纳保证金的条款属于无效。用人单位如果违反了该条的规定，按照《劳动合同法》第八十四条的规定，应由劳动行政部门责令限期退还劳动者本人，并依照有关法律规定给予处罚。用人单位违反该规定，以担保或者其他名义向劳动者收取财物的，由劳动行政部门责令限期退还劳动者本人，并以每人五百元以上二千元以下的标准处以罚款；给劳动者造成损害的，应当承担赔偿责任。

四、劳动合同的无效

我国《劳动合同法》第二十六条规定："下列劳动合同无效或者部分无效：(1)以欺诈、胁迫的手段或者乘人之危，使对方在违背真实意思的情况下订立或者变更劳动合同的；(2)用人单位免除自己的法定责任、排除劳动者权利的；(3)违反法律、行政法规强制性规定的。对劳动合同的无效或者部分无效有争议的，由劳动争议仲裁机构或者人民法院确认。"第二十七条规定："劳动合同部分无效，不影响其他部分效力的，其他部分仍然有效。"

生活实例

2014年7月，重庆万丽武陵置业有限公司（以下简称万丽公司）面向社会招聘房地产营销人员。7月19日，熊某应聘万丽公司营销总监一职，并在应聘登记表中虚构了工作经历及业绩。7月24日，万丽公司与熊某签订劳动合同，合同期限从2014年7月24日起，至2017年7月23日止，并约定万丽公司每月10日前以货币形式支付熊某工资，月工资（含每周加班1—2天的加班费）为37500元。2015年6月15日，因开盘业绩差，与开盘目标相差远，万丽公司做出《关于熊某的任免通知》，决定免去熊某营销总监一职，任命其为营销经理，工资降为12500元/月。自2015年7月起，万丽公司未再向熊某发放工资。2015年10月4日，熊某口头通知万丽公司，解除与万丽公司的劳动合同关系。2016年1月29日，熊某申请劳动仲裁，请求万丽公司支付拖欠的工资。万丽公司对仲裁裁决不服，于法定期限内提起诉讼。

▲实例分析

熊某虚构工作经历及业绩的情况下，万丽公司欠付熊某的工资数额应如何确定？

▲法律规定

1.《中华人民共和国劳动合同法》

第二十六条规定：下列劳动合同无效或者部分无效：

(1)以欺诈、胁迫的手段或者乘人之危，使对方在违背真实意思的情况下订立或者变更劳动合同的；

(2)用人单位免除自己的法定责任、排除劳动者权利的；

(3)违反法律、行政法规强制性规定的。

对劳动合同的无效或者部分无效有争议的，由劳动争议仲裁机构或者人民法院确认。

第二十八条规定：劳动合同被确认无效，劳动者已付出劳动的，用人单位应当向劳动者支付劳动报酬。劳动报酬的数额，参照本单位相同或者相近岗位劳动者的劳动报酬确定。

▲法律讲解

熊某为了获取万丽公司营销总监的职位，在该公司声明应聘登记表所填写信息应客观真实的情况下，虚构了任职履历与工作业绩，主观上具有欺诈的故意，客观上亦实施了欺诈行为，导致万丽公司陷入错误认识继而与其签订薪酬标准为37500元/月的劳动合同。依法该劳动合同应为无效。鉴于万丽公司已于2015年6月15日免去了熊某欺诈取得的营销总监职务，将其任命为销售经理，一则熊某虚构工作经历及业绩的情况对该任命没有影响，二则表明万丽公司对熊某担任销售经理这一职位业务能力的认同。因此该劳动合同应为有效。

在2015年6月以前，万丽公司已经按照37500元/月的标准向熊某支付了劳动报酬，熊某也实际向万丽公司提供了劳动，对于万丽公司已经支付的劳动报酬，鉴于万丽公司在与熊某签订劳动合同时未尽到审慎注意义务，且在劳动合同约定的试用期内也未对熊某的任职履历、实际工作能力进行认真考察，就已经支付熊某的工资，故应当按照已经实际支付的工资数额予以确认。对于熊某2015年7月1日至10月4日期间的工资，万丽公司应当按照任命熊某担任营销经理的薪酬标准，即12500元/月进行计发，即12500×3+12500÷30×4=39166.67元。

法院审理后，判决万丽公司支付拖欠熊某的工资39166.67元。

▲注意事项

劳动者伪造工作经历、学历文凭等与用人单位所签订的劳动合同构成欺诈，为无效劳动合同。

第二节　劳动合同的履行和变更

一、劳动合同的履行

劳动合同的履行是指劳动合同双方当事人按照合同的约定完成各自义务的行为。我国《劳动合同法》第二十九条规定："用人单位与劳动者应当按照劳动合同的约定，全面履行各自的义务。"《劳动合同法》第三条第二款规定："依法订立的劳动合同具有约束力，用人单位与劳动者应当履行劳动合同约定的义务。"

（一）实际履行

用人单位和劳动者必须依据劳动合同的约定履行各自的义务。劳动合同当事人双方必须按照合同约定的时间、期限、地点，用约定的方式，按质、按量全部履行自己承担的义务。在劳动关系存续期间，只有发生特殊情况，劳动合同当事人才可以不履行合同规定的义务。依据劳动部《关于贯彻执行〈中华人民共和国劳动法〉若干问题的意见》第二十八条、劳动部办公厅

《关于职工应征入伍后与企业劳动关系的复函》(劳办发〔1997〕50 号)等,劳动者因拘留、逮捕等,被依法限制人身自由,不能履行劳动合同约定义务的;劳动者应征入伍或者离职履行国家规定的其他义务的,劳动合同应当中止履行。用人单位和劳动者双方暂停履行劳动合同的有关义务,此期间不计入劳动者在用人单位的连续工作时间。

(二)亲自履行

亲自履行是指劳动合同当事人双方都必须以自己的行为履行劳动合同约定的义务,不得由他人代理。劳动合同具有很强的人身信赖性和不可替代性,不同的劳动者提供的劳动质量有明显差别。因此要求当事人必须亲自履行劳动合同规定的义务。

《劳动合同法》第三十三条规定:“用人单位变更名称、法定代表人、主要负责人或者投资人等事项,不影响劳动合同的履行。”第三十四条规定:“用人单位发生合并或者分立等情况,原劳动合同继续有效,劳动合同由承继其权利和义务的用人单位继续履行。”

(三)协作履行

劳动合同双方当事人不仅要严格按合同的约定履行义务,而且当事人在履行劳动合同的过程中应当互相给予对方必要的协作。劳动者提供劳动力,用人单位使用劳动力,劳动关系只有在双方互相协助的基础上才能在既定期限内顺利实现。因此,劳动者和用人单位在劳动合同的履行过程中应相互配合,为对方履行义务提供条件与必要的协助。

二、劳动合同履行中劳动者权利的保护

(一)劳动者劳动报酬权的保护

劳动报酬权是劳动者在劳动关系中享有的基本的、核心的权利,也是劳动者通过劳动所要实现的最直接、最切实的利益。我国《劳动合同法》第三十条规定:“用人单位应当按照劳动合同约定和国家规定,向劳动者及时足额支付劳动报酬。用人单位拖欠或者未足额支付劳动报酬的,劳动者可以依法向当地人民法院申请支付令,人民法院应当依法发出支付令。”

依据《劳动合同法》第八十五条的规定,用人单位未按照劳动合同的约

定或者国家规定及时足额支付劳动者劳动报酬的或者低于当地最低工资标准支付劳动者工资的，应当支付差额部分；逾期不支付的，用人单位按应付金额百分之五十以上百分之一百以下的标准向劳动者加付赔偿金。

（二）劳动者休息休假权的保护

休息休假权实质上是对劳动者健康权和生命权的保障。我国《劳动合同法》第三十一条规定："用人单位应当严格执行劳动定额标准，不得强迫或者变相强迫劳动者加班。用人单位安排加班的，应当按照国家有关规定向劳动者支付加班费。"劳动定额标准是衡量劳动效率的指标，可分为工时定额和产量定额。一般情况下，劳动定额标准由用人单位制订与修改。用人单位给劳动者安排加班，不支付加班费的，由劳动行政部门责令限期支付加班费，逾期不支付的，用人单位按应付金额百分之五十以上百分之一百以下的标准向劳动者加付赔偿金。

（三）劳动安全卫生权的保护

劳动安全卫生权对应用人单位保护劳动者生命安全和身体健康的义务。我国《劳动合同法》第三十二条规定："劳动者拒绝用人单位管理人员违章指挥、强令冒险作业的，不视为违反劳动合同。劳动者对危害生命安全和身体健康的劳动条件，有权对用人单位提出批评、检举和控告。"

三、劳动合同的变更

劳动合同的变更是指劳动合同依法订立后，在合同尚未履行或者尚未履行完毕之前，经用人单位和劳动者双方当事人协商同意，对劳动合同内容做部分修改、补充或者删减的法律行为。

（一）劳动合同的约定变更

我国《劳动合同法》第三十五条规定："用人单位与劳动者协商一致，可以变更劳动合同约定的内容。变更劳动合同，应当采用书面形式。变更后的劳动合同文本由用人单位和劳动者各执一份。"

依据《劳动合同法》第二十六条的规定，以欺诈、胁迫的手段或者乘人之危，使对方在违背真实意思的情况下变更劳动合同的，劳动合同无效或者部分无效。受欺诈、胁迫或被乘人之危一方可以随时通知对方解除劳动合同。

（二）劳动合同的法定变更

劳动合同变更，除了劳动合同当事人双方协商一致外，还可以法定变更。根据我国《劳动合同法》的相关立法规定，属于劳动合同法定变更的情形有：

（1）劳动者患病或者非因工负伤，在规定的医疗期满后不能从事原工作，用人单位与劳动者协商另行安排适当工作的；

（2）劳动者不能胜任工作，用人单位对其进行培训或者调整工作岗位，使劳动者适应工作要求并相应变更劳动合同内容的；

（3）劳动合同订立时所依据的客观情况发生重大变化，致使原劳动合同无法继续履行，用人单位与劳动者协商变更劳动合同内容的；

（4）企业转产、重大技术革新或者经营方式调整，用人单位与劳动者协商变更劳动合同的。

（三）劳动合同变更的形式

变更劳动合同，依法应当采用书面形式。一般情况下，变更劳动合同未采用书面形式的，应认定劳动合同未变更，仍然按照原劳动合同履行。但是法律另有规定的除外。

2013 年最高人民法院《关于审理劳动争议案件适用法律若干问题的解释（四）》第十一条规定："变更劳动合同未采用书面形式，但已经实际履行了口头变更的劳动合同超过一个月，且变更后的劳动合同内容不违反法律、行政法规、国家政策以及公序良俗，当事人以未采用书面形式为由主张劳动合同变更无效的，人民法院不予支持。"

第三节 劳动合同的解除和终止

一、劳动合同的解除

劳动合同的解除，是指在劳动合同有效成立以后、完全履行以前，当解除的条件具备时，因当事人一方或双方的意思表示，提前消灭劳动关系的行为。

（一）当事人双方协商一致解除

我国《劳动合同法》第三十六条规定："用人单位与劳动者协商一致，可以解除劳动合同。"劳动合同是用人单位和劳动者基于建立劳动关系的合意订立的，双方当事人自然也可以合意解除劳动合同。需要注意的是，用人单位向劳动者提出解除劳动合同并与劳动者协商一致解除劳动合同的，用人单位应当向劳动者支付经济补偿金。但是劳动者向用人单位提出解除劳动合同并与用人单位协商一致解除劳动合同的，用人单位不需要向劳动者支付经济补偿金。

（二）劳动者单方解除劳动合同

劳动者在符合法律规定的情形下，可以单方解除劳动合同。《劳动合同法》第三十七条规定，劳动者提前三十日以书面形式通知用人单位，可以解除劳动合同。劳动者在试用期内提前三日通知用人单位，可以解除劳动合同。

《劳动合同法》第三十八条规定："用人单位有下列情形之一的，劳动者可以解除劳动合同：(1)未按照劳动合同约定提供劳动保护或者劳动条件的；(2)未及时足额支付劳动报酬的；(3)未依法为劳动者缴纳社会保险费的；(4)用人单位的规章制度违反法律、法规的规定，损害劳动者权益的；(5)因本法第二十六条第一款规定的情形致使劳动合同无效的；(6)法律、行政法规规定劳动者可以解除劳动合同的其他情形。用人单位以暴力、威胁或者非法限制人身自由的手段强迫劳动者劳动的，或者用人单位违章指挥、强令冒险作业危及劳动者人身安全的，劳动者可以立即解除劳动合同，不需事先告知用人单位。”

（三）用人单位单方解除劳动合同

法律在赋予劳动者劳动合同解除权的同时，也赋予用人单位劳动合同解除权。我国《劳动合同法》第三十九条规定：“劳动者有下列情形之一的，用人单位可以解除劳动合同：(1)在试用期间被证明不符合录用条件的；(2)严重违反用人单位的规章制度的；(3)严重失职，营私舞弊，给用人单位造成重大损害的；(4)劳动者同时与其他用人单位建立劳动关系，对完成本单位的工作任务造成严重影响，或者经用人单位提出，拒不改正的；(5)因本法第二十六条第一款第一项规定的情形致使劳动合同无效的；(6)被依法追究刑事责任的。”

《劳动合同法》第四十条规定：“有下列情形之一的，用人单位提前三十日以书面形式通知劳动者本人或者额外支付劳动者一个月工资后，可以解除劳动合同：(1)劳动者患病或者非因工负伤，在规定的医疗期满后不能从事原工作，也不能从事由用人单位另行安排的工作的；(2)劳动者不能胜任工作，经过培训或者调整工作岗位，仍不能胜任工作的；(3)劳动合同订立时所依据的客观情况发生重大变化，致使劳动合同无法履行，经用人单位与劳动者协商，未能就变更劳动合同内容达成协议的。”

生活实例

2005 年 3 月，方先生与上海某信息技术公司签订劳动合同，约定方先生担任企划部咨询顾问，月薪 8500 元。到 2006 年 5 月，公司将方先生的工资调整为 1.3 万元，随后方先生升任市场部副经理。2007 年 2 月 7 日，公司根据电脑服务器信息认定：方先生在工作时间长时间浏览股票信息，今年 1 月初还曾在上班时间通过公司电脑，进行股票交易。公司认为，方先生的这些行为已经严重影响其正常工作，违反了劳动纪律，决定立即将其辞退。经方先生申请，上海长宁区劳动争议仲裁委员会裁决该公司撤销辞退决定，支付方先生工资损失 4300 元。但方先生不服裁决，又将公司告上法院。

▲实例分析

员工上班期间炒股被公司辞退是否合法?

▲法律规定

1.《中华人民共和国劳动合同法》

第四十三条规定:用人单位单方解除劳动合同,应当事先将理由通知工会。用人单位违反法律、行政法规规定或者劳动合同约定的,工会有权要求用人单位纠正。用人单位应当研究工会的意见,并将处理结果书面通知工会。

▲法律讲解

上海长宁区人民法院审理后认为,方先生利用工作时间浏览股票信息并炒股,违反了基本的职业规范和劳动纪律,足以达到被辞退的程度,公司辞退他并无不妥。然而,公司在做出辞退决定前,未将原因事先通知工会或者由职工代表讨论,该辞退决定不符合法定程序,属无效行为,应予撤销,由此引起的法律后果,酌情应由公司承担。

▲注意事项

用人单位单方解除劳动合同,应当事先将理由通知工会。如果没有事先通知工会的,即便用人单位解除劳动合同理由符合法律的规定,也会因为程序瑕疵导致解除劳动合同的无效。

用人单位单方解除劳动合同有着严格的适用条件,法律规定不得解除劳动合同的,用人单位必须遵守。根据《劳动合同法》第四十二条的规定,劳动者有下列情形之一的,用人单位不得依照规定解除劳动合同:

(1)从事接触职业病危害作业的劳动者未进行离岗前职业健康检查,或者疑似职业病病人在诊断或者医学观察期间的;

(2)在本单位患职业病或者因工负伤并被确认丧失或者部分丧失劳动能力的;

(3)患病或者非因工负伤,在规定的医疗期内的;

(4)女职工在孕期、产期、哺乳期的;

(5)在本单位连续工作满十五年,且距法定退休年龄不足五年的;

(6)法律、行政法规规定的其他情形。

(四)经济性裁员

经济性裁员是指用人单位由于生产经营状况发生变化而出现劳动力过剩,通过一次性辞退部分劳动者,来改善生产经营状况的一种手段。在市场经济中,经济性裁员是用人单位克服经营困难的内在需要的通常做法,具有不可避免性,但又会给社会和劳动者带来不利后果,影响社会稳定,增加就业压力。

我国《劳动合同法》第四十一条规定:有下列情形之一,需要裁减人员二十人以上或者裁减不足二十人但占企业职工总数百分之十以上的,用人单位提前三十日向工会或者全体职工说明情况,听取工会或者职工的意见后,裁减人员方案经向劳动行政部门报告,可以裁减人员:

(1)依照企业破产法规定进行重整的;

(2)生产经营发生严重困难的;

(3)企业转产、重大技术革新或者经营方式调整,经变更劳动合同后,仍需裁减人员的;

(4)其他因劳动合同订立时所依据的客观经济情况发生重大变化,致使劳动合同无法履行的。

裁减人员时,应当优先留用下列人员:

(1)与本单位订立较长期限的固定期限劳动合同的;

(2)与本单位订立无固定期限劳动合同的;

(3)家庭无其他就业人员,有需要扶养的老人或者未成年人的。

用人单位依照本条第一款规定裁减人员,在六个月内重新招用人员的,应当通知被裁减的人员,并在同等条件下优先招用被裁减的人员。

最高人民法院《关于审理劳动争议案件适用法律若干问题的解释》第十三条规定:“因用人单位作出的开除、除名、辞退、解除劳动合同、减少劳动报酬、计算劳动者工作年限等决定而发生的劳动争议,用人单位负举证责任。”

二、劳动合同的终止

劳动合同的终止，是指劳动合同的法律效力依法被消灭，亦即劳动合同所确立的劳动关系由于一定法律事实的出现而终结。劳动者与用人单位之间原有的权利和义务不复存在。

我国《劳动合同法》第四十四条规定："有下列情形之一的，劳动合同终止：(1)劳动合同期满的；(2)劳动者开始依法享受基本养老保险待遇的；(3)劳动者死亡或者被人民法院宣告死亡或者宣告失踪的；(4)用人单位被依法宣告破产的；(5)用人单位被吊销营业执照、责令关闭、撤销或者用人单位决定提前解散的；(6)法律、行政法规规定的其他情形。"《劳动合同法实施条例》第二十一条规定："劳动者达到法定退休年龄的，劳动合同终止。"

为防止用人单位通过合同约定扩大劳动合同的终止情形，《劳动合同法实施条例》第十三条规定："用人单位与劳动者不得在劳动合同法第四十四条规定的劳动合同终止情形之外约定其他的劳动合同终止条件。"

此外，《劳动合同法》第四十五条规定："劳动合同期满，有本法第四十二条规定情形之一的，劳动合同应当续延至相应的情形消失时终止。但是，本法第四十二条第二项规定丧失或者部分丧失劳动能力劳动者的劳动合同的终止，按照国家有关工伤保险的规定执行。"

三、经济补偿金和赔偿金

(一)经济补偿金

经济补偿金是指在劳动者无过失的情况下，劳动合同解除或终止时，用人单位依法一次性支付给劳动者的经济上的补助。

1.经济补偿金的适用范围

依据《劳动合同法》第四十六条的规定，具体情形有：

(1)劳动者依照本法第三十八条规定解除劳动合同的；

(2)用人单位依照本法第三十六条规定向劳动者提出解除劳动合同并与劳动者协商一致解除劳动合同的；

(3)用人单位依照本法第四十条规定解除劳动合同的；

(4)用人单位依照本法第四十一条第一款规定解除劳动合同的；

(5)除用人单位维持或者提高劳动合同约定条件续订劳动合同，劳动者不同意续订的情形外，依照本法第四十四条第一项规定终止固定期限劳动合同的；

(6)依照本法第四十四条第四项、第五项规定终止劳动合同的；

(7)法律、行政法规规定的其他情形。

2013年最高人民法院《关于审理劳动争议案件适用法律若干问题的解释(四)》第十三条规定："劳动合同法施行后，因用人单位经营期限届满不再继续经营导致劳动合同不能继续履行，劳动者请求用人单位支付经济补偿的，人民法院应予支持。"

工伤职工的经济补偿金与一次性工伤医疗补助金和伤残就业补助金不得相互抵扣。《劳动合同法实施条例》第二十三条规定："用人单位依法终止工伤职工的劳动合同的，除依照劳动合同法第四十七条的规定支付经济补偿外，还应当依照国家有关工伤保险的规定支付一次性工伤医疗补助金和伤残就业补助金。"

2.经济补偿金的计算方法

(1)按劳动者在本单位工作的年限，每满一年支付一个月工资的标准向劳动者支付。六个月以上不满一年的，按一年计算；不满六个月的，向劳动者支付半个月工资的经济补偿。

(2)劳动者月工资高于用人单位所在直辖市、设区的市级人民政府公布的本地区上年度职工月平均工资三倍的，向劳动者支付经济补偿的标准按职工月平均工资三倍的数额支付，向劳动者支付经济补偿的年限最高不超过十二年。其中，月工资是指劳动者在劳动合同解除或者终止前十二个月的平均工资。

3.工作年限的计算

我国《劳动合同法实施条例》第十条规定："劳动者非因本人原因从原用人单位被安排到新用人单位工作的，劳动者在原用人单位的工作年限合并计算为新用人单位的工作年限。原用人单位已经向劳动者支付经济补偿的，新用人单位在依法解除、终止劳动合同计算支付经济补偿的工作年限时，不再计算劳动者在原用人单位的工作年限。"

2013年最高人民法院《关于审理劳动争议案件适用法律若干问题的解释(四)》第五条规定，劳动者非因本人原因从原用人单位被安排到新用人单位工作，原用人单位未支付经济补偿，劳动者依照《劳动合同法》第三十八条规定与新用人单位解除劳动合同，或者新用人单位向劳动者提出解除、终止劳动合同，在计算支付经济补偿或赔偿金的工作年限时，劳动者请求把在原用人单位的工作年限合并计算为新用人单位工作年限的，人民法院应予支持。

用人单位符合下列情形之一的，应当认定属于"劳动者非因本人原因从原用人单位被安排到新用人单位工作"：(1)劳动者仍在原工作场所、工作岗位工作，劳动合同主体由原用人单位变更为新用人单位；(2)用人单位以组织委派或任命形式对劳动者进行工作调动；(3)因用人单位合并、分立等原因导致劳动者工作调动；(4)用人单位及其关联企业与劳动者轮流订立劳动合同；(5)其他合理情形。

4.工资标准的计算

我国《劳动合同法实施条例》第二十七条规定："劳动合同法第四十七条规定的经济补偿的月工资按照劳动者应得工资计算，包括计时工资或者计件工资以及奖金、津贴和补贴等货币性收入。劳动者在劳动合同解除或者终止前12个月的平均工资低于当地最低工资标准的，按照当地最低工资标准计算。劳动者工作不满12个月的，按照实际工作的月数计算平均工资。"

5.经济补偿金的分段计算

我国《劳动合同法》第九十七条规定：本法施行前已依法订立且在本法施行之日存续的劳动合同，继续履行；本法第十四条第二款第三项规定连续订立固定期限劳动合同的次数，自本法施行后续订固定期限劳动合同时开始计算。

本法施行前已建立劳动关系，尚未订立书面劳动合同的，应当自本法施行之日起一个月内订立。

本法施行之日存续的劳动合同在本法施行后解除或者终止，依照本法第四十六条规定应当支付经济补偿的，经济补偿年限自本法施行之日起计算；本法施行前按照当时有关规定，用人单位应当向劳动者支付经济补偿的，按照当时有关规定执行。

（二）赔偿金

赔偿金，是对用人单位违反法律规定解除或者终止劳动合同而给劳动者造成经济损失的惩罚性的补偿措施。赔偿金适用于用人单位违法解除或终止劳动合同的情形。经济补偿金适用于用人单位依法解除或终止劳动合同的情形。经济补偿金与赔偿金不能同时适用。

我国《劳动合同法》第四十八条规定：用人单位违反本法规定解除或者终止劳动合同，劳动者要求继续履行劳动合同的，用人单位应当继续履行；劳动者不要求继续履行劳动合同或者劳动合同已经不能继续履行的，用人单位应当依照本法第八十七条规定支付赔偿金。

《劳动合同法》第八十五条规定："用人单位有下列情形之一的，由劳动行政部门责令限期支付劳动报酬、加班费或者经济补偿；劳动报酬低于当地最低工资标准的，应当支付其差额部分；逾期不支付的，责令用人单位按应付金额百分之五十以上百分之一百以下的标准向劳动者加付赔偿金：(1)未按照劳动合同的约定或者国家规定及时足额支付劳动者劳动报酬的；(2)低于当地最低工资标准支付劳动者工资的；(3)安排加班不支付加班费的；(4)解除或者终止劳动合同，未依照本法规定向劳动者支付经济补偿的。"

《劳动合同法》第八十七条规定："用人单位违反本法规定解除或者终止劳动合同的，应当依照本法第四十七条规定的经济补偿标准的二倍向劳动者支付赔偿金。"

最高人民法院《关于审理劳动争议案件适用法律若干问题的解释(三)》第三条规定："劳动者依据劳动合同法第八十五条规定，向人民法院提起诉讼，要求用人单位支付加付赔偿金的，人民法院应予受理。"

四、解除或终止劳动合同的附随义务

在劳动合同关系结束时及结束后，便会产生用人单位对劳动者照顾及劳动者对用人单位忠实的附随义务。我国《劳动合同法》第五十条规定，用人单位应当在解除或者终止劳动合同时出具解除或者终止劳动合同的证明，并在十五日内为劳动者办理档案和社会保险关系转移手续。劳动者应当按照双方约定，办理工作交接。用人单位依照本法有关规定应当向劳动者支付经济补偿的，在办结工作交接时支付。用人单位对已经解除或者终止的劳动合同的文本，至少保存二年备查。

《劳动合同法》第八十九条规定："用人单位违反本法规定未向劳动者出具解除或者终止劳动合同的书面证明，由劳动行政部门责令改正，给劳动者造成损害的，应当承担赔偿责任。"第八十四条规定："用人单位违反本法规定，扣押劳动者居民身份证等证件的，由劳动行政部门责令限期退还劳动者本人，并依照有关法律规定给予处罚。用人单位违反本法规定，以担保或者其他名义向劳动者收取财物的，由劳动行政部门责令限期退还劳动者本人，并以每人五百元以上二千元以下的标准处以罚款；给劳动者造成损害的，应当承担赔偿责任。劳动者依法解除或者终止劳动合同，用人单位扣押劳动者档案或者其他物品的，依照前款规定处罚。"

第二章　工作时间和休息休假

第一节　工作时间

工作时间是指法律规定的劳动者从事生产或者工作的时间，通常包括工作日和工作周。工作日是劳动者每天应工作的时数。工作周是劳动者每周应工作的天数。工作时间以工作日为其主要形式。工作时间具有劳动基准的性质，法律对工作时间制定最低的法定标准，其实质是对最高工时进行限制。

一、标准工作时间

标准工作时间是由法律规定的，在正常情况下劳动者从事工作的时间。它是工时制度的主要形式，也是计算其他工作时间种类的依据。目前，我国的标准工作时间为每日工作 8 小时，每周工作 40 小时，其依据是 1995 年国务院《关于修改〈国务院关于职工工作时间的规定〉的决定》。

劳动和社会保障部于 2008 年 1 月 3 日发布的《关于职工全年月平均工作时间和工资折算问题的通知》（劳社部发〔2008〕3 号）规定，根据《全国年节及纪念日放假办法》，全体公民的节日假期由原来的 10 天增设为 11 天。据此，职工全年月平均制度工作天数做相应调整，制度工作时间的计算如下：

（1）年工作日：365 天－104 天（休息日）－11 天（法定节假日）＝250 天。

(2)季工作日:250 天÷4 季=62.5 天/季。

(3)月工作日:250 天÷12 月=20.83 天/月。

(4)工作小时数的计算:以月、季、年的工作日乘以每日的 8 小时。

二、特殊工作时间

特殊工作时间与标准工作时间相对应,适用于特殊情形,并且工时和休息办法也不同于标准工作时间。《劳动法》第三十九条规定:"企业因生产特点不能实行本法第三十六条、三十八条规定的,经劳动行政部门批准,可以实行其他工作和休息办法。"这就为企业根据生产特点实行变通的工作和休息办法提供了法律依据。特殊工作时间包括缩短工作时间、不定时工作时间、综合计算工作时间、计件工作时间等。

(一)缩短工作时间

缩短工作时间,是指法律规定在特殊情形下实行的工作时间少于标准工作时间长度的工时制度,即劳动者每天工作的时数少于 8 小时或者每周工作的时数少于 40 小时,适用于在特殊条件下从事劳动和有特殊情况的劳动者。1995 年《劳动部贯彻〈国务院关于职工工作时间的规定〉的实施办法》第四条规定,在特殊条件下从事劳动和有特殊情况,需要在每周工作 40 小时的基础上再适当缩短工作时间的,应在保证完成生产和工作任务的前提下,根据《中华人民共和国劳动法》第三十六条的规定,由企业根据实际情况决定。目前,我国适用缩短工作时间的劳动者主要有:

(1)从事特定工作岗位的劳动者。从事矿山井下、高山、有毒有害、特别繁重和过度紧张的体力劳动的劳动者,每个工作日的工作时间应少于 8 小时。如:煤矿井下作业实行四班 6 小时工作制;纺织企业实行"四班三运转"的工作制;从事有毒有害作业的劳动者,根据生产的特点和条件可以实行"三工一休制",即工作 3 天、休息 1 天,也可以实行每日工作 6 小时或 7 小时工作制,还可以实行"定期轮流脱离接触"制,即工人每年轮流脱离原作业岗位一定的时间,脱离期满后回原岗位工作。

(2)从事夜班工作的劳动者。夜班工作是指在当日 22 时至次日 6 时从事劳动或工作的时间。在实行三班制的企业,从事夜班工作的劳动者,其日工作时间比标准时间缩短1小时，同时按照规定发给夜班津贴。

(3)在哺乳期工作的女职工。哺乳时间是指女职工在工作时间内哺乳不满一周岁的婴儿所占用的时间。《女职工劳动保护特别规定》规定，对哺乳不满一周岁婴儿的女职工，用人单位应当在每天的劳动时间内为其安排1小时哺乳时间，女职工生育多胞胎的，每多哺乳一个婴儿，每天增加1小时哺乳时间。

(二)不定时工作时间

不定时工作时间，是针对因生产特点、工作特殊需要或职责范围的关系，无法按标准工作时间衡量或需要机动作业的职工所采用的一种工时。《劳动部贯彻〈国务院关于职工工作时间的规定〉的实施办法》第五条规定：因工作性质或生产特点的限制，不能实行每日工作8小时、每周工作40小时标准工时制度的，可以实行不定时工作制(或综合计算工时工作制等其他工作和休息办法)，并按照劳动部《关于企业实行不定时工作制和综合计算工时工作制的审批办法》执行。

企业对符合下列条件之一的职工，可以实行不定时工作制：

(1)企业中的高级管理人员、外勤人员、推销人员、部分值班人员和其他因工作无法按标准工作时间衡量的职工；

(2)企业中的长途运输人员、出租汽车司机和铁路、港口、仓库的部分装卸人员及因工作性质特殊需机动作业的职工；

(3)其他因生产特点、工作特殊需要或职责范围的关系，适合实行不定时工作制的职工，如从事非生产性值班和特殊工作形式的个体工作岗位的职工。

实行不定时工作制的企业应履行审批手续。因工作性质或者职责限制，不宜实行标准工作制度的国家机关、事业单位和社会团体，由国务院行业主管部门制定实施意见，报人事部批准后，可以实行不定时工作制；中央直属企业实行不定时工作制的，经国务院行业主管部门审核，报国务院劳动行政部门批准；地方企业实行不定时工作制的审批办法，由各省、自治区、直辖市人民政府劳动行政部门制定，报国务院劳动行政部门备案。

经批准实行不定时工作制的职工，不受《劳动法》第四十一条规定的日延长工作时间标准和月延长工作时间标准的限制，不存在延长工作时间的情形。但是，不定时工作制并不意味着用人单位可以随意规定工作时间而不受任何限制。对于实行不定时工作制的劳动者，企业应当根据标准工时制度合理确定劳动者的劳动定额或其他考核标准，以便安排劳动者休息。

（三）综合计算工作时间

综合计算工作时间，是针对因工作性质特殊，需连续作业或受季节及自然条件限制的企业的部分职工，采用的以周、月、季、年等为周期综合计算工作时间的一种工时制度。综合计算工时虽不能实行每日工作 8 小时、每周工作 40 小时的标准工时制度，但其平均日工作时间和平均周工作时间应与标准工作时间基本相同。

企业对符合下列条件之一的职工，可以实行不定时工作制：

（1）交通、铁路、邮电、水运、航空、渔业等行业中因工作性质特殊，需连续作业的职工；

（2）地质及资源勘探、建筑、制盐、制糖、旅游等受季节和自然条件限制的行业的部分职工；

（3）其他适合实行综合计算工时工作制的职工，如亦工亦农，或受能源、原材料供应等条件限制难以均衡生产的乡镇企业的职工。对于那些在市场竞争中，由于外界因素影响，生产任务不均衡的企业的部分职工，也可以参照综合计算工时工作制的办法实施。

用人单位实行综合计算工时工作制的审批办法与实行不定时工作制的审批办法相同。实行综合计算工时工作制是从部分企业生产实际出发，允许实行相对集中工作、集中休息的工作制度，因此在审批综合计算工时工作制过程中不宜再要求企业实行符合标准工时工作制的规定。但是，企业要做到以下两点：

第一，企业实行综合计算工时工作制及在实行综合计算工时工作制中采取何种工作方式，一定要与工会和劳动者协商。

第二，对于第三级及其以上体力劳动强度的工作岗位，劳动者每日连续工作时间不得超过 11 小时，而且每周至少休息 1 天。

企业实行综合计算工时工作制，平均日工作时间和平均周工作时间都应与法定标准工作时间基本相同，超过法定标准工作时间的部分，用人单位应当支付劳动者延长工作时间的劳动报酬。

(四)计件工作时间

计件工作时间，是指以劳动者完成一定劳动定额为计酬标准的工作时间制度。实行计件工作的劳动者完成当日或当月的定额后，可以把剩余时间作为休息时间，也可以超定额以取得相应的额外报酬；未完成当日定额的，则可以在8小时的工作时间之外来完成。

《劳动法》第三十七条规定："对实行计件工作的劳动者，用人单位应当根据本法第三十六条规定的工时制度合理确定其劳动定额和计件报酬标准。"《劳动部贯彻〈国务院关于职工工作时间的规定〉的实施办法》第三条规定，职工每日工作8小时，每周工作40小时，实行这一工时制度，应保证完成生产和工作任务，不减少职工的收入。

由此，实行计件工作制的，用人单位应在保证劳动者享受缩短工时的待遇的同时尽量保证其计件工资收入不减少。如果适当调整劳动定额，在保证劳动者计件工资收入不减少的前提下，计件单价可以不做调整；如果调整劳动定额有困难，就应该考虑适当调整劳动者计件单价，以保证劳动者收入不减少。

(五)非全日制工作时间

非全日制工作时间与非全日制用工形式相适应，是指劳动者每日、每周少于标准工作时数的工作时间。《劳动合同法》第六十八条规定，非全日制用工，是指以小时计酬为主，劳动者在同一用人单位一般平均每日工作时间不超过四小时，每周工作时间累计不超过二十四小时的用工形式。

第二节 休息休假

休息休假，是劳动者在法定工作时间之外自行支配的时间。我国《宪法》第四十三条，对此有明文的规定。根据《劳动法》等规定，劳动者的休息休假具体有：

一、工作日内的间歇时间

工作日内的间歇时间，是指劳动者在一个工作日内的休息时间和用膳时间。间歇时间在劳动者连续工作一定时间后实行有利于帮助劳动者消除疲劳，恢复体力和精力。间歇时间的长短由用人单位根据具体情况而定。一般休息1—2个小时，最低不能少于半小时。间歇时间应该规定工作4小时后开始，不计入工作时间。

二、两个工作日之间的休息时间

两个工作日之间的休息时间，是指劳动者在一个工作日结束后至下一个工作日开始前的休息时间。其长度应以能有效保证劳动者的体力和精力得到恢复为标准。我国实行8小时工作制，劳动者享有的两个工作日之间的休息时间一般为15小时—16小时。实行轮班制的劳动者，其班次需平均调换，一般可在休息日之后调换。调换班次时，不得让工人连续工作两班。

三、休息日

休息日又称公休假日，是劳动者工作满一个工作周以后的休息时间。《劳动法》第三十八条规定，用人单位应当保证劳动者每周至少休息1日。国务院《关于职工工作时间的规定》进一步缩短工时，规定“国家机关、事业单位实行统一的工作时间，星期六和星期日为周休息日”，将每工作周的休息天数增加到2天。

因工作需要不能执行国家统一的工作和休息时间的国家机关、社会团体和事业单位，可根据实际情况采取轮班制的办法，灵活安排周休息日，并报同级人事部门备案。

对于因工作性质或生产特点的限制，实行不定时工作制和综合计算工时工作制等其他工作和休息办法的劳动者，用人单位应在保障劳动者身体健康并充分听取劳动者意见的基础上，采用集中工作、集中休息、轮休调休、弹性工作时间等适当方式，确保职工的休息休假权利和生产、工作任务的完成。

四、法定休假日

法定休假日，是指由国家法律统一规定的用于欢度节日、开展庆祝、纪念活动的休息时间。《劳动法》第四十条规定，用人单位在下列节日期间应当依法安排劳动者休假：元旦、春节、国际劳动节、国庆节、法律法规规定的其他休假节日。我国的法定休假日由《全国年节及纪念日放假办法》予以明确规定。

全体公民放假的假日，如果适逢星期六、星期日，应当在工作日补假。用人单位安排劳动者在全体公民放假的节日加班的，应当支付劳动者不低于其工资的300％的工资报酬。

部分公民放假的节日及纪念日，例如妇女节、青年节、儿童节和中国人民解放军建军纪念日等，放假如果适逢星期六、星期日，不补假。《劳动和社会保障部办公厅关于部分公民放假有关工资问题的函》中规定：在部分公民放假期间，对参加社会或单位组织的庆祝活动和照常工作的职工，单位应支付工资报酬，但不支付加班工资。如果该节日恰逢星期六、星期日，单位安排职工加班工作，则应当依法支付休息日的加班工资。

五、年休假

年休假，是指法律规定的劳动者工作满一定的工作年限后，每年享有的保留工作、带薪连续休假。我国带薪年休假制度的内容包括：

（一）带薪年休假的适用范围

机关、团体、企业、事业单位、民办非企业单位、有雇工的个体工商户等单位的职工连续工作1年以上的，享受带薪年休假。单位应当保证职工享受年休假。职工在年休假期间享受与正常工作期间相同的工资收入。

职工有下列情形之一的，不享受当年的年休假：

（1）职工依法享受寒暑假，其休假天数多于年休假天数的；

（2）职工请事假累计20天以上且单位按照规定不扣工资的；

（3）累计工作满1年、不满10年的职工，请病假累计2个月以上的；

（4）累计工作满10年、不满20年的职工，请病假累计3个月以上的；

(5)累计工作满20年以上的职工,请病假累计4个月以上的。

职工已享受当年的年休假,年度内又出现上述第二至第五种情形之一的,不享受下一年度的年休假。

(二)带薪年休假的天数

带薪年休假的天数与劳动者的工龄相联系。职工累计工作已满1年、不满10年的,年休假5天。已满10年、不满20年的,年休假10天。已满20年的,年休假15天。

国家法定休假日、休息日不计入年休假的假期。

职工依法享受的探亲假、婚丧假、产假等国家规定的假期以及因工伤停工留薪期间不计入年休假的假期。

(三)带薪年休假的安排

单位根据生产、工作的具体情况,并考虑职工本人意愿,统筹安排职工年休假。年休假在1个年度内可以集中安排,也可以分段安排,一般不跨年度安排。单位因生产、工作特点确有必要跨年度安排职工年休假的,可以跨1个年度安排,但应征得职工本人同意。

(四)不能安排职工年休假的补偿和法律责任

单位确因工作需要不能安排职工休年休假的,经职工本人同意,可以不安排年休假或者安排职工年休假天数少于应休年休假天数。对于职工在本年度内应休未休的年休假天数,单位应当按照该职工日工资收入的300%支付未休年休假工资报酬,其中包含用人单位支付职工正常工作期间的工资收入。用人单位安排职工休年休假,但是职工因本人原因且书面提出不休年休假的,用人单位可以只支付其正常工作期间的工资收入。

单位不安排职工休年休假,又不依法给予年休假工资报酬的,由县级以上地方人民政府人事部门或者劳动保障部门依据职权责令限期改正,对于逾期不改正的,除责令该单位支付年休假工资报酬外,单位还应当按照年休假工资报酬的数额向职工加付赔偿金;对于拒不支付年休假工资报酬、赔偿金的,属于公务员和参照《公务员法》管理的人员所在单位的,对直接负责的主管人员及其他直接责任人员依法给予处分;属于其他单位的,由劳动保障部门、人事部门或者职工申请人民法院强制执行。

六、探亲假

探亲假，是指与父母或配偶分居两地的职工，每年享有的与父母或配偶团聚的假期。规定探亲假的目的是适当解决职工同亲属长期远居两地的探亲问题。有关探亲假的具体事宜，主要法律依据是国务院颁布的《国务院关于职工探亲待遇的规定》。

七、其他休假

（一）女职工产假

国家规定产假的目的是保证产妇恢复身体健康。产假期间工资照发。根据《女职工劳动保护特别规定》第七条规定：女职工生育享受 98 天产假，其中产前可以休假 15 天；难产的，增加产假 15 天；生育多胞胎的，每多生育 1 个婴儿，增加产假 15 天。女职工怀孕未满 4 个月流产的，享受 15 天产假；怀孕满 4 个月流产的，享受 42 天产假。《中华人民共和国人口与计划生育法》还规定："符合法律、法规规定生育子女的夫妻，可以获得延长生育假的奖励或者其他福利待遇。"2016 年 1 月，一些关于人口和计划生育的省级地方性法规在国家规定的 98 天之外明确规定了延长生育假（即产假）60 天，并规定了配偶的护理假，如江西省、四川省、宁夏回族自治区等。

（二）婚丧假

婚丧假，是指劳动者本人结婚及其直系亲属死亡时依法享受的假期。依据《国家劳动总局、财政部关于国营企业职工请婚丧假和路程假问题的通知》，职工本人结婚或其直系亲属（父母、配偶和子女）死亡时，由本单位领导批准，可享受 1 至 3 天的婚丧假。职工结婚时双方不在一地工作的，职工在外地的直系亲属死亡时需要职工本人去外地料理丧事的，可以根据路程远近，另给予路程假。在批准的婚丧假和路程假期间职工的工资照发。

第三节 延长工作时间及其限制

一、延长工作时间的适用情况

延长工作时间又称为加班加点，是指劳动者的工作时间超过法律规定的工作时长，包括加班和加点两种形式。加班是指劳动者在公休日或法定休假日从事生产或工作。加点是劳动者在正常工作日超过日法定标准工作时间继续从事生产或工作。延长工作时间是相对于特定的工作时间而言的。

（一）延长工作时间的一般情形

《劳动法》第四十一条规定："用人单位由于生产经营需要，经与工会和劳动者协商后可以延长工作时间。一般每日不得超过一小时；因特殊原因需要延长工作时间的，在保障劳动者身体健康的条件下延长工作时间每日不得超过三小时，但是每月不得超过三十六小时。"据此，用人单位由于生产经营需要，可以延长工作时间。

"生产经营需要"主要是指紧急生产任务。如果不能如期完成生产经营任务，势必影响用人单位的正常运作和经济效益的，可以延长工作时间。《劳动法》没有明确"生产经营需要"的具体情形，在实践中需要通过集体合同约定，或者通过用人单位与工会共同协商，界定"生产经营需要"的范围。

（二）延长工作时间的特殊情形

依据《劳动法》第四十二条的规定，延长工作时间的特殊情形包括：

(1)发生自然灾害、事故或者因其他原因，威胁劳动者生命健康和财产安全，需要紧急处理的；

(2)生产设备、交通运输线路、公共设施发生故障，影响生产和公众利益，必须及时抢修的；

(3)法律、行政法规规定的其他情形。

《劳动部贯彻〈国务院关于职工工作时间的规定〉的实施办法》在上述情

形的基础上做了补充，规定延长工作时间的特殊情形还包括：

其一，必须利用法定节日或公休假日的停产期间进行设备检修、保养的；

其二，为完成国防紧急生产任务，或者完成上级在国家计划外安排的其他紧急生产任务，以及商业、供销企业在旺季完成收购、运输、加工农副产品紧急任务的。

根据《国家机关、事业单位贯彻〈国务院关于职工工作时间的规定〉的实施办法》第六条的规定，适用于国家机关、社会团体和事业单位职工的延长工作时间的特殊情形有：

一是由于发生严重自然灾害、事故或其他灾害使人民的安全健康和国家财产遭到严重威胁，需要紧急处理的；

二是为完成国家紧急任务或完成上级安排的其他紧急任务的。

国家机关、社会团体和事业单位延长职工工作时间，应给职工安排相应的补休。

二、延长工作时间的限制

工作时间和休息时间具有此消彼长的关系，延长工作时间意味着劳动者的休息时间必然被挤占，同法定最高工时标准相冲突，因此，为防止用人单位滥用权利，侵害劳动者的合法权益，国家历来严格限制延长工作时间，并制定了相应的法律、法规。例如，国务院发布的《关于严格制止企业滥发加班加点工资的通知》中规定："各企业单位和企业主管部门要加强思想政治工作，教育职工增强主人翁的责任感，出满勤，干满点，提高工时利用率，提高工作效率和劳动生产率，在正常的工作时间内努力完成和超额完成生产（工作）任务。同时，要加强企业管理，组织好均衡生产，注意职工的劳逸结合，保护职工身体健康。要纠正那种依靠加班加点来完成生产任务，以及把发放加班加点工资作为变相增加职工收入的手段等错误做法。"

《劳动法》第四十三条规定："用人单位不得违反本法规定延长劳动者的工作时间。"国务院《关于职工工作时间的规定》第六条规定："任何单位和个人不得擅自延长职工工作时间，因特殊情况和紧急任务确需延长工作时间的，按照国家有关规定执行。"

生活实例

李某大学毕业后应聘到一家软件公司工作。与公司签订了1年期的劳动合同。公司实行每日工作8小时、每周工作40小时的标准工时制度，并以此为依据确定和支付李某的工资。李某工作很认真，但由于刚参加工作，对业务不甚熟悉，其他同事能完成的工作他有时不能在8小时内完成。为不影响工作进度，李某便主动利用下班时间加班完成。一年合同期届满时，李某表示不再续签劳动合同，但要求公司支付其在一年内的加班工资，并出示了其间的考勤记录。公司以实行标准工时制度、对加班制度另有规定、李某自愿主动加班并非公司安排为由，拒绝支付加班工资。双方发生争议。

▲实例分析

劳动者主动延长工作时间能否要求支付加班工资？

▲法律规定

1.《中华人民共和国劳动法》

第四十四条规定：有下列情形之一的，用人单位应当按照下列标准支付高于劳动者正常工作时间工资的工资报酬：

(1)安排劳动者延长工作时间的，支付不低于工资的百分之一百五十的工资报酬；

(2)休息日安排劳动者工作又不能安排补休的，支付不低于工资的百分之二百的工资报酬；

(3)法定休假日安排劳动者工作的，支付不低于工资的百分之三百的工资报酬。

2.《工资支付暂行规定》

第十三条规定：用人单位在劳动者完成劳动定额或规定的工作任务后，根据实际需要安排劳动者在法定标准工作时间以外工作的，应按以下标准支付工资：

(1)用人单位依法安排劳动者在日法定标准工作时间以外延长工作时间的，按照不低于劳动合同规定的劳动者本人小时工资标准的150%支付劳动者工资；

(2)用人单位依法安排劳动者在休息日工作，而又不能安排补休的，按照不低于劳动合同规定的劳动者本人日或小时工资标准的200％支付劳动者工资；

(3)用人单位依法安排劳动者在法定休假节日工作的，按照不低于劳动合同规定的劳动者本人日或小时工资标准的300％支付劳动者工资。

实行计件工资的劳动者，在完成计件定额任务后，由用人单位安排延长工作时间的，应根据上述规定的原则，分别按照不低于其本人法定工作时间计件单价的150％、200％、300％支付其工资。

经劳动行政部门批准实行综合计算工时工作制的，其综合计算工作时间超过法定标准工作时间的部分，应视为延长工作时间，并应按本规定支付劳动者延长工作时间的工资。

实行不定时工时制度的劳动者，不执行上述规定。

▲法律讲解

上述法律法规中的相关具体规定，都将用人单位“安排”劳动者延长工作时间作为补休和支付加班工资的前提。对此可以解释为延长工作时间是用人单位的原因造成的。具体到本案，公司实行标准工时制并有相应的加班制度，李某加班是自己不能按时完成工作任务导致的，因此属于自愿加班，并非用人单位的原因造成，并且李某也没有办理延长工作时间的履行手续，要求公司支付加班工资缺乏法律依据。

▲注意事项

延长工作时间均是用人单位自身原因所导致的，如果属于劳动者自愿加班，一般不会被认为是法律法规规定的“延长工作时间”的情形。但是需要注意的是，在用工实践中，有些用人单位在与劳动者签订劳动合同时要求劳动者签订“自愿加班协议”。一般情况下，这样的自愿加班协议无效，不受法律保护。

法律重点对延长工作时间的一般情形进行限制。限制措施主要包括：

（一）从适用人员范围限制

为保障特殊劳动者群体的权益，禁止对未成年工、孕期内的女职工和哺乳期内的女职工延长工作时间。如《女职工劳动保护特别规定》第六条、第九条规定，对怀孕7个月以上的女职工，用人单位不得延长劳动时间或者安排夜班劳动；对哺乳未满1周岁婴儿的女职工，用人单位不得延长劳动时间或者安排夜班劳动。

（二）从程序上限制延长工作时间的一般情形

用人单位基于生产经营需要延长工作时间，必须满足程序上的条件：

(1)与工会协商。用人单位需要延长职工工作时间时，应当将延长的理由、人数、时间长度等相关事宜向工会说明，征得工会的同意。如果工会认为延长工作时间的理由不充分或内容不适当，有权向用人单位提出，通过协商予以修改、完善。

(2)与劳动者协商。用人单位还应当与劳动者协商，征得劳动者的同意。用人单位只有在劳动者自愿的情况下才可以延长其工作时间。

（三）从时间长度上限制延长工作时间

用人单位延长工作时间不得超过法定时数：

(1)一般每日不得超过1小时；

(2)因特殊原因需要延长工作时间的，在保障劳动者身体健康的条件下延长工作时间每日不得超过3小时；

(3)每月延长工作时间的总时数不得超过36小时。

我国《劳动法》第九十条规定："用人单位违反本法规定，延长劳动者工作时间的，由劳动行政部门给予警告，责令改正，并可以处以罚款。"

三、延长工作时间的补偿

延长工作时间，意味着劳动者增加了额外的工作量，需要付出更多的劳动。为此，我国劳动立法规定了补休和支付延长工作时间工资(即加班加点工资)两种补偿方式。

（一）补休

补休适用于用人单位安排劳动者在休息日延长工作时间的情形，且与支付延长工作时间工资相比，具有优先性。用人单位在休息日安排劳动者加班工作的，应首先安排补休；不能补休时，应支付不低于工资的200%的工资报酬。补休时间应等同于加班时间。对于在法定休假日安排劳动者加班的情形，一般不安排补休，而是支付劳动者延长工作时间工资。

生活实例

张某与某加工厂签订了为期两年的劳动合同，劳动合同期从2006年5月始，至2008年5月止。2007年10月至12月间，由于订单较多，加工厂便安排张某等人在休息日加班，两个月共计加班10天。后加工厂安排加班员工补休，其他员工都已休完。但张某不同意补休，要求加工厂支付加班费。而加工厂以义务已完成为由拒绝支付，遂引发争议。张某申请劳动仲裁。

▲实例分析

用人单位安排劳动者在休息日加班，劳动者能否不要用人单位安排补休，而是支付加班工资？

▲法律规定

1.《中华人民共和国劳动法》

第四十四条规定：有下列情形之一的，用人单位应当按照下列标准支付高于劳动者正常工作时间工资的工资报酬：

(1)安排劳动者延长工作时间的，支付不低于工资的百分之一百五十的工资报酬；

(2)休息日安排劳动者工作又不能安排补休的，支付不低于工资的百分之二百的工资报酬；

(3)法定休假日安排劳动者工作的，支付不低于工资的百分之三百的工资报酬。

▲法律讲解

依据《劳动法》第四十四条的规定，第二种情况即为“用人单位休息日安排劳动者工作又不能安排补休的，支付不低于工资的百分之二百的工资报酬”，由此可知用人单位在休息日安排劳动者工作，应该是先安排补休，只有在不能安排补休的情况下，才需要支付加班工资。这样的立法规定在《工资支付暂行规定》的规定中也同样存在。

具体到本案，本案属于用人单位在休息日安排劳动者工作的情况，依法用人单位应该先安排劳动者补休，不能补休的情况下才需要支付劳动者加班费。本案中的用人单位已经依照法律的规定，给劳动者张某安排了补休，应免除其支付加班费的义务，因此，仲裁委经审理驳回张某要求支付加班费的仲裁请求。

▲注意事项

用人单位在休息日安排劳动者工作的，对于是安排补休还是支付加班工资，不论是用人单位还是劳动者都没有选择权。加班工资的支付只有在用人单位不能安排补休时才适用。

（二）支付延长工作时间工资

依据《劳动法》和《工资支付暂行规定》的规定，延长工作时间工资的标准为：

(1)用人单位依法安排劳动者在日法定标准工作时间以外延长工作时间的，支付劳动者不低于其本人小时工资标准的150％的工资报酬；

(2)用人单位依法安排劳动者在休息日工作又不能安排补休的，支付劳动者不低于其本人日或小时工资标准的200％的工资报酬；

(3)用人单位依法安排劳动者在法定休假日工作的，支付劳动者不低于其本人日或小时工资标准的300％的工资报酬。

实行计件工资的劳动者，在完成计件定额任务后，由用人单位安排延长工作时间的，依据上述原则，分别按照不低于其本人法定工作时间计件单价的150％、200％、300％支付工资报酬。实行综合计算工时制的劳动者，其综合计算工作时间超过法定标准工作时间的部分，用人单位应向劳动者支付不低于其工资的150％的工资报酬；其中，法定休假日安排劳动者工作的，支付不低于劳动者工资的300％的工资报酬。

第三章　工伤的认定

第一节　典型工伤情形

工伤范围是工伤认定的前提，一般由法律直接规定。我国《工伤保险条例》对此有明确的规定。我国《工伤保险条例》第十四条列举了几类典型工伤的情形，分别为：

一、在工作时间和工作场所内，因工作原因受到事故伤害的

（1）对"工作时间"的认定应当考虑是否属于因工作所需的时间，工作时间不仅包括劳动者实际的工作时间，也包括劳动者某些与工作有关的非实际工作时间，如劳动者每日不得超过8小时、每周不得超过40小时的标准工时；用人单位延长劳动者的工作时间；因用人单位的原因造成的等待工作任务的时间；受用人单位指派参加与工作有直接联系的职业培训、教育时间；女职工的哺乳时间；未成年工定期进行健康检查的时间；劳动者依法参加社会活动的时间，如依法出席工会等组织的会议、依法担任陪审员等的时间，等等。

（2）对"工作场所"的认定应当考虑是否属于因工作涉及的区域及自然延伸的合理区域，包括职工日常固定的工作场所及其附属建筑，如厂房、车间、单位食堂、单位澡堂、单位洗手间等；还包括受用人单位指派去从事工作

的其他场所。在有多个工作场所的情形下，工作场所还包括职工来往于多个工作场所之间的必经区域。

(3)"工作原因"是指职工所受事故伤害与从事本职工作之间存在因果关系。即职工系因从事本职工作而受伤。对"工作原因"的认定应当考虑是否履行工作职责、是否受用人单位指派、是否与工作职责有关、是否基于用人单位的正当利益等因素。

(4)"事故伤害"是指职工在工作过程中发生的人身伤害或者急性中毒等事故。职工受到事故伤害不仅指身体组织器官的缺损、身体机能的失调，而且包括精神上的障碍。如由于目击工厂火灾的惨状而受惊吓导致的精神障碍等。

事故伤害与工作之间存在因果关系是认定工伤的关键。否则，即使职工在工作时间和工作场所内受到事故伤害，仍不可认定为工伤。最高人民法院《关于审理工伤保险行政案件若干问题的规定》(以下简称《工伤保险案件规定》)第四条规定："社会保险行政部门认定下列情形为工伤的，人民法院应予支持：①职工在工作时间和工作场所内受到伤害，用人单位或者社会保险行政部门没有证据证明是非工作原因导致的；②职工参加用人单位组织或者受用人单位指派参加其他单位组织的活动受到伤害的；③在工作时间内，职工来往于多个与其工作职责相关的工作场所之间的合理区域因工受到伤害的；④其他与履行工作职责相关，在工作时间及合理区域内受到伤害的。"

生活实例

孙某系中力公司员工，2003年6月10日上午受中力公司负责人指派去北京某机场接人。其从中力公司所在天津市南开区华苑产业园区国际商业中心(以下简称商业中心)8楼下楼，欲到商业中心院内开车。当行至1楼门口台阶处时，孙某脚下一滑，从4层台阶处滚落到地面，经医院诊断为颈髓过伸位损伤合并颈部神经根牵拉伤、上唇挫裂伤、左手臂擦伤、左腿皮擦伤。孙某向园区劳动局提出工伤认定申请，园区劳动局于2004年3月5日作出《工伤认定决定书》，认为没有证据表明孙某的摔伤事故是在工作场所、基于工作原因造成的，决定不认定为工伤。孙某不服，提起诉讼。

▲实例分析

孙某摔伤地点是否属于工作场所和工作原因？

▲法律规定

1.《工伤保险条例》

第十四条规定：职工有下列情形之一的，应当认定为工伤：

(1)在工作时间和工作场所内，因工作原因受到事故伤害的；

(2)工作时间前后在工作场所内，从事与工作有关的预备性或者收尾性工作受到事故伤害的；

(3)在工作时间和工作场所内，因履行工作职责受到暴力等意外伤害的；

(4)患职业病的；

(5)因工外出期间，由于工作原因受到伤害或者发生事故下落不明的；

(6)在上下班途中，受到非本人主要责任的交通事故或者城市轨道交通、客运轮渡、火车事故伤害的；

(7)法律、行政法规规定应当认定为工伤的其他情形。

▲法律讲解

《工伤保险条例》规定，职工在工作时间和工作场所内，因工作原因受到事故伤害，应当认定为工伤。该规定中的“工作场所”，指职工从事职业活动的场所。在有多个工作场所的情形下，还应包括职工来往于多个工作场所之间的必经区域。本案中，位于商业中心8楼的中力公司办公室，是孙某的工作场所；而其完成去机场接人的工作任务需驾驶的汽车，是其另一处工作场所。汽车停在商业中心1楼的门外，孙某要完成开车任务，必须从商业中心8楼下到1楼门外停车处，故从商业中心8楼到停车处是孙某来往于两个工作场所之间的必经区域，应当认定为工作场所。孙某为完成开车接人的工作任务，从位于商业中心8楼的中力公司办公室下到1楼，并在1楼门口台阶处摔伤，系为完成工作任务所致。故法院经审理判决撤销园区劳动局所作的《工伤认定决定书》，限其在判决生效后60日内重新做出具体行政行为。

▲注意事项

工伤认定中，工作场所的认定，不仅指职工从事职业活动的场所，还应包括职工来往于多个工作场所之间的必经区域。

二、工作时间前后在工作场所内，从事与工作有关的预备性或者收尾性工作受到事故伤害的

职工从事工作是一个连续性的过程，根据工作性质的不同，在工作前后的一段合理时间内往往需要从事诸如搬运、清洗、准备、整理、维修、堆放或收拾工具和工作服等预备性或收尾性工作，这时职工虽然还没有进行实际工作，但是这些工作为职工实际工作的顺利进行提供了条件，与工作存在直接联系，因此，职工在工作场所内从事这些预备性或收尾性工作受到事故伤害的应当认定为工伤。

三、在工作时间和工作场所内，因履行工作职责受到暴力等意外伤害的

因履行工作职责受到暴力等意外伤害是指受到暴力等意外伤害与履行工作职责之间具有因果关系。这一规定包含了两类情形：

(1)在工作时间和工作场所内，职工因履行工作职责而与第三人发生冲突，受到第三人暴力侵害的情形。

(2)在工作时间和工作场所内，职工因履行工作职责受到其他意外伤害的情形，如地震、火灾、洪水、雪灾、雷击、车间房屋倒塌等导致的意外伤害等。

例如，用人单位的保安为了阻止非工作人员进入工作场所闹事，与闹事人员发生冲突，被闹事人员殴打致伤的情形，应当认定为工伤。但是，闹事人员为了报复保安，在保安回家的途中将保安殴打致伤的情形则不得认定为工伤。

四、患职业病的

职业病是指企业、事业单位和个体经济组织等用人单位的劳动者在职

业活动中因接触粉尘、放射性物质和其他有毒、有害因素而引起的疾病。职业病不同于事故伤害,职业病是劳动者长期接触职业性有害物质导致的结果,而事故伤害具有突发性,如长期在高噪声环境下工作而又没有采取任何有效的防护措施造成的噪声聋就属于职业病,而由于一次爆炸造成的耳聋则属于事故伤害。

《中华人民共和国职业病防治法》(以下简称《职业病防治法》)第四十七条第二款规定了推定为职业病的情形,只要没有证据否定职业病危害因素与病人临床表现之间的必然联系,就应当诊断为职业病。

五、因工外出期间,由于工作原因受到伤害或者发生事故下落不明的

"因工外出期间"属于"工作时间"的一种特殊情形,应当从职工外出是否因工作或者为用人单位的正当利益等方面综合考虑。"下落不明"是指职工离开最后居住地后没有音讯的状况,以人民法院的判决书为准。

最高人民法院行政审判庭《关于职工外出学习休息期间受到他人伤害应否认定为工伤问题的答复》(〔2007〕行他字第 9 号)中规定:职工受单位指派外出学习期间,在学习单位安排的休息场所休息时受到他人伤害的,应当认定为工伤。需注意以下三个问题:

(1)〔2007〕行他字第 9 号答复所确定的内容,适用于所有外出因工受到伤害的案件。但是该答复仅仅明确了职工受单位指派外出学习期间(需要指出,这里的外出学习,不包括脱产或不脱产学历教育学习、公派留学学习、停薪留职学习),在学习单位安排的休息场所休息时受到他人伤害的,应当认定为工伤。对于因工外出其他情况未做明确规定。因对于因工外出其他情况与外出学习仅仅是外出原因不同,其他情况完全相同,所以,其他因工外出期间受到他人或意外伤害、突发疾病死亡等的案件,亦应适用该答复所确定的内容。

(2)因工外出期间在与工作无关的活动中受到意外伤害、突发疾病死亡的,不应认定为工伤。扩张解释有利于弥补成文法的局限,但不能没有限度任意扩张,否则就会违背法律的目的和要求。职工外出期间因从事违法行为或者完全因个人目的的行为而产生的伤害,如在探亲访友、娱乐游玩、购

物等与工作无关的活动中受到意外伤害、突发疾病死亡的，因所从事的活动与工作无直接和间接关系，不能再扩张解释属于“因工作时间、工作场所、工作原因”，故不能认定为工伤。

(3)职工因工长期外出，休息期间在单位为其长期安排的住所中，受到伤害的，不应认定为工伤。〔2007〕行他字第9号答复中对因工外出“工作原因”做了扩张解释。因此。其适用范围亦应做较为严格的限定。单位派其职工长期外出工作(如各地的办事处等)，并为其解决了长期住所问题，其在单位安排的住所于休息期间受到伤害或突发疾病死亡的，不属于“因工作时间、工作场所、工作原因”受到伤害，不宜认定为工伤。

最高人民法院《工伤保险案件规定》第五条规定：“社会保险行政部门认定下列情形为‘因工外出期间’的，人民法院应予支持：(1)职工受用人单位指派或者因工作需要在工作场所以外从事与工作职责有关的活动期间；(2)职工受用人单位指派外出学习或者开会期间；(3)职工因工作需要的其他外出活动期间。职工因工外出期间从事与工作或者受用人单位指派外出学习、开会无关的个人活动受到伤害，社会保险行政部门不认定为工伤的，人民法院应予支持。”

人力资源和社会保障部规定，职工因工作原因驻外，有固定的住所、有明确的作息时间，工伤认定时按照在驻在地当地正常工作的情形处理。

生活实例

2004年10月12日，赵某向北京市朝阳区劳动和社会保障局(以下简称朝阳区劳动保障局)递交工伤认定申请表，称自己系微软(中国)有限公司职工，其在2004年7月5日按照微软公司的要求入住九华山庄参加会议，当晚在客房内洗澡时因浴室防滑垫失效滑倒，次日被送往北京大学第三医院诊治，诊断结论为：右膝内侧半月板损伤，右侧胫骨平台骨折，右膝内侧副韧带撕脱，右股骨内踝骨软骨损伤。赵某认为其所受伤害系工作原因，故申请认定工伤，同时提交了目击者证明、诊断证明书、外资办事机构登记信息等材料。朝阳区劳动保障局受理赵某所提申请后于2004年10月25日作出《非工伤认定通知书》，认定赵某在前述事故中所受伤害不符合工伤(视同工伤)

认定范围，不予认定工伤(视同工伤)。赵某不服，向北京市劳动和社会保障局提出行政复议。2004 年 12 月 22 日北京市劳动和社会保障局作出行政复议决定书，维持了《非工伤认定通知书》。后赵某起诉到北京市朝阳区人民法院。

▲实例分析

赵某在外出开会休息期间，在微软公司安排的房间内洗澡摔伤是否系因工作原因受到伤害?

▲法律规定

1.《工伤保险条例》

第十四条规定:职工有下列情形之一的，应当认定为工伤:

(1)在工作时间和工作场所内，因工作原因受到事故伤害的;

(2)工作时间前后在工作场所内，从事与工作有关的预备性或者收尾性工作受到事故伤害的;

(3)在工作时间和工作场所内，因履行工作职责受到暴力等意外伤害的;

(4)患职业病的;

(5)因工外出期间，由于工作原因受到伤害或者发生事故下落不明的;

(6)在上下班途中，受到非本人主要责任的交通事故或者城市轨道交通、客运轮渡、火车事故伤害的;

(7)法律、行政法规规定应当认定为工伤的其他情形。

▲法律讲解

赵某系微软公司员工，公司要求其于 2004 年 7 月 5 日入住九华山庄参加会议，当晚在客房内洗澡时摔伤。根据《工伤保险条例》第十四条第五项，职工因工作原因在工作场所以外从事与职务有关的活动的时间应认定为“因工外出期间”，赵某系按照微软公司的安排入住九华山庄参加会议，属于“因工外出期”。在用人单位组织或安排的与工作有关的活动中受到事故伤害，可以视为工作原因，赵某在微软公司安排的房间内洗澡摔伤系因工作原因受到伤害。综上分析，朝阳区劳动保障局针对赵某作出的《非工伤认定通知书》依据不足，应予撤销，由朝阳区劳动保障局重新作出是否构成工伤的认定结论。

▲注意事项

劳动者于外出开会休息期间在用人单位安排的房间内洗澡摔伤属于因工作原因受到伤害，应认定为工伤。

六、在上下班途中，受到非本人主要责任的交通事故或者城市轨道交通、客运轮渡、火车事故伤害的

《工伤保险案件规定》第六条规定："对社会保险行政部门认定下列情形为'上下班途中'的，人民法院应予支持：(1)在合理时间内往返于工作地与住所地、经常居住地、单位宿舍的合理路线的上下班途中；(2)在合理时间内往返于工作地与配偶、父母、子女居住地的合理路线的上下班途中；(3)从事属于日常工作生活所需要的活动，且在合理时间和合理路线的上下班途中；(4)在合理时间内其他合理路线的上下班途中。"

"合理时间"除了职工正常的工作时间，也应包括职工加班加点的时间，或者等交通高峰期过了之后再回家的时间。"合理路线"应当包括上下班途中顺路送接孩子上学或放学、顺路去菜场买菜等日常工作生活所需要的活动的路线。同时，这一规定将上下班途中的工伤认定范围由原来的机动车事故伤害扩大到机动车、非机动车的交通事故和城市轨道交通、客运轮渡和火车事故伤害。但是，法律限定上下班途中"非本人主要责任"的交通事故伤害才能认定为工伤。对于"本人主要责任"的认定，应当以有权机构出具的事故责任认定书、结论性意见和人民法院生效裁判等法律文书为依据，但有相反证据足以推翻事故责任认定书和结论性意见的除外。

生活实例

陈某系北京国玉酒店职工，双方签有书面劳动协议书，但协议书未明确约定陈某每日工作时间及工休时间。国玉酒店未给陈某缴纳工伤保险费，该费用一直由陈某下岗时所在的馄饨侯公司负责缴纳。2006年9月20日

晨,陈某自其住所骑一辆三轮车前往国玉酒店上班。6 时 5 分,陈某行至北京市朝阳区北辰某路口时发生机动车交通事故受伤,经抢救无效死亡。交警朝阳支队对此次交通事故作出责任认定书,结论为陈某无责任。2006 年 11 月 24 日,陈某之妻余某向北京市朝阳区劳动和社会保障局提出工伤认定申请。2007 年 1 月 16 日北京市朝阳区劳动和社会保障局作出工伤认定书认定陈某于 2006 年 9 月 20 日死亡,符合工伤认定范围,认定为工伤,并于 2007 年 1 月 22 日将通知送达国玉酒店。国玉酒店不服该工伤认定,向北京市劳动和社会保障局申请行政复议。北京市劳动和社会保障局维持了涉案工伤认定书。国玉酒店不服,向北京市朝阳区人民法院提起行政诉讼。

▲实例分析

陈某是否在其上班途中因交通事故伤害致死?

▲法律规定

1.《工伤保险条例》

第十四条规定:职工有下列情形之一的,应当认定为工伤:

(1)在工作时间和工作场所内,因工作原因受到事故伤害的;

(2)工作时间前后在工作场所内,从事与工作有关的预备性或者收尾性工作受到事故伤害的;

(3)在工作时间和工作场所内,因履行工作职责受到暴力等意外伤害的;

(4)患职业病的;

(5)因工外出期间,由于工作原因受到伤害或者发生事故下落不明的;

(6)在上下班途中,受到非本人主要责任的交通事故或者城市轨道交通、客运轮渡、火车事故伤害的;

(7)法律、行政法规规定应当认定为工伤的其他情形。

▲法律讲解

国玉酒店制作了一份从陈某住处到国玉酒店的交通路线图,并以涉案交通事故发生的地点不在该图所示路线上为由,认为北京市朝阳区劳动和社会保障局认定陈某在上班途中因机动车事故伤害致死不当。对此法院认为,对这里的“上下班途中”应当从有利于保障工伤事故受害者的立场出发,做出全面、正确的理解。“上下班途中”，原则上是指职工为了上下班而往返于住处和工作单位之间的合理路径。但根据社会生活的实际情况，职工不一定只有一处住处。因工作性质的原因，其工作场所也不一定仅有一处。即使住处和工作场所仅有一处，职工往返于两地之间也不一定只有一条路径可供选择。因此，只要属于职工为上下班而往返于住处和工作单位之间的合理路径之中，即应认定为“上下班途中”。对“上下班途中”不能做过于机械的理解，不能理解为最近的路径，也不能理解为职工平常较多选择的路径，更不能以用人单位提供的路径作为职工上下班必须选择的唯一路径。因此，法院判决维持北京市朝阳区劳动和社会保障局作出的涉案工伤认定书。国玉酒店公司不服一审判决，向北京市第二中级人民法院提起上诉。二审维持原判。

▲注意事项

劳动者“上下班途中”只要为“合理路径”均属于“上下班途中”。

七、法律、行政法规规定应当认定为工伤的其他情形

“法律、行政法规”仅指全国人大及其常委会制定的法律、国务院制定的行政法规。部门规章、地方性法规、地方政府规章等都无权增加应当认定为工伤的情形。

第二节　工伤认定的特殊情况

一、视同工伤的情形

根据《工伤保险条例》第十五条的规定，职工有下列情形之一的，视同工伤：

(1)在工作时间和工作岗位，突发疾病死亡或者在48小时之内经抢救无效死亡的；

(2)在抢险救灾等维护国家利益、公共利益活动中受到伤害的;

(3)职工原在军队服役,因战、因公负伤致残,已取得革命伤残军人证,到用人单位后旧伤复发的。

职工有前款第一项、第二项情形的,按照本条例的有关规定享受工伤保险待遇;职工有前款第三项情形的,按照本条例的有关规定享受除一次性伤残补助金以外的工伤保险待遇。

二、不得认定为工伤或者视同工伤的情形

根据《工伤保险条例》第十六条规定,职工符合工伤认定、视同工伤的规定,但是有下列情形之一的,不得认定为工伤或者视同工伤:

(1)故意犯罪的;

(2)醉酒或者吸毒的;

(3)自残或者自杀的。

第四章　劳动争议的处理

第一节　劳动争议的处理

一、劳动争议的受案范围

(一)劳动争议受案范围的一般规定

劳动争议的受案范围是立法机构从案件受理的角度对劳动争议范围的界定。根据《中华人民共和国劳动争议调解仲裁法》(以下简称《劳动争议调解仲裁法》)第二条的规定,中华人民共和国境内的用人单位与劳动者发生的下列劳动争议,适用本法:

(1)因确认劳动关系发生的争议;

(2)因订立、履行、变更、解除和终止劳动合同发生的争议;

(3)因除名、辞退和辞职、离职发生的争议;

(4)因工作时间、休息休假、社会保险、福利、培训以及劳动保护发生的争议;

(5)因劳动报酬、工伤医疗费、经济补偿或者赔偿金等发生的争议;

(6)法律、法规规定的其他劳动争议。

我国的《劳动争议调解仲裁法》主要针对劳动争议的调解和仲裁做出规

范，对于劳动诉讼并未过多涉及。

(二)特殊的劳动争议

1.社会保险争议

社会保险争议作为一类特殊的劳动争议，是否属于受案范围涉及一些复杂的问题，特别是行政管理与纠纷解决程序之间的协调。最高人民法院《关于审理劳动争议案件适用法律若干问题的解释》(以下简称《解释一》)规定，劳动者退休后，与尚未参加社会保险统筹的原用人单位因追索养老金、医疗费、工伤保险待遇和其他社会保险费而发生的纠纷，人民法院应当受理。

《劳动争议调解仲裁法》进一步明确了社会保险争议属于劳动争议。最高人民法院《关于审理劳动争议案件适用法律若干问题的解释(三)》(以下简称《解释三》)第一条规定："劳动者以用人单位未为其办理社会保险手续，且社会保险经办机构不能补办导致其无法享受社会保险待遇为由，要求用人单位赔偿损失而发生争议的，人民法院应予受理。"

劳动者与用人单位之间基于劳动关系产生的社会保险争议属于劳动争议。用人单位、劳动者和社会保险经办机构就欠费等发生争议，是征收与缴纳之间的纠纷，属于行政管理的范畴，不是单一的劳动者与用人单位之间的社会保险争议。因此，对于那些已经由用人单位办理了社会保险手续，但因用人单位欠缴、拒缴社会保险费或者因缴费年限、缴费基数等发生的争议，应由社会保险管理部门解决处理，不应纳入人民法院受案范围。

对于因用人单位没有为劳动者办理社会保险手续且社会保险经办机构不能补办，导致劳动者不能享受社会保险待遇，要求用人单位赔偿损失的，则属于典型的社会保险争议纠纷，人民法院应依法受理。

对于社会保险争议，如果通过社会保险管理部门的行政手段和其他管理职能范围内的手段能够解决的，人民法院不宜过多干涉。

2.企业改制引发的争议

中国在改革过程中面临大量的企业改制问题，企业改制常常引发劳动纠纷，如下岗、买断工龄、提前退休，等等。为此，最高人民法院《解释三》第二条规定："因企业自主进行改制引发的争议，人民法院应予受理。"据此，由企业自主进行的改制引发的劳动争议，法院应当受理。由政府主导企业改制带来的职工下岗、整体拖欠职工工资等问题引发的争议不在法院劳动争议受理范围之内。

3.加付赔偿金争议

《劳动合同法》第八十五条规定："用人单位有下列情形之一的，由劳动行政部门责令限期支付劳动报酬、加班费或者经济补偿；劳动报酬低于当地最低工资标准的，应当支付其差额部分；逾期不支付的，责令用人单位按应付金额百分之五十以上百分之一百以下的标准向劳动者加付赔偿金：(1)未按照劳动合同的约定或者国家规定及时足额支付劳动者劳动报酬的；(2)低于当地最低工资标准支付劳动者工资的；(3)安排加班不支付加班费的；(4)解除或者终止劳动合同，未依照本法规定向劳动者支付经济补偿的。"

最高人民法院《解释三》第三条规定："劳动者依据劳动合同法第八十五条规定，向人民法院提起诉讼，要求用人单位支付加付赔偿金的，人民法院应予受理。"

加付赔偿金诉讼有一个前提，即劳动者必须就用人单位拖欠其劳动报酬、加班费或者经济补偿的违法行为先向劳动行政部门投诉，劳动行政部门在责令用人单位限期支付后，用人单位仍未支付。如果未经过这一前提程序，劳动者直接主张加付赔偿金，法院将不予受理。

4.退休人员再就业争议

对于退休人员再就业(超龄劳动)形成的法律关系的性质，属于劳动关系还是劳务关系，最高人民法院《解释三》第七条规定："用人单位与其招用的已经依法享受养老保险待遇或领取退休金的人员发生用工争议，向人民法院提起诉讼的，人民法院应当按劳务关系处理。"

5.停薪留职、内退、下岗待岗及放长假人员再就业争议

根据劳动部《关于实行劳动合同制度若干问题的通知》、劳动部办公厅对《关于实行劳动合同制度若干问题的请示》的复函、《国有企业富余职工安置规定》等规范性文件，企业停薪留职人员、未达到法定退休年龄的内退人员、下岗待岗人员以及企业经营性停产放长假人员，与原单位仍旧保持劳动关系，这些人员未结束原劳动关系而再就业的，根据最高人民法院《解释三》第八条的规定，因与新的用人单位发生用工争议，依法向人民法院提起诉讼

的，人民法院应当按劳动关系处理。

二、劳动争议处理机制

劳动争议处理机制是由各种劳动争议处理机构和相互衔接的争议处理程序共同构成的解决劳动争议的制度体系。我国现行的劳动争议处理机制可大致概括为“一调一裁二审”，对部分劳动争议案件实行有限制的“一裁终局”。其基本框架构成与衔接机制是：

（一）协商和解

劳动争议发生后，劳动者和用人单位可以自行协商和解，也可以请工会或者第三方共同与用人单位协商和解。最高人民法院《解释三》第十条规定：“劳动者与用人单位就解除或者终止劳动合同办理相关手续、支付工资报酬、加班费、经济补偿或者赔偿金等达成的协议，不违反法律、行政法规的强制性规定，且不存在欺诈、胁迫或者乘人之危情形的，应当认定有效。前款协议存在重大误解或者显失公平情形，当事人请求撤销的，人民法院应予支持。”该条明确肯定了就特定事项达成的和解协议的法律效力。

（二）调解

当事人不愿协商、协商不成或者达成和解协议后不履行的，可以向调解组织申请调解。无论和解还是调解，都不是劳动争议处理的必经程序。

（三）劳动仲裁

当事人不愿调解、调解不成或者达成调解协议后不履行的，可以向劳动人事争议仲裁委员会申请仲裁。劳动仲裁是劳动争议处理机制的核心，原则上是处理劳动争议的必经程序。经劳动仲裁的案件分两种情况做不同处理：

1. 仲裁裁决为终局裁决

我国《劳动争议调解仲裁法》第四十七条规定：“下列劳动争议，除本法另有规定的外，仲裁裁决为终局裁决，裁决书自作出之日起发生法律效力：(1)追索劳动报酬、工伤医疗费、经济补偿或者赔偿金，不超过当地月最低工资标准十二个月金额的争议；(2)因执行国家的劳动标准在工作时间、休息休假、社会保险等方面发生的争议。”该条规定的例外情况：

一是劳动者对该第四十七条规定的仲裁裁决不服的，可以自收到仲裁裁决书之日起十五日内向人民法院提起诉讼。

二是用人单位有证据证明该第四十七条规定的仲裁裁决有下列情形之一，可以自收到仲裁裁决书之日起三十日内向劳动争议仲裁委员会所在地的中级人民法院申请撤销裁决：

(1)适用法律、法规确有错误的；

(2)劳动争议仲裁委员会无管辖权的；

(3)违反法定程序的；

(4)裁决所根据的证据是伪造的；

(5)对方当事人隐瞒了足以影响公正裁决的证据的；

(6)仲裁员在仲裁该案时有索贿受贿、徇私舞弊、枉法裁决行为的。

2.对于《劳动争议调解仲裁法》第四十七条规定以外的情形，仲裁裁决做出后，并非立即生效最高人民法院《解释三》第十四条规定："劳动人事争议仲裁委员会作出的同一仲裁裁决同时包含终局裁决事项和非终局裁决事项，当事人不服该仲裁裁决向人民法院提起诉讼的，应当按照非终局裁决处理。"

(四)诉讼

劳动者不服仲裁裁决，用人单位不服对《劳动争议调解仲裁法》第四十七条规定以外情形所做的仲裁裁决，可以依法向法院起诉。当事人不服一审判决，还可上诉，二审判决为生效判决。

第二节　劳动争议调解

一、劳动争议调解组织

劳动争议调解，是指基层群众调解组织对用人单位与劳动者发生的劳动争议，以国家劳动法律、法规为准绳，以协商的方式，使双方当事人达成协议，消除纷争。

劳动争议调解由基层群众性组织承担，具体包括三种形式：企业劳动争议调解委员会、依法设立的基层人民调解组织和在乡镇、街道设立的具有劳动争议调解职能的组织。

（一）企业劳动争议调解委员会

企业劳动争议调解委员会是企业的内设机构。根据《企业劳动争议协商调解规定》，大中型企业应当依法设立调解委员会。有分公司、分店、分厂的企业，可以根据需要在分支机构设立调解委员会。调解委员会可以根据需要在车间、工段、班组设立调解小组。小微型企业可以设立调解委员会，也可以由劳动者和企业共同推举人员，开展调解工作。

企业劳动争议调解委员会由职工代表和企业代表组成，人数由双方协商确定，双方人数应当对等。职工代表由工会成员担任或者由全体职工推选产生。企业代表由企业负责人指定。企业劳动争议调解委员会主任由工会成员或者双方推举的人员担任。

（二）基层人民调解组织

基层人民调解组织即人民调解委员会，是依法设立的调解民间纠纷的群众性组织。根据《中华人民共和国人民调解法》，村民委员会、居民委员会设立人民调解委员会。企业事业单位根据需要设立人民调解委员会。人民调解委员会由委员三至九人组成，设主任一人，必要时，可以设副主任若干人。

村民委员会、居民委员会的人民调解委员会委员由村民会议或者村民代表会议、居民会议推选产生。企业、事业单位设立的人民调解委员会委员由职工大会、职工代表大会或者工会组织推选产生。人民调解委员会在各级司法行政部门和基层人民法院的指导下进行工作。

（三）乡镇、街道劳动争议调解组织

乡镇、街道劳动争议调解组织主要有两种形式：一是乡镇、街道劳动保障服务所（站）和工会、企业代表组织设立的劳动争议调解组织。二是由行业、产业、工会和行业协会双方代表组成的行业性劳动争议调解组织。

二、劳动争议调解的程序

劳动争议调解的程序比较简便。当事人应当首先提出调解申请。当事人提出调解申请可以书面形式也可以口头形式。口头申请的，调解组织应当当场记录申请人的基本情况、申请调解的争议事项、理由和时间。

调解的申请应本着自愿原则，由双方当事人自行决定，对任何一方不得强迫。调解不是劳动争议处理的必经程序。如果一方当事人申请调解，另一方向仲裁委员会申请仲裁，则仲裁委员会应受理。

调解组织经审查受理当事人的申请后，应当充分听取双方当事人对事实和理由的陈述，耐心疏导，帮助其达成协议。调解没有特别严格的程序要求。

经调解达成协议的，应当制作调解协议书。调解协议书由双方当事人签名或者盖章，经调解员签名并加盖调解组织印章后生效。自劳动争议调解组织收到调解申请之日起15日内未达成调解协议的，当事人可以依法申请仲裁。

三、劳动争议调解协议的效力

劳动争议调解协议一般不得作为直接申请强制执行的依据，但并不代表调解协议会因一方当事人的反悔就彻底失去意义。最高人民法院《关于审议劳动争议案件适用法律若干问题的解释（二）》（以下简称《解释二》），第十七条规定："当事人在劳动争议调解委员会主持下达成的具有劳动权利义务内容的调解协议，具有劳动合同的约束力，可以作为人民法院裁判的根据。"这就意味着，法院在审理劳动争议案件中对于当事人达成的调解协议，如果查证属实，协议中的权利义务便成为法院最终判决的重要依据。

《劳动争议调解仲裁法》第十六条规定："因支付拖欠劳动报酬、工伤医疗费、经济补偿或者赔偿金事项达成调解协议，用人单位在协议约定期限内不履行的，劳动者可以持调解协议书依法向人民法院申请支付令。人民法院应当依法发出支付令。"

《解释三》第十七条规定："劳动者依据劳动合同法第三十条第二款和调解仲裁法第十六条规定向人民法院申请支付令，符合民事诉讼法第十七章督促程序规定的，人民法院应予受理。依据劳动合同法第三十条第二款规定申请支付令被人民法院裁定终结督促程序后，劳动者就劳动争议事项直接向人民法院起诉的，人民法院应当告知其先向劳动人事争议仲裁委员会申请仲裁。依据调解仲裁法第十六条规定申请支付令被人民法院裁定终结督促程序后，劳动者依据调解协议直接向人民法院提起诉讼的，人民法院应予受理。”

《中华人民共和国人民调解法》(以下简称《人民调解法》)第三十三条规定：“经人民调解委员会调解达成调解协议后，双方当事人认为有必要的，可以自调解协议生效之日起三十日内共同向人民法院申请司法确认。人民法院应当及时对调解协议进行审查，依法确认调解协议的效力。人民法院依法确认调解协议有效，一方当事人拒绝履行或者未全部履行的，对方当事人可以向人民法院申请强制执行。”

最高人民法院《关于人民调解协议司法确认程序的若干规定》对司法确认程序做了详细规定。

最高人民法院《关于审理劳动争议案件适用法律若干问题的解释(四)》(以下简称《解释四》)第四条规定：“当事人在人民调解委员会主持下仅就给付义务达成的调解协议，双方认为有必要的，可以共同向人民调解委员会所在地的基层人民法院申请司法确认。”

《企业劳动争议协商调解规定》第二十七条规定：“双方当事人可以自调解协议生效之日起15日内共同向仲裁委员会提出仲裁审查申请。仲裁委员会受理后，应当对调解协议进行审查，并根据《劳动人事争议仲裁办案规则》第五十四条规定，对程序和内容合法有效的调解协议，出具调解书。”

第三节　劳动争议仲裁

一、劳动争议仲裁机构

劳动争议仲裁是指劳动关系当事人将劳动争议提交法定的仲裁机构——劳动人事争议仲裁委员会，由其对双方的争议进行处理，并做出对双方具有约束力的裁决，从而解决劳动争议。劳动争议仲裁具有公正性、及时性和强制性的特点。劳动争议仲裁机构包括劳动人事争议仲裁委员会及其办事机构、仲裁庭及仲裁员。《劳动人事争议仲裁组织规则》(以下简称《组织规则》)对仲裁的组织机构做了比较细致的规定。

（一）劳动人事争议仲裁委员会

劳动人事争议仲裁委员会是国家授权，依法独立处理劳动争议的专门机构。劳动人事争议仲裁委员会按照统筹规划、合理布局和适应实际需要的原则设立。仲裁委员会按照统筹规划、合理布局和适应实际需要的原则设立，由省、自治区、直辖市人民政府依法决定。直辖市、设区的市也可以设立一个或者若干个劳动人事争议仲裁委员会。劳动人事争议仲裁委员会不按行政区划层层设立，市需要设立仲裁委员会的，由省、自治区、直辖市人民政府确定。各级仲裁委员会相互间不存在行政隶属关系，各自独立仲裁本行政区域内发生的劳动争议案件，各自向同级人民政府负责并报告工作。省、自治区、直辖市人民政府劳动行政部门对本行政区域的劳动争议仲裁工作进行指导。仲裁委员会组成人员必须是单数。仲裁委员会由主任 1 名、副主任和委员若干名组成，主任由劳动行政部门代表担任。

（二）劳动人事争议仲裁委员会办事机构

劳动人事争议仲裁委员会办事机构负责办理劳动人事争议仲裁委员会的日常工作，其有两种主要形式：一是设在劳动行政部门内部的办事机构；二是实体化的办事机构。《组织规则》明确规定仲裁委员会可以下设实体化的办事机构，具体承担争议调解仲裁等日常工作。

（三）仲裁庭和仲裁员

劳动人事争议仲裁委员会处理劳动争议案件实行仲裁庭制度，即依照“一案一庭”的原则组成仲裁庭，受理劳动争议案件。仲裁庭的组织形式可分为独任制和合议制两种。独任制，是由仲裁委员会指定 1 名仲裁员独任审理仲裁，适用于事实清楚、案情简单、法律适用明确的劳动争议案件。

合议制，是由仲裁委员会指定 3 名或 3 名以上单数仲裁员共同审理。《组织规则》规定，10 人以上的集体劳动、人事争议，有重大影响的争议，仲裁委员会认为应当由 3 名仲裁员组庭处理的其他案件，应当实行合议制。

仲裁员，是指由劳动人事争议仲裁委员会依法聘任的，可以成为仲裁庭组成人员而从事劳动争议处理工作的职员。仲裁员有专职仲裁员和兼职仲裁员两种，二者在执行职务时享有同等权利。劳动人事争议仲裁委员会应当设仲裁员名册。仲裁员必须具备法定的资质。我国《劳动争议调解仲裁法》规定，仲裁员应当公道正派并符合下列条件之一：(1)曾任审判员的；(2)从事法律研究、教学工作并具有中级以上职称的；(3)具有法律知识、从事人力资源管理或者工会等专业工作满5年的；(4)律师执业满3年的。无论是专职仲裁员还是兼职仲裁员，都应满足上述条件。《组织规则》对仲裁员的选聘、培训和管理做了详细规范。

二、劳动争议仲裁的管辖

劳动人事争议仲裁委员会负责管辖本区域内发生的劳动争议。劳动争议仲裁主要实行地域管辖，劳动争议由劳动合同履行地或者用人单位所在地的劳动人事争议仲裁委员会管辖。双方当事人分别向劳动合同履行地和用人单位所在地的劳动人事争议仲裁委员会申请仲裁的，由劳动合同履行地的劳动人事争议仲裁委员会管辖。

发生劳动争议的企业与职工不在同一个仲裁委员会管辖区域内的，由职工当事人工资关系所在地的仲裁委员会管辖。我国公民与国(境)外企业签订的劳动(工作)合同履行地在我国领域内，因履行该合同发生争议的，由合同履行地仲裁委员会受理。劳动合同履行地为劳动者实际工作场所地；用人单位所在地为用人单位注册、登记地；用人单位未经注册、登记的，其出资人、开办单位或主管部门所在地为用人单位所在地。

案件受理后，劳动合同履行地和用人单位所在地发生变化的，不改变争议仲裁的管辖。

多个仲裁委员会都有管辖权的，由先受理的仲裁委员会管辖。仲裁委员会发现已受理案件不属于其管辖范围的，应当移送至有管辖权的仲裁委员会，并书面通知当事人。对上述移送案件，受移送的仲裁委员会应依法受理。受移送的仲裁委员会认为受移送的案件依照规定不属于本仲裁委员会管辖，或仲裁委员会之间因管辖争议协商不成的，应当报请共同的上一级仲裁委员会主管部门指定管辖。

当事人提出管辖异议的，应当在答辩期届满前书面提出。当事人逾期提出的，不影响仲裁程序的进行，当事人因此对仲裁裁决不服的，可以依法向人民法院起诉或者申请撤销仲裁裁决。

从目前的实际情况看，主要有两种级别的管辖方法：

一是直辖市。其市辖区仲裁委员会处理本辖区内的劳动争议案件，而直辖市仲裁委员会受理一些在本市有重大影响的（如集体劳动争议）、案情复杂的（如法律适用存在问题）外商投资企业及大型企业的劳动争议。

二是省、自治区仲裁委员会。一般省一级仲裁委员会不直接受理劳动争议案件，只负责指导全省（区）的劳动仲裁工作。而计划单列市、省辖市乃至地区一级仲裁委员会受理本行政区域内有重大影响、案情复杂及外商投资企业和大型企业的劳动争议。

三、劳动争议仲裁时效

劳动争议仲裁时效，是指劳动者和用人单位在法定期限内不向劳动争议仲裁机构申请仲裁，就将丧失请求劳动争议仲裁机构保护其权利实现之权利的制度。

（一）仲裁时效的期间及其起算

根据《劳动争议调解仲裁法》的规定，劳动争议申请仲裁的时效期间为1年，从当事人知道或者应当知道其权利被侵害之日起计算。劳动关系存续期间因拖欠劳动报酬发生争议的，劳动者申请仲裁不受1年仲裁时效期间的限制，但是，劳动关系终止的，应当自劳动关系终止之日起1年内提出。

（二）仲裁时效的中断

仲裁时效中断，是指在具备一定的事由时，已经计算的仲裁时效归零，重新起算。劳动仲裁时效中断的原因有：

（1）当事人一方向对方当事人主张权利；

（2）当事人一方向有关部门请求权利救济；

（3）对方当事人同意履行义务。

（三）仲裁时效中止

仲裁时效中止，是指在具备一定的事由使当事人申请仲裁存在障碍时，暂停时效的计算，待上述事由消除后，再继续计算时效。仲裁时效中止的原因有不可抗力、无民事行为能力或者限制民事行为能力劳动者的法定代理人未确定等。

四、劳动争议仲裁的程序

（一）申请和受理

当事人申请仲裁，应当提交书面仲裁申请，并按照被申请人人数提交副本。书写仲裁申请确有困难的，可以口头申请，由仲裁委员会记入笔录，经申请人签名或者盖章确认。

劳动人事争议仲裁委员会收到仲裁申请之后，应当进行审查，经审查符合受理条件的案件，仲裁委员会应自收到仲裁申请之日起 5 日内决定受理，并通知申请人；认为不符合受理条件的，应当书面通知申请人不予受理，并说明理由。劳动人事争议仲裁委员会决定不予受理或者逾期未做出决定的，申请人可以就该劳动争议事项向人民法院提起诉讼。

仲裁委员会在申请人申请仲裁时，可以引导当事人通过协商、调解等方式解决争议，给予必要的法律释明及风险提示。

（二）开庭准备

仲裁委员会在开庭审理案件之前，应做必要的准备工作，包括向被申请人送达申请书、向申请人送达答辩书、组成仲裁庭并通知当事人仲裁庭组成情况、告知当事人提出回避申请的权利以及将开庭日期、地点书面通知双方当事人。

劳动人事争议仲裁委员会受理仲裁申请后，应当在5日内将仲裁申请书副本送达被申请人。被申请人收到仲裁申请书副本后，应当在 10 日内向劳动人事争议仲裁委员会提交答辩书。

劳动人事争议仲裁委员会收到答辩书后，应当在5日内将答辩书副本送达申请人。被申请人未提交答辩书的，不影响仲裁程序的进行。被申请人可以在答辩期间提出反申请，仲裁委员会应当自收到被申请人反申请之日起5日内决定是否受理并通知被申请人。决定受理的，仲裁委员会可以将反申请和申请合并处理。

劳动人事争议仲裁委员会应当在受理仲裁申请之日起 5 日内将仲裁庭的组成情况书面通知当事人。仲裁庭应当在开庭 5 日前将开庭日期、地点书面通知双方当事人。当事人有正当理由的，可以在开庭 3 日前请求延期开庭。是否延期，由劳动人事争议仲裁委员会决定。

（三）审理

仲裁庭在正式审理之前，应首先在当事人之间进行调解，达成调解协议的，制作调解书结案。当事人不同意调解的，继续审理。

审理的基本程序：开庭审理时，仲裁员应当听取申请人的陈述和被申请人的答辩，主持庭审调查、质证和辩论，征询当事人最后意见，并进行调解。申请人收到书面通知后无正当理由拒不到庭，或者未经仲裁庭同意中途退庭的，视为撤回仲裁申请，重新申请仲裁的，仲裁委员会不予受理。被申请人收到书面通知后无正当理由拒不到庭或者未经仲裁庭同意中途退庭的，可以缺席裁决。

《劳动人事争议仲裁办案规则》中规定出现以下情形可中止审理：因出现案件处理依据不明确而请示有关机构，或者案件处理需要等待工伤认定、伤残等级鉴定、司法鉴定结论，公告送达以及其他需要中止仲裁审理的客观情形，经仲裁委员会主任批准，可以中止案件审理，并书面通知当事人。中止审理的客观情形消除后，仲裁庭应当恢复审理。

审理程序的核心是当事人就争议的焦点问题进行辩论和质证。仲裁庭对专门性问题认为需要鉴定的，可以交由当事人约定的鉴定机构鉴定；当事人没有约定或者无法达成约定的，由仲裁庭指定的鉴定机构鉴定。根据当事人的请求或者仲裁庭的要求，鉴定机构应当派鉴定人参加开庭。当事人经仲裁庭许可，可以向鉴定人提问。质证和辩论终结时，首席仲裁员或者独任仲裁员应当征询当事人的最后意见。

当事人提供的证据经查证属实的，仲裁庭应当将其作为认定事实的根据。《劳动争议调解仲裁法》第三十九条第二款规定："劳动者无法提供由用人单位掌握管理的与仲裁请求有关的证据，仲裁庭可以要求用人单位在指定期限内提供。用人单位在指定期限内不提供的，应当承担不利后果。"

仲裁庭应当将开庭情况记入笔录。当事人和其他仲裁参加人认为对自己陈述的记录有遗漏或者差错的，有权申请补正。如果不予补正，应当记录该申请。笔录由仲裁员、记录人员、当事人和其他仲裁参加人签名或者盖章。

（四）裁决

当事人申请劳动争议仲裁后，可以自行和解。达成和解协议的，可以撤回仲裁申请或者请求仲裁委员会制作调解书。仲裁庭在审理后、做出裁决前，应当先行调解。调解达成协议的，仲裁庭应当制作调解书，调解书经双方当事人签收后，发生法律效力，任何一方不得反悔。《解释三》第十一条规定："劳动人事争议仲裁委员会作出的调解书已经发生法律效力，一方当事人反悔提起诉讼的，人民法院不予受理；已经受理的，裁定驳回起诉。"

调解不成，或者调解书送达前一方当事人反悔的，仲裁庭应当及时做出裁决。裁决应当按照多数仲裁员的意见做出，少数仲裁员的不同意见应当记入笔录。仲裁庭不能形成多数意见时，裁决应当按照首席仲裁员的意见做出，对特殊的重大、疑难案件可提交仲裁委员会决定。仲裁庭裁决案件时，裁决内容同时涉及终局裁决和非终局裁决的，应分别做出裁决并告知当事人相应的救济权利。裁决书应当载明仲裁请求、争议事实、裁决理由、裁决结果和裁决日期。裁决书由仲裁员签名，加盖劳动人事争议仲裁委员会印章。对裁决持不同意见的仲裁员，可以签名，也可以不签名。

仲裁庭裁决劳动争议案件时，其中一部分事实已经清楚的，可以就该部分先行裁决。仲裁庭对追索劳动报酬、工伤医疗费、经济补偿或者赔偿金的案件，根据当事人的申请，可以裁决先予执行，移送人民法院执行。仲裁庭裁决先予执行的，应当符合下列条件：(1)当事人之间权利义务关系明确；(2)不先予执行将严重影响申请人的生活。劳动者申请先予执行的，可以不提供担保。

仲裁庭裁决劳动争议案件，应当自劳动人事争议仲裁委员会受理仲裁申请之日起45日内结束。案情复杂，需要延期的，经劳动人事争议仲裁委员会主任批准，可以延期并书面通知当事人，但是延长期限不得超过15日。逾期未做出仲裁裁决的，当事人可以就该劳动争议事项向人民法院提起诉讼。

五、劳动争议仲裁裁决的效力

《劳动争议调解仲裁法》第四十七条规定："下列劳动争议，除本法另有规定的外，仲裁裁决为终局裁决，裁决书自作出之日起发生法律效力：(1)追索劳动报酬、工伤医疗费、经济补偿或者赔偿金，不超过当地月最低工资标准十二个月金额的争议；(2)因执行国家的劳动标准在工作时间、休息休假、社会保险等方面发生的争议。”

不过，对于这些立即生效的裁决，劳动者一方仍有起诉的权利，可以自收到仲裁裁决书之日起 15 日内向人民法院提起诉讼。上述条文中所称“十二个月金额”是指劳动报酬、工伤医疗费、经济补偿或者赔偿金当中的每一项单独计算均不超过当地月最低工资标准 12 个月金额(《解释三》第十三条)。

用人单位对这些事项无权起诉，但是有证据证明《劳动争议调解仲裁法》第四十七条规定的仲裁裁决有下列情形之一的，可以自收到仲裁裁决书之日起 30 日内向劳动人事争议仲裁委员会所在地的中级人民法院申请撤销裁决：

(1)适用法律、法规确有错误的；

(2)劳动人事争议仲裁委员会无管辖权的；

(3)违反法定程序的；

(4)裁决所根据的证据是伪造的；

(5)对方当事人隐瞒了足以影响公正裁决的证据的；

(6)仲裁员在仲裁该案时有索贿受贿、徇私舞弊、枉法裁决行为的。

人民法院经组成合议庭审查、核实裁决有上述情形之一的，应当裁定撤销。仲裁裁决被人民法院裁定撤销的，当事人可以自收到裁定书之日起 15 日内就该劳动争议事项向人民法院提起诉讼。当事人对《劳动争议调解仲裁法》第四十七条规定以外的其他劳动争议案件的仲裁裁决不服的，可以自收到仲裁裁决书之日起 15 日内向人民法院提起诉讼。

同一仲裁裁决同时包含终局裁决事项和非终局裁决事项，当事人不服该仲裁裁决而向人民法院提起诉讼的，应当按照非终局裁决处理。仲裁调解书自送达当事人之日起生效。生效的仲裁调解书、裁决书对当事人具有法律约束力，当事人应当依照规定的期限履行。一方当事人逾期不履行的，另一方当事人可以依照《中华人民共和国民事诉讼法》的有关规定向人民法院申请执行，受理申请的人民法院应当依法执行。

第四节　劳动争议诉讼

劳动争议诉讼，是指人民法院依法对劳动争议案件进行审理和裁判的活动。此外，劳动争议诉讼，还包括当事人一方不履行仲裁委员会已发生法律效力的裁决书或调解书，另一方当事人申请人民法院强制执行的活动。劳动争议诉讼是解决劳动争议的最终程序。

一、法院直接受理劳动争议案件的特殊情形

原则上劳动争议案件必须经过仲裁才能进入诉讼程序，但存在个别例外情形。根据《解释二》第三条的规定，劳动者以用人单位的工资欠条为证据直接向人民法院起诉，诉讼请求不涉及劳动关系其他争议的，视为拖欠劳动报酬争议，按照普通民事纠纷受理。对于此类纠纷劳动者直接起诉的前提条件是劳动者手头上有确凿的证据——工资欠条。

《劳动合同法》第三十条第二款的规定：用人单位拖欠或者未足额支付劳动报酬的，劳动者可以依法向当地人民法院申请支付令。从而进入督促程序。如果用人单位对支付令未提出异议，则劳动者可申请人民法院强制执行，进入执行程序。

《解释三》第十七条第二款的规定，如果支付令因单位提出异议使督促程序终结的，劳动者不能直接起诉，而应先申请仲裁。

二、诉讼作为劳动争议调解与诉讼的衔接

在调解与诉讼之间隔着仲裁，原则上当事人经过调解后不能越过仲裁直接起诉，但有以下例外情形存在：

(1)《解释二》第十七条第二款规定，当事人在劳动争议调解委员会主持下仅就劳动报酬争议达成调解协议，用人单位不履行调解协议确定的给付义务，劳动者直接向人民法院起诉的，人民法院可以按照普通民事纠纷受理。

(2)劳动者根据《劳动争议调解仲裁法》第十六条，向法院申请支付令，

用人单位未提出异议的，劳动者可申请法院强制执行。

(3)《解释三》第十七条第三款规定，依据《劳动争议调解仲裁法》第十六条规定申请支付令被人民法院裁定终结督促程序后，劳动者依据调解协议直接向人民法院提起诉讼的，人民法院应予受理，不必再经过仲裁。

(4)根据《解释四》第四条，当事人在人民调解委员会主持下仅就给付义务达成的调解协议，双方认为有必要的，可以共同向人民调解委员会所在地的基层人民法院申请司法确认。调解协议经司法确认，一方不履行调解协议的，对方可申请法院强制执行。

(5)根据《企业劳动争议协商调解规定》第二十七条，当事人将达成的调解协议向仲裁委员会申请审查，仲裁委员会出具调解书置换原调解协议，一方不履行的，对方可申请法院强制执行。

三、仲裁与诉讼的衔接

(一)申请劳动仲裁但仲裁委员会不予受理，当事人向法院起诉

对于申请劳动仲裁，但仲裁委员会不予受理，当事人向法院起诉的，法院将区别情况做出不同处理。依据《解释二》，主要有以下几种情况：

(1)仲裁委员会以申请仲裁的主体不适格为由做出不予受理的书面裁决、决定或者通知，经法院审查，确属主体不适格的，裁定不予受理或者驳回起诉。

(2)以当事人的仲裁申请超过时效为由不予受理，当事人起诉的，人民法院应当受理。审查后对确已超过仲裁申请期限，又无不可抗力或者其他正当理由的，依法驳回其诉讼请求。

(3)以当事人申请仲裁的事项不属于劳动争议为由，做出不予受理的书面裁决、决定或者通知，当事人不服，依法向人民法院起诉的，人民法院应当分别情况予以处理。属于劳动争议案件的，应当受理；虽不属于劳动争议案件，但属于人民法院主管的其他案件的，应当依法受理。

另《解释四》第一条规定："劳动人事争议仲裁委员会以无管辖权为由对劳动争议案件不予受理，当事人提起诉讼的，人民法院按照以下情形分别处理：(1)经审查认为该劳动人事争议仲裁委员会对案件确无管辖权的，应当

告知当事人向有管辖权的劳动人事争议仲裁委员会申请仲裁;(2)经审查认为该劳动人事争议仲裁委员会有管辖权的,应当告知当事人申请仲裁,并将审查意见书面通知该劳动人事争议仲裁委员会;劳动人事争议仲裁委员会仍不受理,当事人就该劳动争议事项提起诉讼的,应予受理。”

(二)仲裁委员会逾期未做出受理决定或仲裁裁决,当事人直接提起诉讼的

仲裁委员会逾期未做出受理决定或仲裁裁决,当事人直接提起诉讼的,人民法院应予受理。但申请仲裁的案件存在下列事由的除外:

(1)移送管辖的;

(2)正在送达或送达延误的;

(3)等待另案诉讼结果、评残结论的;

(4)正在等待劳动人事争议仲裁委员会开庭的;

(5)启动鉴定程序或者委托其他部门调查取证的;

(6)其他正当事由。

当事人以仲裁委员会逾期未做出仲裁裁决为由提起诉讼的,应当提交劳动人事争议仲裁委员会出具的受理通知书或者其他已接受仲裁申请的凭证或证明。

(三)不服仲裁裁决而起诉

(1)对《劳动争议调解仲裁法》第四十七条规定的一裁终局事项的裁决不服的,劳动者可以起诉;不服一审判决的,还可上诉。用人单位无权起诉,但在具备法定事由时可申请撤销仲裁裁决。法院对撤销申请做出的裁定为终局裁定。

(2)对《劳动争议调解仲裁法》第四十七条规定以外的情形做出的裁决不服的,当事人双方均可起诉及上诉。仲裁裁决是否为终局裁决的判断至关重要。

《解释四》第二条规定:“仲裁裁决的类型以仲裁裁决书确定为准。仲裁裁决书未载明该裁决为终局裁决或非终局裁决,用人单位不服该仲裁裁决向基层人民法院提起诉讼的,应当按照以下情形分别处理:(1)经审查认为该仲裁裁决为非终局裁决的,基层人民法院应予受理;(2)经审查认为该仲

裁裁决为终局裁决的，基层人民法院不予受理，但应告知用人单位可以自收到不予受理裁定书之日起三十日内向劳动人事争议仲裁委员会所在地的中级人民法院申请撤销该仲裁裁决；已经受理的，裁定驳回起诉。”

有的仲裁裁决既包括终局裁决事项又包括非终局裁决事项，当事人不服该仲裁裁决向人民法院提起诉讼的，应当按照非终局裁决处理（《解释三》第十四条）。

(3)《解释三》第十八条规定，劳动人事争议仲裁委员会作出终局裁决，劳动者向人民法院申请执行，用人单位向劳动人事争议仲裁委员会所在地的中级人民法院申请撤销的，人民法院应当裁定中止执行。用人单位撤回撤销终局裁决申请或者其申请被驳回的，人民法院应当裁定恢复执行。仲裁裁决被撤销的，人民法院应当裁定终结执行。用人单位向人民法院申请撤销仲裁裁决被驳回后，又在执行程序中以相同理由提出不予执行抗辩的，人民法院不予支持。

四、劳动争议诉讼的管辖

当事人不服仲裁裁决而起诉时，一般应当由当地基层人民法院管辖，除非该案件符合法定的中级人民法院、高级人民法院管辖的范围。

申请撤销仲裁裁决的案件由中级人民法院管辖。《解释一》第八、九条规定，劳动争议案件由用人单位所在地或者劳动合同履行地的基层人民法院管辖。劳动合同履行地不明确的，由用人单位所在地的基层人民法院管辖。当事人双方就同一仲裁裁决分别向不同的有管辖权的人民法院起诉的，后受理的人民法院应当将案件移送给先受理的人民法院。

五、劳动争议诉讼的当事人

（一）用人单位与其他单位合并的

用人单位与其他单位合并的，合并前发生的劳动争议，以合并后的单位为当事人，用人单位分立为若干单位的，其分立前发生的劳动争议，以分立后的实际用人单位为当事人。

用人单位分立为若干单位后，承受劳动权利、义务的单位不明确的，分立后的单位均为当事人。

(二)用人单位招用尚未解除劳动合同的劳动者

用人单位招用尚未解除劳动合同的劳动者,原用人单位与劳动者发生的劳动争议,可以列新的用人单位为第三人。原用人单位以新的用人单位侵权为由向人民法院起诉的,可以列劳动者为第三人。原用人单位以新的用人单位和劳动者共同侵权为由向人民法院起诉的,新的用人单位和劳动者列为共同被告。

(三)劳动者在用人单位与其他平等主体之间的承包经营期间,与发包方和承包方双方或者一方发生劳动争议

劳动者在用人单位与其他平等主体之间的承包经营期间,与发包方和承包方双方或者一方发生劳动争议,依法向人民法院起诉的,应当将承包方和发包方作为当事人。

劳动者与起有字号的个体工商户产生劳动争议诉讼的,人民法院应当以营业执照上登记的字号为当事人,但应同时注明该字号业主的自然情况。

劳动者因履行劳动派遣合同产生劳动争议而起诉的,以派遣单位为被告,争议内容涉及接受单位的,以派遣单位和接受单位为共同被告。

(四)劳动者和用人单位均不服劳动人事争议仲裁委员会的同一裁决

劳动者和用人单位均不服劳动人事争议仲裁委员会的同一裁决,向同一人民法院起诉的,人民法院应当并案审理,双方当事人互为原告和被告。在诉讼过程中,一方当事人撤诉的,人民法院应当根据另一方当事人的诉讼请求继续审理。

(五)劳动者与未办理营业执照、营业执照被吊销或者营业期限届满仍继续经营的用人单位发生争议的

劳动者与未办理营业执照、营业执照被吊销或者营业期限届满仍继续经营的用人单位发生争议的,应当将用人单位或者其出资人列为当事人。未办理营业执照、营业执照被吊销或者营业期限届满仍继续经营的用人单位,以挂靠等方式借用他人营业执照经营的,应当将用人单位和营业执照出借方列为当事人。

另，当事人不服劳动人事争议仲裁委员会做出的仲裁裁决，依法向人民法院提起诉讼，人民法院审查认为仲裁裁决遗漏了必须共同参加仲裁的当事人的，应当依法追加遗漏的人为诉讼当事人。被追加的当事人应当承担责任的，人民法院应当一并处理。

六、劳动争议诉讼的程序

劳动争议诉讼按照人民法院审理民事案件的程序进行。简单的劳动争议案件可以适用民事诉讼的简易程序审理。一般案件适用普通一审程序审理，包括申请、受理、开庭准备、当事人陈述、法庭辩论、最后陈述、进行调解和法院判决等各个步骤。

人民法院受理劳动争议案件后，当事人增加诉讼请求的，如该诉讼请求与讼争的劳动争议具有不可分性，应当合并审理；如属独立的劳动争议，应当告知当事人向劳动人事争议仲裁委员会申请仲裁。

诉讼过程中，当事人对于有争议的证据可申请鉴定。符合法律规定情形的，劳动者有权向人民法院申请采取财产保全措施。

法院经过审理后，应依法做出判决。根据不同的情况做出处理：

(1)用人单位对劳动者做出的开除、除名、辞退等处理，或者因其他原因解除劳动合同，确有错误的，人民法院可以依法判决予以撤销。

(2)对于追索劳动报酬、养老金、医疗费，以及工伤保险待遇、经济补偿金、培训费及其他相关费用等的案件，给付数额不当的，人民法院可以予以变更。

(3)对于当事人申请执行仲裁裁决及某些具有执行效力的调解协议的，人民法院应当依法启动执行程序。